ケーススタディ
優良・成長企業の人事戦略

上林 憲雄　三輪 卓己 編著

三崎 秀央　　柴田 好則
中川 逸雄　　松本 雄一
石山 恒貴　　千田 直毅 著
鈴木 智之

税務経理協会

はしがき

　本書は，日本企業の人事労務管理・人的資源管理に焦点を当てた日本企業8社のケース（事例）を取りまとめ，1冊の書物として編集したものである。
　1980年代頃まで世界中から熱い視線を向けられた「日本的経営」はすっかり影を潜め，完全に過去の遺産となってしまった感がある。いわゆる「日本的経営」が何を含意するかについての解釈には諸説があるが，最も一般的には，その根幹には，終身雇用や年功序列賃金，職務範囲の広いチーム作業など，日本企業でとられてきた独自の組織や「人のマネジメント」の慣行があり，他国の企業が容易に模倣し得ないそれら各種の特異性が日本企業の高業績を支える源泉となってきたと理解されることが多い。
　しかし，周知のように，1990年代以降，長引く平成不況やグローバリゼーションの急速な進展に伴い，それまで日本企業の得意技とされてきた人事労務施策のほころびや人的資源の疲弊が目立つようになってきた。今日に至るまで，各社とも様々な対処を続けてきているが，こうした人事労務管理・人的資源管理の側面における日本企業の対応の実態が学術的に明らかにされている例は意外に少なく，その具体的内実の詳細は未だベールに包まれている感が強い。こうした現状を踏まえ，我が国の優良・成長企業8社を対象として，その「人のマネジメント」のビビッドな実態を，コンテキストにできる限り忠実に明らかにしようとしたのが本書に収録したケーススタディである。
　改めていうまでもないが，ケーススタディはあくまで当該企業による意思決定の過程や結果を叙述しているに過ぎず，ケースから即座に，論理に基づいた普遍化や一般理論化が可能となるような代物ではない。一企業のケースは，その企業の置かれた多種多様な環境諸条件や状況に埋め込まれたコンテキストの中で理解されるべき，1つのストーリーないしエピソードであるに過ぎない。しかし，それらの多種多様な諸条件のもとで，経営者がある1つの選択を行い，特定の道筋を歩んでいるというプロセスやロジックは，ケースの叙述によって詳しく明らかにすることができる。その意味において，ケーススタディは学術的な意義があるばかりではなく，同様の状況に置かれた実務家にとっても有用

な経営上のヒントや示唆を与えてくれるものであるといえよう。

　本書に掲載した8つのケースが明らかにしているポイントは，本書の部構成に端的に示されている。すなわち，(1)日々のオペレーションの中で忘れてしまいがちな経営理念に今一度さかのぼって人材育成のありようを考えることの重要性，(2)いまや後戻りできないほどに急拡大しているグローバル市場に対処可能な人材の育成や制度の確立，(3)人材の獲得から育成に至る雇用管理の現状を見直し，人材の能力が最大発揮されるような仕組みへ脱皮させることの必要性，そして(4)従業員の主体性・自律性の涵養を志向したライン部門主導の人材育成のあり方の追求，この4点である。これらの帰結が導出されるに至ったロジックやその前提となった環境諸条件等の詳細については，本書で紹介されている個別のケースを参照いただき，読者各位で読み取っていただければと思う。

　各社が置かれたコンテキストをできるだけ詳しく記述するというケーススタディの方法論上の特性からして，本書においては，各ケースの記述に際しても，実際の組織や部署の名称を可能な限りそのまま記載することとした。本書で取り扱っているケースは，株式会社インテリジェンス（第1章），株式会社ワン・ダイニング（第2章），参天製薬株式会社（第3章），ギャップジャパン株式会社（第4章），株式会社フレスタ（第6章），株式会社公文教育研究会（第7章），マツダ株式会社（第8章）など，伝統的な製造企業や新興のサービス業，巨大企業や中規模企業など多様な業種や規模，社歴の企業から構成されているが，いずれも我が国を代表する優良企業ないし成長途上の企業であることは共通している。なお，第5章に関しては，ケースの中核に新卒者採用の詳細を記述している箇所があり，今後就職活動を行う新卒採用試験受験者への配慮の観点から，匿名（「A社」）とせざるを得ない事情があったことを，読者各位にはご賢察いただければ幸いである。

　本書は，各方面の多くの方々からのご協力があってはじめて上梓が可能となった。本書中で提示されている各種のデータは，一介の研究者では到底得ることができなかった有意義なものばかりである。貴重なお時間を割いていただき，データの収集・記述にご協力を賜った上述8社の皆々様に対し，逐一お名前を挙げることはできないが，執筆陣を代表して，ここに衷心から感謝の意を申し述べる次第である。

はしがき

　末筆になってしまったが，本書の企画刊行をお勧めくださった㈱税務経理協会代表取締役社長　大坪嘉春氏および同社常務取締役　大坪克行氏，また編者からの度重なる要請にも真摯にご対応いただき，編集・校正の労をお取りくださった同社第二編集部　宮田英晶氏・板倉誠氏に対しても，この場をお借りして深甚なる謝意を申し上げたい。

　2015年7月吉日

　　　　　　　　　　　　　　　　　　　　　　編著者
　　　　　　　　　　　　　　　　　　　　　　　上林　憲雄
　　　　　　　　　　　　　　　　　　　　　　　三輪　卓己

目　　次

はしがき

序　章　優良・成長企業の人事戦略 …………………………………… 1
　1．はじめに ……………………………………………………………… 1
　2．人事部の役割 ………………………………………………………… 2
　3．人的資源管理の機能 ………………………………………………… 4
　　(1)　人を働かせて能率を上げる：能率向上機能 ………………… 4
　　(2)　人を組織に留まらせる：組織統合機能 ……………………… 5
　　(3)　企業戦略と適合させる：戦略適合機能 ……………………… 6
　4．人のマネジメントの変遷 …………………………………………… 7
　5．日本的経営と人事システム ………………………………………… 12
　　(1)　人的資源管理パラダイムと新しい日本的経営 ……………… 13
　　(2)　将来展望―人事システムは収斂するか異質性が残存するか ……… 14
　　(3)　コンテキストに合ったマネジメントの必要性 ……………… 15
　6．本書の概要 …………………………………………………………… 17

第Ⅰ部　理念を育成に活かす

第1章　株式会社インテリジェンス ……………………………………… 23
　1．株式会社インテリジェンスの概要 ………………………………… 24
　　(1)　事業内容と沿革 ………………………………………………… 24
　　(2)　近年の動向と経営課題 ………………………………………… 25
　2．自律的人材のマネジメント ………………………………………… 26
　　(1)　「はたらくを楽しもう」 ………………………………………… 26
　　(2)　自律的な人材に関する先行研究 ……………………………… 28
　3．主要な人事制度 ……………………………………………………… 31
　　(1)　等級制度と昇進・昇格 ………………………………………… 31

(2)　評価と報酬制度 ………………………………………………………… 35
 4．「尖った人材」をつくるその他の諸制度 …………………………………… 38
　　(1)　「尖った人材」を全員で採用 ………………………………………… 38
　　(2)　各種の表彰制度 ………………………………………………………… 41
　　(3)　チャレンジファンド …………………………………………………… 42
 5．これからの重点的取組み ……………………………………………………… 43
　　(1)　新しい人事ポリシー …………………………………………………… 43
　　(2)　iii-design（トライ・デザイン）……………………………………… 44
　　(3)　キャリアチャレンジ制度 ……………………………………………… 46
　　(4)　i-STAR（アイ・スター）……………………………………………… 47
　　(5)　CLP（Change Leader Program）とCTP（Change Talent
　　　　 Program）…………………………………………………………………… 48
 6．分析と考察 ……………………………………………………………………… 49
 7．結びにかえて―人事部門の役割 ……………………………………………… 51

第2章　株式会社ワン・ダイニング ……………………………………… 55
 1．株式会社ワン・ダイニングの概要 …………………………………………… 56
 2．ワン・ダイニングの沿革 ……………………………………………………… 57
 3．ワン・ダイニングの戦略の変遷 ……………………………………………… 58
　　(1)　外食産業への進出と郊外型事業の確立 ……………………………… 58
　　(2)　BSE問題とマイカルの倒産 …………………………………………… 59
　　(3)　強みの再確認と新しい業態の模索 …………………………………… 59
　　(4)　ワンカルビPLUSの業態 ……………………………………………… 60
　　(5)　ワンカルビのwho・what・how ……………………………………… 61
 4．ワン・ダイニングの現在 ……………………………………………………… 63
　　(1)　経　営　理　念 ………………………………………………………… 63
　　(2)　組織的な課題～理念を浸透させ，自律的な人を育てる～ ………… 64
　　(3)　商品力の向上への取組み ……………………………………………… 65
　　(4)　接客力の向上への取組み ……………………………………………… 65
　　(5)　居心地感の向上への取組み …………………………………………… 67

5．本社・人事部門の役割 ……………………………………………… 67
(1) 商品力向上に向けた取組み ……………………………………… 68
(2) 研修による接客力の向上 ………………………………………… 69
(3) アルバイトミーティング ………………………………………… 72
(4) 気づきメモ ………………………………………………………… 74
6．分析と考察 ………………………………………………………… 78
(1) 経営理念・方針との一貫性 ……………………………………… 78
(2) 基本の徹底 ………………………………………………………… 79
(3) 主体性の発揮 ……………………………………………………… 80
7．結びにかえて―理念を浸透させ，自律的な人を育てる …………… 81

第Ⅱ部　グローバルを見据える

第3章　参天製薬株式会社 ………………………………………………… 85
1．参天製薬株式会社の概要 …………………………………………… 86
(1) 社名「参天」の由来 ……………………………………………… 86
(2) 経営理念・経営指針 ……………………………………………… 87
(3) 業績推移概況 ……………………………………………………… 87
2．最近の経営動向と課題 ……………………………………………… 88
(1) 事業の概況 ………………………………………………………… 88
(2) 中長期経営計画の動向 …………………………………………… 89
(3) 製品創製のための研究開発の動向と課題 ……………………… 90
(4) 事業展開としての営業の動向と課題 …………………………… 92
(5) グローバル・マネジメント体制の動向と課題 ………………… 93
3．国内の人的資源管理の概要 ………………………………………… 94
(1) 人事基盤制度フレーム …………………………………………… 95
(2) 人事評価制度 ……………………………………………………… 96
(3) 報酬制度 …………………………………………………………… 98
(4) 人材育成・教育研修 ……………………………………………… 100
(5) 一連の人事制度改革の課題を考察 ……………………………… 103

4．海外主要拠点の主な人的資源管理の概要 ･････････････････････････ 106
　　(1) 米国拠点の人的資源管理の概要 ････････････････････････････････ 106
　　(2) 中国拠点の人的資源管理の概要 ････････････････････････････････ 106
　　(3) 韓国拠点の人的資源管理の概要 ････････････････････････････････ 107
　　(4) 欧州拠点の人的資源管理の概要 ････････････････････････････････ 107
　5．分析と考察 ･･･ 107
　　(1) 事業グローバル化への人的資源管理の対応 ････････････････････ 108
　　(2) 中核人材などを活性化させる今後の人的資源管理の考察 ･･････ 111
　6．結びにかえて―グローバル人的資源管理の実施 ････････････････ 116

第4章　ギャップジャパン株式会社 ････････････････････････････････ 121
　1．ギャップジャパン株式会社の概要 ･･････････････････････････････ 122
　2．経営課題と歴史的経緯 ･･ 123
　　(1) 歴史的経緯による経営課題の変遷 ････････････････････････････ 123
　　(2) 店舗運営の効率化 ･･･ 124
　　(3) 経営課題に紐付く人材戦略の課題 ････････････････････････････ 126
　3．人材戦略の課題への対応 ･･ 130
　　(1) 人材の獲得と維持 ･･･ 130
　　(2) 米国型人材マネジメントと日本型人材マネジメントの両立 ･･･ 136
　　(3) 新しいワークスタイルと能力開発の実施 ･･････････････････････ 143
　4．課題対応への評価 ･･ 149
　　(1) 経営課題に対応できているか ････････････････････････････････ 149
　　(2) ビジネスの一員としての人事部 ･･････････････････････････････ 149
　　(3) 残された課題 ･･･ 151
　5．分析と考察 ･･･ 151
　　(1) 非正規社員を活用する，現実的な人材ポートフォリオの
　　　　可能性 ･･ 152
　　(2) 人材獲得の最適な仕組みの構築 ･･･････････････････････････････ 153
　　(3) 日本企業が，人材マネジメントをハイブリッド化し，進化
　　　　させていく可能性の提示 ･･････････････････････････････････････ 154

(4)　知識労働者に適した革新的な人事施策 ……………………………… 155
　6．結びにかえて—人事部のビジネスプレイヤー化 …………………… 156

第Ⅲ部　雇用を工夫する

第5章　国内企業A社 …………………………………………………… 161
　1．A社の概要 ……………………………………………………………… 162
　　(1)　採用戦略策定に着手 ………………………………………………… 163
　2．経営課題 ………………………………………………………………… 163
　　(1)　海外展開 ……………………………………………………………… 163
　　(2)　少子化問題への対応 ………………………………………………… 164
　　(3)　人材管理 ……………………………………………………………… 165
　3．人事部門の課題 ………………………………………………………… 166
　　(1)　ビジネスパートナーとしての役割 ………………………………… 166
　　(2)　新規学卒者採用選考の質の担保 …………………………………… 167
　　(3)　課長層の人材育成 …………………………………………………… 167
　　(4)　人事評価 ……………………………………………………………… 168
　4．ケース …………………………………………………………………… 169
　　(1)　新卒採用の概略 ……………………………………………………… 169
　　(2)　適性検査 ……………………………………………………………… 171
　　(3)　採用面接 ……………………………………………………………… 172
　　(4)　人事評価 ……………………………………………………………… 173
　　(5)　適性検査と面接・人事評価との関連 ……………………………… 175
　　(6)　採用適性検査の新規開発 …………………………………………… 179
　5．分析と考察 ……………………………………………………………… 181
　　(1)　よい採用適性検査とは何か ………………………………………… 181
　　(2)　面接に対する予測的妥当性の評価結果 …………………………… 187
　　(3)　入職後人事評価に対する予測的妥当性の評価結果 ……………… 191
　6．結びにかえて—採用戦略が果たす役割 ……………………………… 200

第6章　株式会社フレスタ　………………………………… 205
1．株式会社フレスタの概要 ………………………………… 206
2．フレスタにおけるパートタイマーの戦略的人事制度 ……… 207
　(1)　パートタイマー労働の動向 ………………………… 207
　(2)　パートタイマー人事制度改革の経緯 ………………… 208
　(3)　資格等級制度 ………………………………………… 210
　(4)　職務能力評価制度 …………………………………… 213
　(5)　賃 金 制 度 …………………………………………… 217
　(6)　能力向上支援制度 …………………………………… 218
3．パートタイマー人事制度の効果とＨＲ部門の役割 ……… 220
　(1)　パートタイマー人事制度の効果 ……………………… 220
　(2)　パートタイマー人事制度におけるＨＲ部門の役割 …… 222
4．分析と考察 ……………………………………………… 223
　(1)　パートタイマーの戦力化に向けたマネジメントの視点 … 223
　(2)　正規労働者との均衡処遇を考慮した人事制度 ……… 225
　(3)　パートタイマー人事制度の一貫性 …………………… 227
5．結びにかえて―パートタイマー人事制度の展望 ………… 227

第Ⅳ部　人財能力を鍛える

第7章　株式会社公文教育研究会　………………………… 233
1．公文教育研究会の概要 …………………………………… 234
2．学習のコミュニティを活用した企業の学び ……………… 236
3．公文の指導者サポート …………………………………… 237
4．優れた成果の源泉としての指導者の実践共同体における学習 … 238
5．事例：公文の実践共同体 ………………………………… 240
　(1)　指導者が自発的に構築する「自主研」 ……………… 240
　(2)　公文によってコーディネートされる「小集団ゼミ」 … 241
　(3)　熟達した指導者による「メンターゼミ」 …………… 244
　(4)　全国レベルの「指導者研究大会」 …………………… 246

6．分析と考察 ··· 248
  (1) 実践共同体で学ぶ利点 ··· 249
  (2) 実践共同体でできる学習のやり方 ····································· 252
  (3) 実践共同体の形態と結びつき ·· 255
  (4) 公文における複数の実践共同体を構築・運営するシステム ········ 258
7．結びにかえて―多様な実践共同体への参加 ···························· 260

第8章　マツダ株式会社 ·· 263
1．マツダ株式会社の概要 ·· 264
2．自動車の製品特性と自動車メーカーを取り巻く環境の変化 ··········· 265
3．企画設計部の特徴と役割，人事管理上の課題 ··························· 267
  (1) マツダ企画設計部の特徴 ·· 267
  (2) 企画設計部における業務の特殊性―企画設計部を取り巻く組織 ···· 271
  (3) 企画設計部における業務の特殊性と求められる技能（スキル） ···· 274
  (4) 企画設計部における3つの人材機能タイプ ·························· 278
  (5) 企画設計部における人材育成 ·· 281
4．分析と考察 ··· 285
5．結びにかえて―相乗効果が得られる人材育成プログラム ············· 287

結　章　人的資源管理のこれからを考える ······························ 291
1．企業経営と人的資源管理 ··· 291
  (1) 経営理念・ビジョン・戦略と人的資源管理 ·························· 291
  (2) グローバル経営と人的資源管理 ······································· 293
2．人材の獲得と育成 ·· 294
3．優良・成長企業の人的資源管理 ··· 298

索　引 ··· 301

序章　優良・成長企業の人事戦略

1．はじめに

　本書は，人事・人的資源管理の側面に焦点を当てた日本企業8社のケーススタディである。

　周知のように，日本企業においては，1990年代のいわゆるバブル崩壊を経て，程度の差こそあれ，概ね市場主義原理に基づいた成果主義的な諸制度が導入され，これまで採用されてきた年功型人事管理のシステムを大きく変化させたと喧伝されている[1]。

　では，こうした人事諸制度の改革は具体的にどのような形で行われてきたのだろうか。制度改革がされているとすれば，どこがどのように改められており，またそれはどのような方向を向いた変化として捉えられるのであろうか。あるいは，世間で喧伝されているほどの改革は行われていないのだろうか。行われていないとすれば，それはどういった理由からであろうか。こうした素朴な問いは，企業の人事労務に携わる実務家にとっても，あるいは研究者にとっても，本質的で重要な問題を含んでおり，社会的なニーズも高いが，人事面に焦点を当てた研究はデータを入手しにくいこともあり，意外にもほとんど進んでいないのが実情である。

　本書は，こうした素朴な問題意識に基づき，様々な業種に属し，目下成長を遂げている個別具体的な日本企業のケースをもとに，これらの日本企業がどういった具体的な改革を行ってきたか（あるいはいないか），そのプロセスについて明らかにしようとするものである。とりわけ，人事制度改革にあたり，日本企業の人材育成の仕組みはいかように変容したか，人材が成長するようにど

のような組織的工夫が凝らされているか，グローバリゼーションがますます進展する中，従業員をいかに「知識労働者」化し，競争優位へと繋げようとしているか，従業員のモチベーションの維持・向上へ向けた何らかの施策を行っているか，等々の論点が各ケース記述の焦点となっている。総じて，得てして二律背反となりがちな成果主義的諸方策と人材育成施策とをいかに両立させることができるかについて，理論的かつ実践的な示唆を得ることを企図している。

本書全体の導入部分となるこの序章では，全体の総論として，企業の人事部の果たす役割と「人のマネジメント」上のパラダイムの史的変遷[2]，そして日本企業における人のマネジメントの現状を位置づけ，ケース分析の基本視点を提示することにしよう。

2．人事部の役割

一般に，企業組織で人事面における諸活動を展開する部署は人事部である。人事部は，スタッフ部門の中の職能として位置づけられる。この人事部という部署は，最近では「HR部」（HRは人的資源を表すHuman Resourceの略）とか「人財部」とか，様々な呼称がつけられていることがあるが，ここでは人事関連の仕事を取り扱う企業内部署を総称して「人事部」として表記することにしよう。

人事部が行っている人的資源管理のための具体的活動としては様々なことを挙げることができる。また，それらは企業の規模や業種，社歴，地域などに応じて多種多様であるが，その共通する要素を抽出すると，どこの企業においても，概ね以下のような一連の活動として捉えることができる。

① 人員を雇い入れる

　まずは仕事をする人員を企業外部から雇い入れる（採用する）ことが必要である。

② 人員を育てる

　雇い入れてすぐに仕事に就かせるわけにはいかない。仕事がきっちりとこなせるように教え込まなければならない。また，仕事へのやる気，意欲を高めてやることも必要となる。

③ 仕事に就かせる

　仕事がきっちりできるようになれば，実際に仕事を割り当て，職務に従事させる。

④ 仕事の結果を評価する

　各自に割り当てた仕事は，企業が期待している通りに仕上がっているかどうかをチェックしなければならない。

⑤ 処遇を決める

　きっちりと仕事ができている人には昇進させて賃金を上昇させたり，逆にできていない人には降格し，場合によっては賃下げをしたりしなければならない。

　これらの人事部の活動は，企業の人事制度として制度化され定着しているものもあれば，必ずしも制度化はされていない単発の活動も含まれている。例えば，①の「人員を雇い入れる」活動には，採用制度・退職制度が人事規則として明文化されていたり，雇用管理の制度としていわゆるコース別雇用管理制度が設けられていたりといったような，明確な人事制度として外部にオフィシャルに公表されている活動もある。

　逆に，企業の人事部は，新卒者を囲い込むためにインフォーマルなリクルート活動を展開することもあるが，こうした活動はきっちりとした制度としては定着していなくても，人員を雇い入れるための活動であることにほかならない。したがってインフォーマルなリクルート活動も，企業の人事活動の一部ということになる。

　同様に，②「人員を育てる」活動には，教育訓練制度やキャリア支援制度といったような制度化・体系化されている活動もあれば，従業員が仕事にやりがいを感じて一生懸命取りかかれるように，個別に励ましの言葉をかけ，モチベーションを高めてやるような活動も含まれている。このように人事部は，人事制度として明文化され整備されているわけではなくても，組織目標を達成するために人を管理する上では欠かせない多様な諸活動にも関与している。

　本書で展開される各ケースにおいても，人事部の活動を，人事制度の単なる導入・運用に留まるものとしてではなく，インフォーマルな活動をも包含した

広い視点において捉え，記述している。

3．人的資源管理の機能

　人事部のこうした諸活動は，企業経営の全般からみると，どのような役割を果たしているのだろうか。言い換えると，これらの人事活動を通じて，企業は最終的にどうすることが目的となるのだろうか。
　一般に，民間企業の最終目的は，収益を上げ，その企業の事業を継続させていくことである。このように，事業をずっと継続させようとする組織体を指してゴーイング・コンサーン（going concern）と呼ばれる。したがって，人のマネジメントに携わる人事諸活動も，このゴーイング・コンサーンとしての企業の最終目的との関連においてその役割・機能を理解する必要がある。

(1)　人を働かせて能率を上げる：能率向上機能

　まず何よりも，企業は従業員を一生懸命働かせ，作業能率を上げなければならない。ここでいう作業とは，工場労働のような肉体作業はいうまでもなく，それ以外にも事務作業や管理業務のような，いわゆるホワイトカラー労働も含めて理解しなければならない。
　作業の能率は，一般的には少ないインプット（投入量）で最大限のアウトプット（結果，成果）を達成することで高くなる。分数で表すと，アウトプット／インプットである。従業員が工場で製造作業に就くという状況に当てはめて考えれば，インプットは，企業が従業員に対して支払う賃金（労務費，人件費），アウトプットは従業員が実際に働くことで新たに産み出した生産物や製品の価値（付加価値という）であるから，分母に来る賃金が低ければ低いほど，そして分子に来る付加価値が大きければ大きいほど，作業能率は高くなるということになる。したがって，企業がそこで働く人々に対して臨む最も基本的な姿勢は，相対的に低い賃金のもとでより多く働いてもらうこと，ということにならざるを得ない。こうした企業の姿勢は，収益を上げるという企業の最終目的からして至極当然なものであり，したがって「人のマネジメント」もこの観点から評価されなければならないということになる。

例えば，周知のように，経営学の祖とされるテイラー（Taylor, F. W.）が労働者の作業能率を上げるための手法として導入した賃金制度は「差率出来高賃金」と呼ばれるが，この差率出来高賃金の仕組みは，「標準的作業量」を定め，それを達成できた労働者とできなかった労働者とで賃率を変える経済的インセンティブを付与することを通じて，労働者一人ひとりの作業能率を上げようとしているのである。

経営者と従業員とは，明示的であれ暗黙裏であれ，「これだけの仕事をすれば，これだけの賃金がもらえる」という契約を交わしているわけであるが，ここで重要なポイントは，一般的に企業の最も根本的な姿勢としては，なるべく分母を小さくし，分子を大きくすることで能率を上げるようにもっていきたい，という動機をもっているということである。つまり，かかるべきコストをなるべく低く抑え，生成される成果の方は極力高くするようにもっていこうとする企業の発想法が「作業能率を上げる」という具体的中身であるということにほかならない。

前節でみた人事部の諸活動，すなわち人員を雇い入れ，教育訓練を施し，仕事に就かせ，結果を評価して処遇を決めるという一連のサイクルを回し，各制度を運用していく際にも，その大原則はこの作業能率を上げるためにこそ行われているのだという視点を忘れないようにしなければならない。

(2) 人を組織に留まらせる：組織統合機能

(1)でみたように，働く人達の作業能率を上げることで企業の業績や収益は向上するはずである。ただ，その時々の短期的なスパンでみた際の作業能率が高かったとしても，そのような能率の高い状態が長期にわたって継続されなければ意味はない。つまり，企業が作業能率を上げようとするあまり，従業員の心理的な疲労が溜まり，欠勤しがちになったり，いやになって別の会社へ転職されてしまったりしては逆効果である。能率向上へのプレッシャーが強すぎて上司との関係がまずくなったり，労使関係がこじれ，ストライキが発生して苦情処理に右往左往しなければならない状況になったりすれば，企業は大きなコストを支払わなければならなくなるし，結果的には長期視点での企業の効率を向上させることには繋がらない。

そこで，企業が人を管理する際に重要となるのは，働いている従業員を組織に引き留め，組織一体感を高めて，従業員にその企業で働くことを"好き"にさせることである。こうした企業の活動は，昨今ではリテンション・マネジメントと称されることもある。能率向上を促すあまり，難しくなってしまいがちな企業と従業員との関係をできる限り緩和し，従業員と企業との間のコンフリクトを少なくするような工夫が必要となるわけである。

　例えば，職場では懇親のためにリクリエーションやスポーツ大会などが企画されていることがあるが，これは従業員相互が交流しあい，仕事を離れて互いに親しくなる上での重要なきっかけを提供することになる。あるいは，労使の利害が対立しがちな賃金や労働時間などの労働条件については，労使双方はお互いに顔を突き合わせて団体交渉を実施し対決することになるが，こうした労使対立的な側面ばかりではなく，労使双方が作業条件や生産，教育訓練，福利厚生などの事項について協議しあうための仕組みとして労使協議制と呼ばれる制度が広く普及していることはよく知られている。この労使協議制は，従業員サイドと企業サイドのコミュニケーションを改善し，両者の無用な対立を回避して組織に統合させる上で重要な役割を果たしているわけである。

(3)　企業戦略と適合させる：戦略適合機能

　個々の従業員の作業能率が上がり，各自が所属組織を気に入って留まったとしても，企業としては，各自が従事している作業それ自体が，本当にその企業の目的にかなったものとなっているかどうかのチェックが必要となる。企業は，既述のようにゴーイング・コンサーンとして事業を継続させることが必要であるが，企業の目標はその時々の環境の変動に応じて変わってくる。そこで必要になるのが，各人の作業と企業戦略とが整合しているかどうかを確認し，摺り合わせる作業である。その確認をした結果，企業戦略とずれが発生している場合には適宜軌道修正をし，作業内容を変更させることが必要である。

　例えば，「人員を雇い入れる」活動には，正社員以外にパートタイム従業員や学生アルバイトを雇い入れることも含むが，これら非正規社員を雇用するか否かは景気の変動に応じて変化させることが，企業経営としては必要となってくる。好景気で製品がよく売れ，生産量を増加させなければならないような場

合には，企業は忙しくなるため臨時的に人員を雇い入れることが必要となるが，逆に不況になれば，当然これらの人員は不要となる。つまり，企業の人的資源管理としては，不況期には，他の作業員も含めた作業工程の全体をみながら各作業員の仕事量を間引くか，あるいは臨時に雇用した人員に辞めてもらうというように，軌道修正を行う必要が出てくるわけである。

あるいは，「人と職務のマッチング」をうまく行うためにとりわけ1990年代以降注目されている人事制度として社内公募制があるが，この社内公募制は，企業が新規事業を展開する上で必要な人材を，社内の各部署から無理なく調達し，各自の希望やもてる能力と職務上の要件とをうまくマッチングできるように考えられた仕組みである。社内公募制の下では，人事部はその新規事業に関して募集する職務の要件やキャリアを公開して求人をかけ，社内各部署の従業員は自分自身の能力や将来展望を加味しながら，その求人に応募するようになっている。こうして，新たな業務における具体的な職務内容とそれに合致した適性・能力をもった従業員とがうまく組み合わされるよう工夫がなされているのである。このように人的資源管理は，企業のその時々における経営戦略と各自の作業内容とがうまく適合させる役割を担っている。

こうした企業戦略と各従業員の作業内容とをマッチングさせる役割は，いわゆる戦略的人的資源管理という考え方（人事活動が企業の業績アップに直接的に寄与し得るよう経営戦略と密接に関連づけようとするマネジメントの発想法のこと）が普及してくるにつれ，いっそう重要な機能として注目されるようになりつつある。

このように，企業において人的資源管理は，個々の従業員の短期的な作業効率を向上させるだけでなく，企業全体の長期効率を向上させるために従業員を引き留め，経営戦略と適合させる役割を担っていると要約できるであろう。

4．人のマネジメントの変遷

人のマネジメントの根底にある発想法（パラダイム）は，一般に人事管理や労務管理（「人事労務管理」と総称される）から「人的資源管理」へと移り変わってきたといわれている。まず，人事労務管理と人的資源管理とでは具体的

にどの点がどのように異なっているかについてみてみることにしよう。

図表序－1は，両パラダイム間のどこがどのように相違するか，両者の背後にある思想・前提，戦略的側面，ライン管理，主要な管理ツールの各次元に沿ってまとめられたものである。このまとめは，イギリスの労使関係学者ストーレィ（Storey, J.）が，同国の経営者に対するインタビュー調査を通じて得たデータを整理し，理論化したものであり，ストーレィ・モデルとも呼ばれている。

このストーレィ・モデルにより掲げられている各項目を1つずつみていけば細かな相違が明確になるであろう。大雑把に要約すると，人事労務管理と人的資源管理の両パラダイム間の相違は次の5点のように整理することができる。

第1に，戦略と人事とのリンクが強化されていることである。人的資源管理では，人事労務管理と比べて，全社的な経営戦略との結びつきが強くみられるようになっている。人的資源管理パラダイムの下では，トップの戦略計画が策定される際には，中長期にわたる人員の採用・削減計画など，必ず人事関連のイシューとリンクさせながら計画が立てられることになり，この点が人事労務管理とは異なると認識されていることがうかがえよう。

第2に，人のマネジメントの活動が，人的資源管理では能動的・主体的な活動として捉えられていることが挙げられる。上記の第1の点とも関わるが，人的資源管理は，能動的・主体的な戦略的管理活動の中心にくるべきマネジメントとして位置づけられている。人事労務管理においては，従業員の給与計算や保険業務等の定常業務を行ったり，あるいは職場でのコンフリクトや労使紛争が発生した場合にそれら諸問題を解決する「火消し活動」的業務に従事したりといったような事項が主たる業務であると考えられていた。したがって人事労務管理から人的資源管理への移行は，"受け身"的なマネジメントのスタンスから能動的・主体的なスタンスへと，人のマネジメントの基本的発想法が変化したものとして捉えることが可能である。

第3には，いわゆる「心理的契約」（psychological contract）を重視試用としている点が挙げられる。人的資源管理モデルでは，経済的な側面での契約のみならず，従業員の内的心理に係る心理的契約の重要性が強調されている点が従来とは異なる点である。人事労務管理の時代には，従業員は規定上定められ

図表序-1 人事労務管理と人的資源管理の対比

次 元	人事労務管理	人的資源管理
思想・前提		
契約	明記された契約内容の正確な履行	「契約を超える」ことが目標
規則	明確な規則とその遵守が重要	「規則」を超えて「できそうなこと」を探求
管理者活動への指針	手続き・体系性の統制	「ビジネス・ニーズ」や柔軟性へのコミットメント
行動の枠組み	規範・慣習と実践	価値観・使命
労働者に対する管理業務	監視	育成
関係の特性	多元主義	一元主義
コンフリクト	制度化	強調されず
標準化	高い(「全員が同一」が目指される)	低い(「全員が同一」は不適切,個々人によって異なると考えられる)
戦略的側面		
鍵となる関係	労働者—経営者	企業—顧客
イニシアティブ	断片的	統合化
事業計画との整合	小さい	大きい
意思決定の速さ	遅い	速い
ライン管理		
管理の役割	業務処理が中心	常に変革・革新を目指す
主要な管理者	人事労務・労使関係の専門家	経営トップ,部門長,ラインの各管理者
求められる管理技能	交渉	支援
主要な管理ツール		
選抜	企業の全体目標から分離されて行われ,重要度が低い	企業の全体目標と統合されて行われ,重要度が高い
報酬	職務評価:多数の固定的なグレード	パフォーマンスと連動:グレード固定はほとんどなし
組織的状況	労使対立を前提とした交渉	労使協調を前提とした調和
コミュニケーション	限定的な流れ・間接的	増大した流れ・直接的
職務設計	分業	チームワーク
人員の訓練・育成	最小限の教育訓練投資,学習機会はなし	大きな教育訓練投資,「学習する組織」

(出所) Bratton, J. and Gold, J. (2003) *Human Resource Management: Theory and Practice* (3rd edition), Basingstoke: Palgrave (上林憲雄他訳 (2009年)『人的資源管理-理論と実践-』文眞堂, 41頁) より一部変更の上掲載。原著: Storey, J. (1992) *Developments in the Management of Human Resources,* Oxford: Basil Blackwell.

た給与水準に応じて労働するという発想法だったのであるが、人的資源管理パラダイムの下では、契約を締結する当事者間の相互期待や相互コミットメントが高まることが前提とされ、組織全体として経営者と従業員の間の一体感が高められることが目指されている。

　第4は、人的資源管理パラダイムでは、従業員の職場学習（learning）が重視されている点を特徴として挙げることができる。人事労務管理の時代にあっては、企業にとって従業員は、単に与えられた仕事をこなすだけの存在であり、企業がその仕事をこなしたという事実に対し、賃金を支払わなければならないことからもっぱらコスト（人件費）として捉えられていた。人的資源管理のパラダイムでは、もちろん賃金支払いとしての人件費がかかることに変わりはないが、むしろ従業員は、教育訓練投資を十分にかけて学習させ成長させることを通じて、企業にとって莫大な富をもたらし得る存在であると認識されるようになってきたのである。いわば、従業員を企業にとってのコスト要因としてではなく「競争優位の源泉」として捉えられるようになったということで、人を捉える視点が人事労務管理パラダイムからは180度転換したとも評価できるであろう。

　そして第5に、人的資源管理パラダイムにおいては、集団全体よりも個々人の動機づけを考慮している点が人事労務管理パラダイムとは異なる点として挙げることができる。人的資源管理では、マネジメントに際して、組織成員を集団的に取り扱うのではなく、従業員個々人に対しフォーカスを当て、個々人の動機づけを考慮しながら組織目的の達成が志向されている。したがって人事労務管理の時代にあっては重要であった労使関係的側面、すなわち、職場における労働組合代表者の役割や従業員全員と経営者との対立関係といった集団的側面は影が薄くなっている。世界的視野でみても、人的資源管理という考え方が勃興してきた時期と労働組合員数が減少してきた時期とはほぼ合致しているといわれている。

　もう一点、我が国の研究者による両パラダイムの整理をみておくことにしよう。次の図表序−2は、岩出（2002）による人事労務管理と人的資源管理・戦略的人的資源管理の理論的特性の対比を明示したものである。ここでは、両パラダイム間の整理が、1960年代以降の理論との対応関係において示されている。

序章　優良・成長企業の人事戦略

図表序－2　人事労務管理・人的資源管理の理論的特性

人事労務管理	1960年代以降の理論	人的資源管理・戦略的人的資源管理
・コスト，労働力としての生産要素	人的資本理論	・価値ある経済資源 ・教育訓練・能力開発の意義を重視
・労働者の労働力面に重きを置いた施策	行動科学 組織行動論	・価値ある未開発の経済資源（人的資産） ・労働者の労働意思面に重きを置いた施策
・クローズド・システムとしての人事労務管理 ・安定した環境を前提とした制度論 ・個別制度の洗練化を志向した制度論 ・普遍妥当な制度論	システム理論 （状況適合理論）	・オープン・システムとしての人事労務管理 ・環境変化を織り込んだ制度論 ・諸制度の相互関連性を織り込んだ制度論 ・文脈を織り込む制度論
・人事労務方針に則した制度論 ・業務運用的役割 ・市場で調達可能な代替性のある労働力商品	競争戦略論 (Resource-Based View)	・競争戦略に整合した制度論 ・戦略的役割 ・持続的競争優位の源泉となる人的資源 ・持続的競争優位の源泉となる人的資源の管理

（出所）　岩出　博（2002）『戦略的人的資源管理論の実相　―アメリカSHRM論研究ノート―』泉文堂，57頁より一部変更の上掲載。

　図表序－2からも，概ね図表序－1で確認された両パラダイム間の相違が認識されていることがうかがえるであろう。両者間の最も根本的な相違は，人事労務管理パラダイムでは，働く従業員を「コスト・労働力としての生産要素」として捕捉していたのに対し，人的資源管理パラダイムにおいては，「価値ある経済資源」や「教育訓練・能力開発」を施すことにより，「持続的競争優位の源泉となる」と捉えられている点である。また，人事労務管理パラダイムにおいて「労働者の労働力面に重きを置いた施策」（傍点は筆者）が中心で，物理的な肉体労働が念頭に置かれていたのに対し，人的資源管理パラダイムでは「労働者の労働意思面に重きを置いた施策」（傍点筆者）というように，物理的な力よりは精神面でのコントロールが志向されている点も，両パラダイム間

の大きな特徴的相違であると認識されていることがうかがえよう。

　では次に，こうした人事システムの根底にある発想法の異同と日本企業の経営システム，日本的経営や日本型人事システムとの連関について検討してみよう。

5．日本的経営と人事システム

　前節でまとめた人事労務管理から人的資源管理パラダイムへの展開をみると，人的資源管理パラダイムの構成要素として掲げられている事項の多くは，新しい展開というよりも，むしろもともと日本企業が高度成長期から90年代にかけて長らく行ってきた人事慣行と共通している点が多々見受けられ，その意味においては，日本企業の経営実践に照らしていえば，ことさら新展開というほどの発想法の転換はみられないことがうかがえるであろう。

　例えば，多くの日本企業では，企業と従業員との間の関係は長期にわたる，経済学的な労働－支払いという契約関係を超越した心理的契約にあたる部分があったことは，この点，それ自体の評価は分かれるものの，周知の事実である。あるいは，OJT（On-the-Job Training，仕事を通じた教育訓練）を重視する典型的な日本企業では，職場学習はいうまでもなく至極当然のように行われてきていた慣行である。多くの伝統的な日本企業では，数年ですぐ転職を繰り返す昨今の状況とは異なり，長期雇用を前提にして，個々の従業員に莫大な教育訓練投資を投じてきたことも周知の事実である。

　また，分業が徹底しており責任範囲が極めて明確な欧米の作業組織に比べ，日本企業では，分業関係が組織の横方向レベル・縦方向レベルの双方において相対的に緩慢で，いわゆる職務異動やローテーション，職務拡大や権限委譲などは，チーム作業方式のもとで常軌的に行われてきた慣行である。

　これらの点を踏まえれば，次なる問題は，なぜ「人事労務管理から人的資源管理へ」というような，あたかもパラダイム転換が生じたか，ないしはパラダイム転換がなされなければならないような論調で，こうしたキャッチフレーズが叫ばれ，またそのようなパラダイム転換がなされつつあるという認識が定着しているのか，という点であろう。

(1) 人的資源管理パラダイムと新しい日本的経営

　日本企業の経営実践は，グローバル化の進展する中，以前にもまして，経営の「先進国」であるとされるアメリカの方向を向く傾向が強くなっている。したがって経営を研究対象とする経営学も，大概のテーマはアメリカの方が最先端を行っていて，日本は理論の側面でも実践の側面でもその"後追い"である傾向が，これまでは少なからず存在していたことは否めない。そして，この「人事労務管理から人的資源管理へ」というキャッチフレーズも，実はアメリカの企業経営を念頭に置いて作られたものであるという一面がある。

　従来，アメリカの企業経営は，周知の通り，社長が圧倒的な権力を掌握し，トップダウンで経営プロセスが進められていくケースがほとんどであった。業務の権限や分け前である賃金水準に関して，トップとボトムの差違が大きいことが顕著な特徴でもあった。実際の作業の進め方にしても，権限関係が明確に定められ，与えられた職務の遂行に関しては徹底した個人責任が厳格に追及される。したがってアメリカ企業の多くの従業員は，やる気を喪失し，工場の作業現場などでは作業員のミスが散見される状況が多々みられたわけである。1980年代半ば頃までのアメリカ企業が概ねこのような状況であった際，こうした状況を解決し得る有効な経営システムとして注目されたのがいわゆる「日本的経営」である。

　日本的経営というと，いわゆる「三種の神器」（終身雇用，年功序列，企業別労働組合）が注目される傾向があるが，実はアメリカ企業は，雇用管理の側面のみならず，現場のオペレーショナルな次元における日本人従業員の有能性に着眼していた。分業をすればするほど，個々人が作業に慣れ，本来であれば作業効率が高くなっていくはずのところが，分業体制の曖昧な日本企業の方が効率は高く，しかも従業員のモチベーションも高いという現象を観察し，神秘的とアメリカ企業の経営者が感じたのである。そこで，日本企業の現場組織を精査してみると，終身雇用や年功序列といった雇用の側面以外に，個々の従業員の動機づけをきっちり考えたマネジメントをし，教育訓練投資を十分にかけ，結果的に従業員は経済的契約を超えた分まで，まさに企業に骨を埋めるまで働いてくれる―こうした状況であることがわかってきたのである。当時，「日本的経営のアメリカへの移植は可能かどうか」あるいは「日本的経営の普遍性と

特殊性」等といったテーマが学界を席巻していたのには，こうした背景があるであろう。

　移り気なアメリカ企業は，90年代に入りバブルが崩壊し，日本企業の業績が下降気味になったとたん，「日本的経営」というタームは表だって使おうとしなくなり，したがってこの「日本的経営ブーム」も一時的な流行に終わってしまった感がある。しかし，1990年代に入って人事労務管理に代わる形で新たに出現してきたこの「人的資源管理パラダイム」には，日本企業がこれまで長らく培ってきた，人のマネジメントに関する叡智が随所に織り込まれている。つまり，80年代における日本的経営の成功を，とりわけ人のマネジメントの仕組みに注目してそのエッセンスを抽出し，「日本的経営」という用語を使わずに別の角度から表現しようとしたのが，この「人的資源管理」パラダイムなのである。

　その意味において，人事労務管理から人的資源管理へという「パラダイムの移行」はアメリカン・スタンダードから経営を眺めた場合の話なのであって，日本企業はもとから「人的資源管理」的な側面をも有していた，少なくとも，アメリカで人的資源管理パラダイムが勃興してきた背後には日本企業の成功とそれへの関心があった，とみる方が遙かに自然な解釈であろう（最も，アメリカ企業の人的資源管理システムは日本的経営の完全なコピーではない。この点については後述する）。

(2)　将来展望─人事システムは収斂するか異質性が残存するか

　経営学の他の領域，例えばカネのマネジメントである会計学やファイナンス，あるいはモノのマネジメントである生産管理やマーケティング・流通，情報のマネジメントを扱う情報管理などの領域は，日本とアメリカのマネジメントの制度的枠組みや仕組みは，将来的にはほぼ同一の類似の形態へと進化していくであろうと予測されている。周知のように，こうした現象は「収斂」ないし「同型化」と呼ばれる。

　実際，例えば財務管理の領域では，我が国でもここ十数年間，アメリカ発祥のファイナンス理論をいかに理解し，実務的にうまく導入するかが志向されてきた。生産や品質管理，マーケティングの領域でも大きな趨勢はほぼ同じで，

アメリカ発の理論の何が「ベスト・ソリューション」であり，どうすれば日本企業はアメリカの「合理的な経営」に追いつけるかが探求されてきた。

さらに，人のマネジメントの領域でも，20世紀末から21世紀初頭にかけて，アメリカ型の職務主義や成果主義人事，エンプロイヤビリティなど雇用流動型の仕組みを導入しようとする動きが多くみられた。しかし，その結果はどうであったか。昨今の日本企業では，職務主義に代えて役割主義人事，アメリカ型のドライな成果主義に代えて人材育成と両立し得る「ポスト成果主義」のあり方が真剣に議論されるようになっている。製造現場では，短期的な経済的動機から働こうとする一部の非正規社員が増加したことによって，かつての日本のトレードマークであった安心・安全が崩壊し，教育訓練体系や人材育成を再考せざるを得ない段階にさしかかっている。要するに，日本企業においては，こと人事システムの側面では，アメリカ型のそれと同じ収斂化・同型化は必ずしもみられなかったのである[3]。

人のマネジメントの領域では，他の領域とは違って，異質な歴史・文化を有した二国のシステムが，多少の類似化は起こり得たとしても，完全に同一形態へと収斂することは，論理的には想定可能であっても，現実的には起こり得ない。日本は日本のコンテキスト（状況，場）に応じた，アメリカはアメリカのコンテキストに応じた，別個のベスト・ソリューションが存在している。この最も端的な理由は，人のマネジメントは感情や思考力を有した生身の人間を扱うため，モノやカネ，情報の管理のように管理者が自分の意のままに操ることができないことが大きく関係している。管理者は，管理されるべき対象である生身の人の"気持ち"や"感情"を勘案した上でマネジメント活動に従事しなければならず，したがって新しい人事システムの設計もこの点への配慮なくしてはうまく機能し得ないためである。ある日突然，制度設計を熟考することなく新規の人事制度の導入を通告したところで，その制度を利用する立場にある従業員を納得させ，彼ら彼女らの満足度を満たすことができなければ，結局のところその新しい仕組みはうまく根付き得ない。

(3) コンテキストに合ったマネジメントの必要性

この意味では，アメリカ企業が，日本企業の人のマネジメントに関する叡智

を集約して創り上げた人的資源管理パラダイムも，完全に日本企業のそれと合致するものではない。第4節で説明した人事労務管理と人的資源管理の相違として挙げたストーレィ・モデルの5点のうち，第1と第2の点，すなわち「戦略」に関わる点（戦略と人事のリンク，能動的・主体的な活動）は，これまでの日本企業の人のマネジメントにはあまりみられなかった発想法で，その意味では，アメリカの「人的資源管理」は，日本の人的資源管理を参考にしつつも，独自にアメリカのコンテキストに合うようアメリカナイズしているともみることができる。このように，人的資源管理パラダイムの中でもとりわけ「戦略」を強調する場合には，図表序－2にも示されているように，人的資源管理の前に"戦略"（strategy）という冠を付して「戦略的人的資源管理（SHRM）」と呼ばれることがある[4]。

　日本企業のトップは，明確な長期ビジョンを有した経営者が少なく，強いリーダーシップを発揮した，アメリカ企業で通常使われる「戦略」をこれまで苦手としてきた。したがって「日本企業には戦略ができない経営者が多い」と揶揄されることも多い。その代わりに日本企業では，トップが中間層（ミドル）や現場（ボトム）の声をうまく吸い上げながら経営活動に従事してきたという事実はよく知られている。裏返していえば，長期の戦略や展望を描くことのできる経営者を育成することが，今後の日本企業にとって喫緊の重要な課題となっているといえるであろう。

　上記の説明は，議論を単純化するために，日本企業を一括して平均像的に議論してきた。ただし，いうまでもなく，一概に日本企業の人的資源管理といっても，業種や組織規模，企業文化によってかなりの相違がある。伝統的な製造企業の場合には上記の説明が比較的よく当てはまるケースが多いが，例えば技術革新やグローバリゼーション，金融化（finanicialization）が進展する中，とりわけベンチャー企業や外資系企業においては，上記とはかなり様相を異にしていたり，アメリカ企業の方にむしろ近いマネジメント・スタイルをとっていたりする日本企業も少なくないであろう。その意味では，従前のように「日本的経営」というひとくくりにできた時代とは違い，今日の人的資源管理パラダイムの時代にあっては，個々の状況に応じて多種多様な日本型モデル，日本型人事システムが出現しているとまとめることができるであろう。そして，その

16

一端が本書の各ケースにおいて記述されているものとして読み進めていただきたい。

　人事労務管理の時代の日本的経営のもとで暗黙のうちに了解されていた人間モデルは，その是非はさておくとして，「長期間働き続け，組織忠誠心の高い男性正社員，とりわけブルーカラー作業員」であった。かつて「日本的経営」という用語が使われていたのは，大概の場合，ホワイトカラーではなく工場で働くブルーカラーの有能性を指す言葉であった。

　昨今の人的資源管理の時代の日本的経営は，こうした従前の人間モデルにそぐわない勤労者が多く出現している。女性，ホワイトカラー，知識労働者，パートタイマー，派遣・契約社員，短時間労働者，アルバイト，組織忠誠心が高くない若年者，外国人労働者等々の勤労者グループである。これらの多種多様な人材をいかにうまく個別にマネジメントし，組織全体として整合性をとっていくかという「ダイバーシティ・マネジメント」が，今後の日本企業における人的資源管理上の喫緊の課題となっている。本書で展開される各ケースにおいても，これら新しい時代の多種多様な勤労者グループに焦点が当てられ，そのマネジメントや育成の仕組みについて記述がなされている。

6．本書の概要

　以上の序論的考察を経て導出される論理的帰結は，これまで従業員である人を大切にしてきた日本企業が，グローバリゼーションの進展する中，アメリカ型の成果主義をはじめとする市場主義的な人事諸制度の導入を一面で余儀なくされ，そうした状況下において，日本企業のこれまでの強みも活かせるような，現代の日本企業のコンテキストに合った新たな「人のマネジメント」モデルを模索しつつあるということである。本書で展開される次章以下の各ケースでは，こうした状況が念頭に置かれ，いかに各社の経営戦略と合致した人的資源管理の仕組みを模索し，導入しつつあるかが中心論点として記述されている[5]。

　第Ⅰ部「理念を育成に活かす」に収められている2つのケースは，人材育成をはじめとする人事慣行を，企業の経営理念という大元にまでさかのぼって検討し，人的資源管理と経営理念の間の整合性を高めることで求心力を高めよう

としている事例である。まず第1章では，インテリジェンスを取り上げ，成果主義の導入に伴い短期的視野に陥りがちであった職場に，当社の経営理念をベースに長期的成長を見据えた人材育成の視点を加味し，工夫が凝らされている様子が記述されている。第2章では，ワン・ダイニングを対象に，当社の企業理念を社内に浸透させて自律的な従業員（アルバイトを含む）を育成するプロセスが紹介されている。

第Ⅱ部「グローバルを見据える」に収められている2つの章は，グローバリゼーションを見据えた社内改革に焦点が当てられたケースである。第3章は参天製薬における人事制度改革を取り上げ，グローバリゼーションの進展に伴う職能資格制度の職務等級制度へ変更や，戦略的中核人材の育成へ向けた動きが詳説されている。第4章は，ギャップジャパンを取り上げ，人的資源管理諸制度の設計・運用にあたり，グローバル・スタンダードで対応するパターンと逆にローカル対応するパターンを社内でうまく組み合わせている様子が記述されている。

第Ⅲ部「雇用を工夫する」では，採用制度や昇進制度などの雇用管理のあり方に工夫を加えることで成功している2社が取り上げられている。第5章では，大手A社を対象に，採用適性検査のあり方が試行錯誤を繰り返しながら改善されていったプロセスについて記述されている。第6章はフレスタを対象に，パートタイマーから正社員への登用の仕組みにルールを設け，うまく社員のモチベーションの向上や能力開発に繋げている状況が明らかにされている。いずれのケースとも，経験や直感に依存しがちな人材雇用のあり方を"科学的"に整備し，マネジメントを可能にすることを通じて成功へと結びつけている様子がうかがえるであろう。

第Ⅳ部「人財能力を鍛える」では，社員のもつ能力を開発し伸長させる仕組みに工夫を凝らしている2つのケースが収められている。第7章では公文教育研究会を取り上げ，学習のコミュニティ（「実践共同体」）を様々な形で活用し，社員の能力開発に努めている様子が記述されている。第8章では，マツダの企画設計部門を対象に，技術専門家の知識が経営機能とうまくマッチするよう，人材機能を分化させ育成しようとしている工夫について記述されている。

これら8社のケースそれぞれにおいて，本章第3節でみた人的資源管理の3

つの機能がいかに果たされているか，その力点の置き方が従前の人事労務管理の時代から昨今の人的資源管理・戦略的人的資源管理の時代へ向け，いかように変化したかについて，最後の結章で要約することにしよう。

(上林 憲雄)

[序章 注]
1) これらの論点については，さしあたり上林編著（2013），Kambayashi ed.（2014）を参照されたい。
2) 本章で「人のマネジメント」という用語は，人事労務管理と人的資源管理の双方を含む包括的概念として用いられている。本章第4節で議論されるように，人事労務管理と人的資源管理は，それぞれ歴史的コンテキストに規定された「人のマネジメント」手法の呼称である。
3) この論点については，上林編著（2013），第1章に詳しい。
4) もっとも人的資源管理と戦略的人的資源管理の間の概念上の区分は曖昧で，実務的にも学問的にも明確な区分は存在しないようである。本書においても，特に断りのない限り，戦略的人的資源管理は広く人的資源管理の下位概念として捕捉している。
5) 本書の以下の章では，「人的資源管理」という語に加え，文脈によっては「人材マネジメント」という語も用いられているが，特に断りのない限り両者は同義として用いられており，互換的にお読みいただければ幸いである。

[序章 参考文献]
岩出 博（2002）『戦略的人的資源管理論の実相－アメリカSHRM論研究ノート』泉文堂．
上林憲雄 編著（2013）『変貌する日本型経営－グローバル市場主義の進展と日本企業』中央経済社．
Bratton, J. and Gold, J.（2003）*Human Resource Management : Theory and Practice*, 3rd Edition, Palgrave（上林憲雄 他訳『人的資源管理－理論と実践』文眞堂，2009年）．
Kambayashi, N.（ed.）（2014）*Japanese Management in Change : The Impact of Globalization and Market Principles*, Springer.
Storey, J.（1992）*Developments in the Management of Human Resources*, Basil Blackwell.

第Ⅰ部

理念を育成に活かす

明日をそれ以上生きる

第1章 株式会社インテリジェンス

株式会社インテリジェンス（2014年3月現在）

本社所在地	東京都千代田区丸の内2－4－1　丸の内ビルディング27・28階
創　　業	1989年（平成元年）
設　　立	2010年（平成22年）
代 表 者	高橋広敏
資 本 金	98億1,255万円
売 上 高	895億4千万円（2014年3月期，前期比11%増）
従業員数	合　計　　5,432名（有期社員含む）
備　　考	グループ企業 ・株式会社インテリジェンスホールディングス ・株式会社インテリジェンス ・株式会社インテリジェンス ビジネスソリューションズ ・株式会社IBS Global Bridges ・インテリジェンス ビジネスソリューションズベトナム ・株式会社フロンティアチャレンジ ・株式会社インテリジェンスHITO総合研究所 ・株式会社クリーデンス

1. 株式会社インテリジェンスの概要

(1) 事業内容と沿革

　株式会社インテリジェンス（以下，インテリジェンス）は，総合人材サービスの大手企業である。事業内容は正社員・アルバイト・パート社員等の求人メディアの運営（an, salida），人材紹介・転職サイト（DODA），人材派遣，企業に対する採用支援サービス等である。またグループ企業では，情報システムの受託開発や保守，人事コンサルティング，組織や人事に関する調査・研究なども行っている。創業は1989年。1995年に人材派遣サービス，1997年には人材紹介サービスをスタートさせている。2006年に株式会社学生援護会と企業統合しており，2009年には障害者採用支援サービスを開始，2010年には調査・研究機関であるインテリジェンスHITO総合研究所を設立するなど，人材に関する幅広いサービスを展開している。

　インテリジェンスは自らの存在意義を「インフラとしての人材サービスを提供し，はたらくを楽しむ社会を実現する」と表しており，全ての人や組織がいつでも安心して利用できるサービスの提供と，全ての人や組織が「はたらく」を通じて前向きになれる社会の実現を目指している。創業以来ベンチャー精神にあふれた企業として注目されてきたが，同社では社員の行動原理として，5DNAと呼ばれるものを掲げており，それらは①社会価値の創造，②顧客志向，③プロフェッショナリズム，④チームプレー，⑤挑戦と変革とされている。

　資本金は2014年3月現在で，98億1,255万円。社員数は5,432名である（有期社員を含む）。近年の業績は図表1－1の通りである。

図表1－1　インテリジェンスの近年の業績[1]

	売上高	営業利益
2010年2月期	546.8億円	12.4億円
2011年3月期	618.9億円	35.6億円
2012年3月期	698.3億円	50.2億円
2013年3月期	806.6億円	77.9億円
2014年3月期	895.4億円	96.2億円

（出所）　インテリジェンス社内資料をもとに筆者作成。

(2) 近年の動向と経営課題

　インテリジェンスはそれほど歴史の長くない会社であり，急成長を遂げた会社であるといえる。しかし，急激な成長の中にも紆余曲折があり，そこから新しい課題も明らかになってきている。簡単に同社の成長の過程を振り返りながら，それをみていきたい。

　まず，1989年～1999年の時期は創業期といえる時期で，創業社長の宇野康秀氏のもと，暗中模索しながらも，意欲的なベンチャー企業として注目を集めた時期である。後発でありながら人材派遣・人材紹介などにも進出し，現在の事業の柱をつくった時期といえる。

　次に2000年～2008年は，それに続く成長期だといえる。2代目社長の鎌田和彦氏のもとでジャスダックに上場し，様々な企業のM&Aを行い，時に失敗もありながら，大きな成長を遂げた時期である。急成長を遂げたこともあり，外部からは何かと批判されることもあったのだが，それでも社内は非常に活気づいていた時期である。

　2009年～2012年は，インテリジェンスにとって生き残りをかけた転換期であったといえる。社長は3代目の高橋広敏氏に代わったのだが，上場を廃止し，リーマンショックのあおりを受けて人員削減も経験した。また2008年から株式会社USENの子会社となっていたのだが，アメリカ大手の投資ファンドKKR（Kohlberg Kravis Robert）に買収され，USENグループから離れるなど，激動の時期であった。

　そして2013年以降は，企業として成熟期を迎えながら，次の成長をどのように遂げるかを模索しはじめた時期といえる。2013年，人材派遣のテンプホールディングス株式会社がKKRからインテリジェンスの株式を買い取り，インテリジェンスはテンプホールディングス株式会社の完全子会社となった。その中で，これからどのように新しい時代を創っていこうかという議論が社内で活発に行われている。

　現在の経営層の多くは成長期，あるいは創業期に入社した人達であり，会社の急成長の中で自らも成長を遂げ，達成感や充実感を得た人達だといえる。ただ，その過程ではやや極端な施策（新卒500名採用など）が経営に悪影響を及ぼしたこともあり，離職率が高い時期や，人員削減をせざるを得ない時期も

あったなど，反省点も多くみられた。もちろん，これからも同社の原動力である積極果敢な挑戦は大事にすべきだと考えられている。ただし，会社としての規模が大きくなり，事業も人材も多様化した現状を考慮すると，これまでと同じようなマネジメントを続けていくだけでは問題があるとの認識が生まれてきている。より高度なマネジメントを導入することによって，さらに確かな成長を遂げられる経営が目指されはじめたといえるだろう。言い換えるならば，急成長企業にみられがちな勢い任せ，成り行き任せのマネジメントではなく，しっかりと明日に繋がるものを残せるマネジメントの探索がはじまっている。本章ではインテリジェンスの人的資源管理を考察するわけであるが，それについてもこれまで培ってきた独自のマネジメントに，新たな要素を付け加えることによって，さらに多様な人材を長期的に育てるマネジメントが目指されている。以下ではその具体的な内容を議論していきたい。

2．自律的人材のマネジメント

(1)「はたらくを楽しもう」

　インテリジェンスは会社のスローガンとして，「はたらくを楽しもう」を掲げている。このスローガンは，事業を推進していく上での同社の意志と姿勢を表したメッセージである。全ての人や組織が「はたらく」について課題を感じた時に，いつでも安心して利用できるサービスを提供すること，そして全ての人や組織が多様な価値観や個性を活かしながら，「はたらく」を通じて前向きになれる社会を実現することが，同社の存在意義であり使命とされているのである。

　また「はたらくを楽しもう」は，インテリジェンスの内部で働く人々に対する会社からのメッセージでもあり，同社の人的資源管理の基本方針と捉えることができる。同社では，自社の人材にも，仕事を楽しんでもらいたいと考えている。

　では，はたらくことを楽しめる人とは，具体的にどのような人を指すのだろうか。インテリジェンスの社内では，自社に適した人材を表す言葉として，よく「尖った人材」という言葉が使われている。「尖った」という言葉からは，

鋭さや強さ，突出などが連想されることから，少なくとも自分の意志をもたない人や，従順過ぎる人は同社に適した人材ではないことがわかる。同社において「はたらくを楽しむ」人とは，意志や挑戦意欲の強い人だということができるだろう。

　人事を担当するHITO本部長の美濃氏の談話をもとに，「はたらくを楽しむ」人材をさらに具体化してみたい。まず，同社でいうところの尖った人材とは，他者からいわれた通りに淡々と仕事をこなすことに満足しない人である。常に仕事に深い関心と疑問をもち，よりよい仕事のプロセスや成果を追求できる人である。安定よりも変化を志向し，それを面白いと感じられる人ということもできる。

　さらに，仕事を表面的に捉えず，その目的や意義を深く問い直すことができる人が重要になる。例えば営業の仕事を想定した場合でも，「顧客に○○を売る」というのを目的と捉えれば，競合他社や競合製品との比較に目を奪われがちである。もちろんそれはそれで重要なことなのだが，その人の仕事はその範囲に限定されてしまうだろう。しかし，営業の仕事の目的を「顧客の問題や要望を見つけ出し，解決する」と捉えれば，仕事の範囲は大きく広がる。当初売ろうとしていた財やサービスとは違うものを勧めることも考えられるし，まったく新しい財やサービスを企画・提案することにも繋がっていく。そうなれば，仕事の内容はより挑戦的になり，面白くなる。

　簡単にまとめるならば，尖った人材あるいは「はたらくを楽しむ」人とは，他者とは違うことを考えられる人であり，仕事から学んで成長することが好きで，新しい何事かを起こせる人であるといえる。そして，そのために主体的に考えて行動する人であり，それを通して仕事に夢中になれる，仕事から喜びを得ることができる人だといえる。

　これらの人材は，近年多くの研究で重要性が指摘されている自律的な人材や，知識労働者に該当するものだと思われる[2]。すなわち，自分で考えて仕事を変革していく人材，何か新しいモノやコトを生み出していく創造的，あるいは起業家的人材ということができるだろう。インテリジェンスが求めている人材はこうした人達なのであり，その確保，育成，活用こそが同社の人的資源管理の要諦なのである。

第Ⅰ部　理念を育成に活かす

(2) 自律的な人材に関する先行研究

　このようにインテリジェンスでは自律的人材が求められており，社員が創造性や提案力を発揮して働くことが期待されている。具体的に同社で働く人達の仕事をみても，いかにそれが重要であるかを推察することができる。例えば求人メディアをつくる人達に，企画力，提案力が必要であることは明らかであるし，人材紹介や人材派遣の仕事をしている人には，企業と個人のニーズを正確に把握し，それを上手く組み合わせていくカウンセリングや問題分析，問題解決の能力が必要である。さらに新卒採用や転職支援の仕事には各顧客の事情に合わせた提案を行うコンサルティングの能力が必要とされるし，それはグループ会社が従事している人事コンサルティングやシステム・インテグレーションにおいても同様である。このようにみると，自律的に考えることや何かを提案することは，単にインテリジェンスがもつ人材の恰好いい理想像ではないことがわかる。同社の事業内容からみて，会社の競争力を左右する重要な要因なのである。そのため，自律的な人材を獲得，育成，活用していくことは，人的資源管理上のテーマであるにとどまらず，事業の成否に関わるテーマといえるのである。

　さて，ここでいくつかの先行研究から自律的人材，あるいは知識労働者のマネジメントを考えるポイントを定めていきたい。まず1つには，そのような人材のマネジメントにおいては，働く上での制約が少なく，個人の意志や個性が尊重されることが重要だといわれている。Drucker（1993, 1999）による知識労働者に関する議論において，それらがはっきりと表されている。そもそも知識労働者は組織に対してあまり依存的ではない。工業化社会において，多くの労働者は生産手段（資本）をもたないために，雇用される組織に依存的になりがちであった。それに対し，これからの知識社会では知識が生産手段となるため，高度な知識をもつ知識労働者は組織に依存せず，組織の境界を越えて活躍できるのである。ありきたりの製品やサービスが競争力をもたず，何らかの新しい価値をもったものの創造が求められる社会では，それを生み出すための知識や思考力の持ち主が主役となるのである。それゆえ，Drucker（1993）では知識労働者のマネジメントの原則として，自律性や自己管理を重視することや，組織にとって大事な資産として扱うことなどが述べられている[3]。知識労働者

は自分の知識やアイディアを試したいという強い欲求をもっているため，他者からの過剰な管理や制約がある場合，その組織に魅力を感じることができず，そこから離れていくこともあり得る。細か過ぎる分業やルールがある環境では，彼（彼女）らは自分の力を十分に試すことができない。知識労働者が自分の力を組織のために役立てていくためには，彼（彼女）らに一定の自由が確保される必要があるのである。

また，新規事業開発に関わる先行研究においても，個人の自由や，新しい事業の起案者に大きな裁量権を与えることが重視されている。例えばBurgelman and Sayles（1986）では，社内ベンチャーチームでは個々人の仕事が公式化されておらず，個人的で制約がないことに注目されている。その上で，異質なメンバーが自由に相互作用を行うことが創造性を高めるとされている。また社内ベンチャーチームを有効活用している例としてよく取り上げられる3Mでは，ベンチャーチームを起案した人はメンバーの人選をはじめ，大きな裁量権をもってチームをリードすることができる（榊原，2002）。元々所属していた大きな組織のルールや慣行から離れて，自由な方法で新しい事業に挑戦できるのである。このように制約が少なく，個人の意志に基づく試行錯誤ができるようなマネジメントが，知識労働や創造的な仕事の成果を高めるのだといわれている。

次に2つには，有能な人材へのインセンティブが重視されている。大きな成果を上げた人が正当に承認され，何らかの報酬が与えられる仕組みが必要なのである。ただ，ここでいう報酬とは，金銭的報酬に限ったものではない。昇進することも含まれるし，好きなプロジェクトに参加できるといったことも含んでいる。いくつかの例をみていきたい。

例えばDickmann, Graubner and Richer（2006）では，アメリカの戦略系のコンサルティング・ファームの中には，昇進や報酬のインセンティブが非常に強い企業が多いことが示されている。また，日本のシンクタンクにも，早い昇進や大きな報酬がコンサルタントや研究者に与えられるという事例研究がある（三輪，2004）。その他にも，ソフトウェアの大手企業であるマイクロソフトの研究（Cusumano and Selby, 1995）でも，高い成果を上げた人が早く昇進し，若くして経営陣に参加することや，ストックオプションをはじめ，多額の

金銭的報酬を得ることが述べられている。また，先にみた3Mにおいても，社内ベンチャーを起案した人はプロダクト・チャンピオンと呼ばれるようになり，成功すれば社内でもトップクラスの技術者として認定される。あるいは事業チームを事業部に昇格させて，その責任者になることも可能である。このように，知識労働や創造的な仕事において，個人の成果が承認され，それに何らかの大きな報酬が与えられることを指摘する研究が多くみられるのである。

　もちろん，全ての働く人々にとって，何らかのインセンティブは必要なのであるが，高度な知識や創造性を駆使して働く人々については，特にそれが重要になるものと思われる。自分の知識やアイディアを試すことが好きな人たちは，それがどのくらい大きな成果を上げたかについても関心が強いだろう。もし組織が自分の大きな成果を承認してくれれば，彼（彼女）らはその組織に満足するだろうし，承認されなければ離れていく恐れがある。したがって組織からみれば，大きな成果を上げる人を組織に定着させるために，何らかの報酬を用意することが必要になる。知識労働者が組織を移る力をもつことを考慮すれば，その報酬は他社より魅力的な報酬であることが望まれるわけだから，あまりに些少なものであってはならない。それゆえ，人的資源管理は優秀な個人を手厚く処遇するものになり，結果として社員間で差のつきやすい，競争的なものになると考えられる[4]。日本企業の人的資源管理は従来から昇進が遅く，あまり大きな報酬の格差をつけないといわれてきた。しかし，自律的な人材や創造的な仕事をする人を対象にした場合，それについても見直しが必要になるかもしれない。ここでみたようなことがインテリジェンスにどれほど当てはまるかは，事例研究のポイントになりえるだろう。

　最後に3つとして，上記のことと同時に，チームワークや協働も重要だといわれている。Drucker（1993）の指摘にあるように，知識労働者はチームで働くことが多い。それゆえ，メンバーと上手く協働してチームの成果を最大化していくことが大きな課題となっている。コンサルティング・ファームやIT企業の先行研究でもそのことが述べられており[5]，三輪（2011）では，マネジメントやメンバーとの協働に熱心な知識労働者ほど，仕事の成果が高いことが実証されている。そうであるならば，自律的な人材や知識労働者の人的資源管理は，自由であることやインセンティブが強いだけでは不十分であり，チーム

ワークや協働を促進するようなものが求められることになる。もちろんそれは簡単に実現できることではない。それをどのように実現するかについても，事例をみる重要なポイントとなるだろう。

3．主要な人事制度

(1) 等級制度と昇進・昇格

　ここからは，前節までの議論を踏まえながら，インテリジェンスの人的資源管理の具体的内容をみていきたい。まずは人事制度の基盤にあたる等級制度や，それに基づいて行われる昇進や昇格についてである。

　昇進や昇格がどのように行われるかについては，先に議論した成果を上げた人へのインセンティブとも関わってくる。大きな成果を上げた人が，積極的に昇進や昇格の対象になるのであれば，会社が個人の成果を承認する仕組みや姿勢が強いといえるだろう。働く個人からみると，困難な仕事に挑戦して大きな成果を上げることへのインセンティブが強くなる。反対に，大きな成果を上げた人でも，年齢制限や1つの等級における最低滞留年数などの制約が強く，そ

図表1－2　インテリジェンスの等級制度

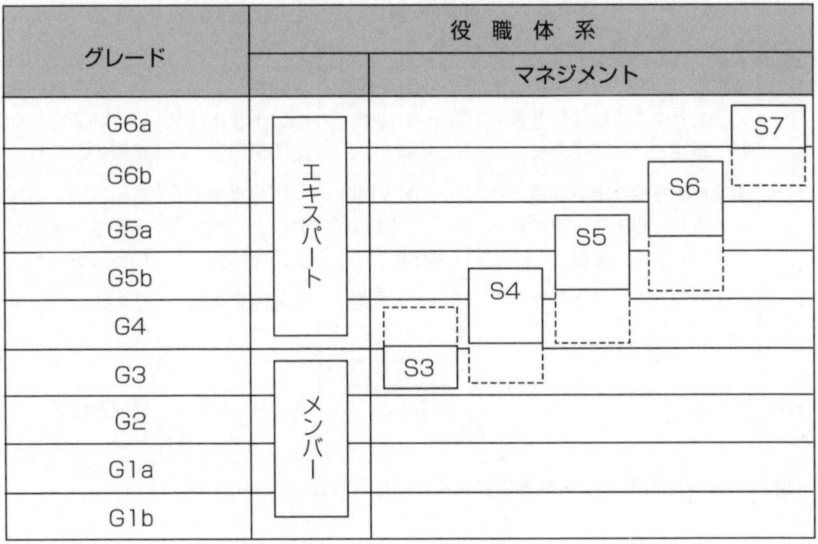

グレード	役職体系	
	エキスパート／メンバー	マネジメント
G6a		S7
G6b		S6
G5a		S5
G5b		S4
G4		
G3		S3
G2		
G1a		
G1b		

（出所）インテリジェンス社内資料をもとに筆者作成。

第Ⅰ部　理念を育成に活かす

図表１－３　管理職階層のグレード要件

グレード	概　要	求められる役割遂行		
		顧客創造	組織運営	人材育成
G6a	全社経営			
G6b	全社貢献 経営関与	全社視点での事業設計	全社的重要機能の推進	広範囲への動機づけ，人員調達，後継者育成
G5a	事業運営 全社視点	ビジョン設計	組織価値の共有 組織機能の設計	育成の仕組み化 マネジャー候補発掘
G5b	高度で再現性のあるマネジメント	戦略策定	組織の継続改善	マネジャー指導 中期的育成
G4	基本的マネジメント	戦術策定	組織運営の基本的PDC	基本的な育成

（出所）インテリジェンス社内資料をもとに筆者作成。

図表１－４　各職位の内容

職位	組織名	組織長の呼称	組織規模	利益規模	重要度 難易度
S7	事業部／子会社／本部	事業部長／社長／本部長	部下に複数のS6組織・部門長が配置されている	年間営業利益24億以上または売上100億目安	企画管理部門のS7は経営会議で決議
S6	事業部／本部／子会社／支社／統括部	事業部長／本部長／社長／統括部長	50〜300人程度 部下に複数のS5組織	年間営業利益12億以上または売上50億目安	特に重要度が高いと判断された組織のみS6
S5	事業部／子会社／支社／部	事業部長／社長／支社長／部長	20〜100人程度 部下に複数のS4組織	年間営業利益6億以上または売上25億目安	戦略組織／新規事業は原則S5からスタート
S4	グループ	マネジャー	10〜20人程度 部下にマネジャーがいない	利益の定めなし	基本的な管理単位
S3	チーム	ー	定めなし	定めなし	管理責任をもたない

（出所）インテリジェンス社内資料をもとに筆者作成。

う簡単には昇進・昇格できないのであれば，インセンティブは違ったものになる。昇進・昇格が一定のスピードでコントロールされる場合，そこで働く人は，会社が求めているのは経験の増加による熟練や，会社へのコミットメントだと理解するだろう。先行研究からは，知識労働者や創造的人材には成果に対する承認が重要であることがうかがい知れたが，その点に注目しながらインテリジェンスの事例をみていこう。

　図表1－2は，インテリジェンスの等級制度，役職制度のフレームである。また，図表1－3は管理職階層のグレード要件，そして図表1－4は，各職位の内容をまとめたものである。簡単に概要を紹介したい。

　グレードというのが，一般的によく使われている役割等級，あるいは職能等級に近いもので，基本的な職責と能力要件をベースとした資格等級である。大卒の新入社員は入社後，G1bからスタートし，定期的に昇格審査を受けて上位のグレードに上がっていく。社内で共有されたイメージでいえば，G2に上がると一人前，G3になるとハイ・パフォーマーとして認知される。そしてG4以上が管理職相当の階層となる。

　次に役職の体系であるが，G3までは一般階層であるが，その中から一部の人はS3（チームリーダー）に登用される。そしてその上に，S4（マネジャー），S5（ジェネラルマネジャー），S6・S7（エグゼクティブ・マネジャー）という役職の階層がある。S4はG3からG5bの人の中から登用され，同じようにS5はG4からG5a，S6はG5bからG6b，S7はG6bからG6aの人の中から登用されている。なお，マネジャーになる人以外に，エキスパートとして昇格していくコースも併設されている。

　さて，上記のフレームに基づいた昇進・昇格の運用状況をみていきたい。まず新入社員はG1bに格付けされるわけであるが，それはいわゆる訓練期間に近いグレードになるので，多くの人が早期にG1aに昇格する。平均すると1年半程度で昇格するのだが，それは一律的に行われる形式的な昇格プロセスではない。早ければ1年で昇格するし，成長が認められない場合は，この段階で2年かかってしまう場合もあるという。その後，G2，G3に昇格していくわけだが，この昇格において年齢制限や同一グレードにおける滞留年数などの制約は設けていない。早い人はほんの数年で管理職相当のグレードに昇格する。

インテリジェンスではグレードの昇格を入学方式，つまり下位のグレードの要件を満たしたから上位グレードに上がるというのではなく，上位グレードにふさわしい力の持ち主であることが認められたことをもって昇格するという方式で行っている。それゆえ，管理職相当のグレードに昇格する際には，まずG3のままでS4の役職を担当させ，その役割を遂行できることを確認してからG4に上げることにしている。これをみると，インテリジェンスの昇格は安易には行われておらず，厳しい審査や確認のプロセスを経て行われていることがわかる。

　しかしながら，同社の昇進や昇格がかなり速いスピードで行われていることも事実である。例えば，G4からG5bに昇格する人の3割は，G4昇格後3年以内の人である。また最短で29歳で部長相当の役職（S5）に就いた人もおり，また，G3のマネジャー，この場合G4に上がる前の人が期待を込めて登用されたのであるが，その人が入社4年目であったこともある。このようにインテリジェンスでは，活躍が認められた社員にはかなり早い段階での昇進や昇格が行われている。その一方で，仕事の業績が悪い社員を対象に年間2～3％の人が降格になっており，早い昇進・昇格と同時に厳しい運用もなされている。

　ここで，日本企業における昇進・昇格に関する代表的な先行研究を紹介しながら，それとインテリジェンスとを比較してみたい。今田（1994）では，日本の鉄鋼メーカーを題材に，その昇進・昇格の仕組みが分析されている。そこでは3段階の昇進・昇格の仕組みが見出された。まず，入社してから5年程度は全員に差をつけない，一律昇進モデルが適用される。この期間は全員が同じ資格や役職にいることになる。そして次の段階は，昇進スピード競争モデルと呼ばれるものである。入社5年後から30代後半くらいがその段階であり，ここでは全員が同じ資格や役職に上がるものの，そのスピードが若干異なる。ある資格に上がるまでに1年から数年程度の違いがあり，そこで昇進・昇格がやや競争的になる。そして最後の段階が管理職登用以降ということになる。早い人で30代後半，通常ならば40歳前後から管理職に登用され，そこからはトーナメント型の競争モデルになる。ここでは，全員が同じ資格や役職に上がれるわけではない。トーナメントの敗者になった人は，定年まで一定の資格や役職のままになってしまうし，勝者である一部の人たちだけが，上位の資格や役職に上

がっていくのである。

　この事例をみればわかるように，従来の日本企業では非常に時間をかけて，丁寧に昇進・昇格を決めていた。また早い段階で極端に昇進が遅い人や，昇進が止まる人をつくっていなかったこともみてとれる。こうしたことは，できるだけ意欲の低い人や自信を失った人をつくらず，組織全体のモラルを維持するのに役立っていたと思われる。こうした慎重で遅い昇進の仕組みを用いた時間をかけた選抜は，他の先行研究でも度々指摘されており[6]，日本企業の人的資源管理の大きな特徴として取り上げられていた。昇進・昇格に関わるインセンティブについていうならば，日本企業では，短期的に大きな成果を上げてもそれがすぐに承認されるわけではなく，長期間にわたって熟練と実績を重ねることが重視されていたといえるだろう。

　それに比べるとインテリジェンスの昇進・昇格はかなり速く，かつ競争的ということができる。今田（1994）の事例では，入社後数年の一律競争段階がみられたが，インテリジェンスではG1bからG1aに上がる段階からすでに差がついている。しかも入社数年程度で管理職に上がる人もいるし，その前段階で全員に保証されるグレードや役職も用意されていない。その意味では，大きな成果を上げる人にとっては組織からの承認が迅速に得られる仕組みではあるといえる。同時にそれは昇進・昇格に大きな個人差がつくことに繋がるわけで，成果を上げられない人には厳しい仕組みだということになる。知識労働者の先行研究にも厳しい昇進競争の仕組みをもつ企業が紹介されていたが，インテリジェンスの昇進・昇格にも同様の特徴があるようだ。

(2) 評価と報酬制度

　さて，今度は評価制度，報酬制度についてみていきたい。それらは等級制度と並んで人事制度の中心的な制度であるし，働く人のインセンティブに直接的に関わるものである。

　インテリジェンスの評価制度は，P（Performance）評価とV（Value）評価の2つから構成される。P評価は業績，あるいは成果の評価であり，数値で表される財務業績とその他の業務業績の両方が半期ごとに評価され，その結果は賞与の額に反映される。一方，V評価は価値の評価であり，会社が重視してい

る価値に沿った行動ができているか、そして成果を導くような再現性のある行動ができているかの評価である（図表１－５参照）。

図表１－５　Ｐ評価とＶ評価

	Ｐ評価	Ｖ評価
評価要件	期間成果 （財務業績／業務業績）	成果を導く再現性のある行動 （顧客活動：組織貢献）
要件内容	・主に定量的（数値化）な成果 ・期間（半期）における最終結果	・主に主体的な価値発揮レベルを指す ・当該期間だけでなく中長期的な成果の要因
注意点	結果が外部要因からの影響を受けやすい	・はっきりと数値化されないので客観的な評価が可能な目標設定が必要 ・評価がＰ評価の影響を受けやすいため、成果に至る要因部分を評価する必要がある。
報酬反映	賞与（毎年７月、12月）	本給昇給
評価期間	上期評価：10月　　評価対象期間：当年４月～当年９月 下期評価：４月　　評価対象期間：前年10月～当年３月	

（出所）インテリジェンス社内資料をもとに筆者作成。

　インテリジェンスではＰ評価、Ｖ評価の双方で、目標管理制度を取り入れている。目標管理制度とは、①期初において上司と本人が相談の上でその期の仕事の目標を定め、②その目標を基準として仕事の進捗を管理し、③期末において本人、上司の双方で目標の達成度を評価し、④その結果を人事評価にも活用する、というものである。インテリジェンスの場合、働く一人ひとりの現状（CAN）、その人がこれからやりたいと思っていること（WILL）、そしてその人に組織が求めること（MUST）という３つの視点から、目標が設定され、PDCシートと呼ばれる表が作成される。例えば、営業職のＰ評価でいえば、売上５千万円というように具体的な金額が示され、それが転職支援の担当者であれば、50人のサポートを完了するというような形で目標がつくられる。

　一方、Ｖ評価は定性的な評価でもあり、個人の成長にも関わる評価である。評価要素は、成果を導く行動としての顧客活動と組織貢献、そしてスキル・知識と姿勢・マインドである。そのそれぞれに目標が立てられるわけであるが、例えば顧客活動の場合だと、「Ａ社の役員、キーパーソンとのルートを開拓す

る」とか,「B社の担当者に定期的に会える関係を構築する」といった目標が立てられる。また組織貢献の目標としては,「後輩を指導して○○ができるようする」などが挙げられる。インテリジェンスではこうした目標を立てる際に,その人が上位のグレードに上げることができるように,少し難易度の高い目標設定がなされている。

インテリジェンスの人事評価は,このように目標管理を中心として行われるものであり,その達成度が重視されるものである。何事にも目標の達成を重視する姿勢は,日常のマネジメントにも根付いており,目標を達成するためのKPI(key performance indicators)が頻繁にチェックされている。それらの指標は,個々人が主要な業績目標を達成していく上での進捗管理のためのものであり,こうした指標を日常的にみることによって目標達成を促しているものと考えられる。例えば人材紹介の仕事でいえば,進捗件数,面接者数,紹介者数,本人が承諾した人数,企業に推薦した人数などがチェックされる。同じように求人媒体の仕事では,電話でアポイントメントを取った数,訪問会社数,提案数などがチェックされる。こうしたマネジメントによって,個人は常に目標とその達成度を意識して働くようになるのである。

では,今度は報酬制度についてみていきたい。インテリジェンスの月例給はグレードに基づく本給と,時間外手当からなるシンプルな構成である。管理職階層については本給と役職に応じた職務手当が支払われる。

本給の昇給管理は先ほどみたV評価の結果に応じて行われる。図表1-6はその一部をまとめたものであるが,7段階での評価が行われ,G2以上では評価ランク4と評価ランク7の昇給金額は4倍になっている。その一方で評価ランク3は昇給がなくなってしまうし,2以下の評価ランクだと減給になる。ほ

図表1-6　V評価による昇給格差(指数:G1bの4を100とした場合)

	7	6	5	4	3	2	1
G3	840	630	420	210	0	-210	-420
G2	700	525	350	175	0	-175	-350
G1a	555	420	280	140	0	-140	-280
G1b	390	300	200	100	0	0	-200

(出所)　インテリジェンス社内資料をもとに筆者作成。

ぼ全員が何らかの昇給を得るような仕組みにはなっておらず，ある程度差がつく，厳しい制度であるといえる。

次に賞与であるが，こちらはP評価の結果に応じて支給される。一般階層は本給に評価段階別の賞与月数をかけたものが支給され，管理職階層は本給と職務手当の合計に，評価段階別の月数がかけられる。評価段階は9段階であり，標準的な評価と最高評価では賞与月数は倍以上にもなる。一方で最低ランクでは賞与は支給されない仕組みであるので，半期の業績に応じてかなり年収が異なるような仕組みということができそうだ。

総じてみると，インテリジェンスでは昇進・昇格においても，人事評価を通じた月例給，賞与の変動においても，強い承認の仕組みがあり，成果を上げることに対する強いインセンティブが働いているといえる。もちろんそれは，非常に競争的な人的資源管理だということもできる。特に月例給，賞与といった金銭的報酬よりも，昇進・昇格の運用においてその傾向が強い。インテリジェンスでは成果を上げた人に金銭的報酬を与えるだけでなく，より大きな責任や権限を与えることを重視しているようだ。それにより，活躍した人の裁量権が広がり，自分のやりたいことができるようになるなら，それは自律的人材，あるいは知識労働者にとって魅力的なものだといえるだろう。

4．「尖った人材」をつくるその他の諸制度

(1) 「尖った人材」を全員で採用

インテリジェンスの昇進・昇格や，評価・報酬制度には，強いインセンティブがあり，個人の成果を認め，尊重する姿勢があることをみてきた。ただ，社員に自由な挑戦を促すには，その他にも様々な工夫が必要になるはずである。ここからは人的資源管理に関わるその他の制度や仕組みをみることによって，それを考察していきたい。

まず採用に着目してみたい。社員に自由な挑戦をさせようとするならば，そもそもそうした意欲や，姿勢をもった人を採用しなければならない。インテリジェンスが求める「尖った人材」のタマゴというべき人達を探して，その人達に自社の魅力を理解させないといけないのだが，同社ではそれを人事担当部門

だけがやるのではなく，多くの部門と一緒になって取り組んでいる。

　同社の採用実績は，大卒で2013年度採用が131人，2014年度採用が113人，2015年度採用（入社予定者）が250人と推移しており，人数としても内容としても順調といってよかった。しかし，それでも近年は，いわゆる尖った人材が減ってきたのではないかと懸念する声が社内にあったのだという。そこで2013年から2014年度，2015年度の採用に向けて，様々な取組みが開始された。

　その1つがリクルーティングディレクターの活用である。これはトップ営業マネジャーをリクルーティングディレクターに登用し，インテリジェンスに興味がある学生に情報発信を行い，支援をしてもらうという試みである。

　リクルーティングディレクターとは，以前からあるリクルーターとは異なる役目である。一般的にみられるリクルーターはOB訪問の対応をして，その学生と面談をした上で，人事部門に繋ぐという役目であったが，リクルーティングディレクターの仕事はもっと幅広いものである。まずリクルーティングディレクターは，日頃から多くの学生，あるいは内定者に対して情報発信を行い，自社の実態や魅力を伝えている。その手段は様々であるが，SNSなどを利用して，日々の会社の活動を紹介したり，内定者とのコミュニケーションを行うこともある。さらには，全国各地の大学を訪問し，学生や教職員に直に語りかけるような活動もしている。もちろんそれは自分の出身大学に限定したものではなく，全国各地にある魅力ある大学，また採用実績がなかった大学などにもアプローチしている。さらには，そうした募集・選考のプロセスだけでなく，入社前の内定者の研修にも深く関与している。これは東日本と西日本に分けて行われる定例研修に参加するだけでなく，海外（2014年度採用は上海）で行われる内定者の研修にも同行し，彼（彼女）らを指導している。このように募集から選考，そして入社に至る全てのプロセスにおいて，重要な役割を果たしているのである。

　リクルーティングディレクターの意義は，何よりもそれがトップ営業マネジャーによって担われることにある。インテリジェンスのトップ営業マネジャーは，同社のビジネスを起案し，育ててきた人である。いわば尖った人材の典型例であるわけで，その人が学生に情報発信し，選考し，教育することで，尖った人材が入社してきやすくなる。トップ営業マネジャーの言葉に興味をも

つ人は，自分もそのようになりたいと思う人だろうし，またトップ営業マネジャーに選ばれ，教育される過程で，学生がもつ能力や姿勢が顕著に現れるようになるだろう。その点で，人事部門だけに頼らない採用のメリットは大きい。

　また，その他にもインターンシップの拡充，そして採用サイトの充実などに取り組んできている。そうした様々な取組みの結果，インテリジェンスは非常に個性的な，尖った学生の採用に成功している。例えば近年の例でいうと，高校時代にプロサッカーチームに呼ばれるも怪我で離脱した後，NPO法人を立ち上げるなどの活動に従事した人，中国語，英語，日本語，スペイン語が話せる人，映画監督になるために休学して映画会社を立ち上げたことがある人，学生ベンチャーの事業部長をしていて「圧倒的成長」を人生の目標としている人，などが挙げられる。全員優れた能力と志をもっており，「はたらくを楽しむ」人の有力候補だといえるだろう。

　なお，インテリジェンスではこうした成果に満足することなく，自社に適した社員を採用する力を増強しようとしている。「採用活動を通して，社員全員が採用に関わる様々な役割を担い，選考者に対してインテリジェンスのビジョンを自分の言葉で語ることで，理念の浸透を目指す」ことが方針として挙げられているのである。図表1-7は全員採用を進めていく上でのステップであるが，この活動を通じて尖った人材を採用するだけでなく，すでに同社で働いている社員ももう一度自社の理念を思い起こし，内省することで，より尖った人

図表1-7　全社採用に向けてのステップ

1st Step	全員採用の周知	管理職に対して全員採用の周知を行い，管理職の意識を醸成する。
2nd Step	全員採用の周知	部長層からマネジャー層へ全員採用を周知。人事との目線合わせを行う。
3rd Step	ビジョンセッション	マネジャー層によって各グループにビジョンセッションを実施。
4th Step	ビジョンセッションⅡ	ビジョン伝達力認定レベルごとにビジョンセッションⅡ（トレーニング）を行う。
5th Step	活動開始	ビジョン伝達力レベルごとに役割設定。オリエンテーションを実施し，活動開始。

（出所）インテリジェンス社内資料をもとに筆者作成。

材になることも企図されている。採用活動に全員が従事する意義はそこにあるといえるだろう。

(2) 各種の表彰制度

　さて，インテリジェンスでは尖った人材の自由な挑戦を促すために，各種の表彰制度を設けて，その成果を全社的に承認・称賛している。いくつかの事例を紹介しよう。

　まずIKATAI（イカタイ）と名づけられた表彰である。簡単にいえば社員が選ぶベストプラクティスコンテストである。社員がその1年間に思いを込めて取り組んだ仕事の成果を自分でエントリーし，それを審査するイベントである。1次の書類選考の後，2次の事業部投票（プレゼンテーションの動画をみて投票）を経て，各事業部の代表者が決められる。その人たちが全社員の前でプレゼンテーションを行い，その投票結果によって最も優れた仕事を決めるのである。

　このイベントの目的は，1つには普段接することのない事業部の人の仕事や取組みを知ることで，情報交流を促すことである。さらにもう1つは，営業などの定量的な業績の出る仕事だけでなく，定性的な業績を追求する仕事においても，それが承認・称賛される場をつくることである。インテリジェンスでは，IKATAIを社内で最も権威ある賞として位置づけ，全社を巻き込んで実施している。選考会が近づくと社内にポスターを貼り出し，関心を高めようとしている。その結果，「IKATAIを取る」ということは社内の大きなステータスになっており，個人やチームの年間目標にあげられることも少なくないのだという。

　次にDNA賞をみてみたい。これは冒頭でみた行動原理である5DNA，すなわち①社会価値の創造，②顧客志向，③プロフェッショナリズム，④チームプレー，⑤挑戦と変革を体現している社員を表彰するものである。こちらも定性的な業績を追求するような社員が表彰の対象となるので，数字で大きな業績を上げられない人も承認することが可能になる。もちろん，社員の行動原理である5DNAを改めて考え，意識するための場としての意義も大きい。対象者は管理職とエキスパートを除く全社員である。

選考の手続きであるが，まず全社員が誰かを推薦することからはじまる。推薦するのは自部門の社員に限定されず，関わりのある人であれば他部門の人でもよい。そしてその後の選考は投票ではなく，全て議論によって行われる。このことによってお互いの仕事や行動を称賛し合う文化も育んでいる。こうした取組みの結果，身近でよい仕事をする人が，きちんと評価されるようになったとする積極的な評価が聞かれるようになってきている。

　もう1つ，A－1グランプリという表彰を取り上げたい。こちらは優秀求人コンテストということができるだろう。顧客へのヒアリング，広告のターゲット設定，提案，原稿制作などを通じて，顧客の採用課題を解決した事例の中で，特に優れた課題解決を行ったチームや個人を称賛するものである。同時に，優れた課題解決を行った事例を共有する機会としても機能している。

　対象者は正社員だけでなく，アルバイトも含めた求人広告を行う営業部門と制作部門の全社員である。A－1グランプリを目標にしている人も多く，自分の能力やスキルを鍛えるために同賞を目指す人や，素晴らしいチームもしくは同僚を称賛して欲しいとして応募する人が増えているという。

　ファイナルと呼ばれる最終選考会は，求人メディア事業を運営する全拠点中継で開催され，結果もイントラネットで共有されることになる。その結果，社員が自らの成果を振り返り，今後の行動を変えていく機会にもなっているし，他者の優れた知識やノウハウを知り，自分の行動に取り入れる機会にもなっている。インテリジェンスではこのような表彰の機会を活用して，優れた挑戦をした人を称賛し，同時に他の人がそれに続くことを促しているのである。

(3) チャレンジファンド

　最後に新規事業立案プログラムであるチャレンジファンドについてみていきたい。これは自分のアイディアで新しい事業に取り組みたいという社員を支援する制度で，まさに尖った人材に活躍の場を与える制度だといえる。新規事業を起案した人が書類選考，役員プレゼンテーションを経て，認められた場合にはその人を事業責任者として事業化できる点は，先行研究のところでみた3Mなどにもよく似ている。

　ただし，同社では独自の工夫も行われている。こういう制度でありがちなの

は，思いつきでの応募に陥ってしまうことで，事業化に結びつきにくいことである。それを防ぐために，応募前にはアイディア創出法を学ぶ「アイディアワークショップ」を開催し，起案内容のレベルを向上させている。さらには，書類選考通過後にはプランを詳細化する「事業化ワークショップ」を開催して起案者を支援している。そのワークショップには，いずれも外部のコンサルタントを招聘して本格的な内容の支援やアドバイスを行っている。そうすることによって，事業計画の内容が充実するだけでなく，チャレンジファンドに応募することによって学びの機会が得られ，応募者にとってメリットの大きなものになっているという[7]。

　これまで200名近い社員が参加しているのであるが，いくつかが事業化され，現在社内カンパニーとして活動している。中でも，入社7年目の社員がカンパニー社長となったi-common companyは，働きたい高齢者の活用を推進する事業なので，社会からの注目も高くメディアで取り上げられることも多かった。このように実際の成功例も現れてきているのである。

　このプログラムに応募して選ばれれば，起案者は事業責任者となるのだが，それに年齢や勤続年数の制限はない。どんなに若くてもマネジャーに登用されるので，その点でのインセンティブも強い。実際に新入社員が応募して最終選考まで進んだこともあり，インテリジェンスでは今後も，若い尖った人材の挑戦に期待している。

5．これからの重点的取組み

(1) 新しい人事ポリシー

　さて，ここからは，インテリジェンスが今後重点的に取り組もうとしているテーマについて議論していく。同社では，これからの人事ポリシーを「広く，深く，長く」と表現している。「広く」とは，志の高い多様な人材の活用を意味しており，ダイバーシティ・マネジメントでいわれるような多様な人材の活用と，社員一人ひとりがライフステージによって多様なキャリアを選択できるようにすることを目指すものである。「深く」とは，より質の高い人材と組織の開発を意味しており，社員の採用と育成に力を注ぎ，有能な社員の発掘や抜

擢を推進することを目指すものである。そして広く，深い人材開発が推進されることで，人も組織も長期的に発展しやすくなる。「長く」とは，持続成長を志向することを意味しており，会社としては短期的な経済性や成長率だけでなく，公共性や社会性，顧客満足などの向上を目指すものである。

これまでみてきた通り，インテリジェンスの人的資源管理はインセンティブが強く，競争的で，社員の自発的挑戦を奨励してそれに報いるスタイルのものであった。そしてそれは個人の企画力や提案力が，組織としての競争力に繋がる企業においては望ましいものであったといえるだろう。ただこのような人的資源管理には欠点もある。社員の関心が仕事の結果に集中しやすくなるとともに，若さや瞬発力に頼った仕事の遂行に陥りがちになるのである。平易な言葉でいうと，「短距離走を繰り返す」「力任せ」の働き方，人の使い方になる可能性がある。このような状況では，若いうちは活躍できても長く会社で働けない，気がつくと将来の目標や自信を失っている，というようなことになる恐れもある。もちろん，これまでも社員が長く活躍できるための努力は行ってきた。その結果として，社員の離職率も2000年度の23％から，2006年度の18％，2013年度の7.8％と，着実に減少してきた。また労働時間管理を徹底し，時間外勤務の削減にも努めてきた[8]。今後はさらに，社員が日々の仕事で得た知識やスキルを組織的に育て，より確かで長期的な成長力に繋げていく必要がある。それゆえ同社では，新しい人事ポリシーのもとで様々な施策を展開することになったのである。

以下では，その具体的事例についてみていく。特に人材育成に力が入れられており，個人のキャリア発達を支援する制度が導入されている。同時に管理職層の育成・強化に関する施策も充実している。人を育て，長期的に組織を成長させる活動の要には，優秀なマネジャーの存在が不可欠だからである。

(2) iii-design（トライ・デザイン）

iii-designはインテリジェンスが現在最も力を入れている人材育成施策の中心的なものの1つで，キャリア開発研修と人事面談を併用して，社員のキャリアプラン作成を支援するプログラムである。会社の成長に伴い，社員の数は増え平均年齢も少しずつ上昇してきた。さらに事業が増加した結果，多様な社員

が働くようになってきた。そうした状況ではしっかりした仕組みがなければ，社員一人ひとりの持ち味や事情を踏まえた人材育成は難しくなる。成り行き任せのようなやり方では，せっかくの才能を見逃す恐れがあるし，成長が阻害されてしまう場合もある。会社には社員のキャリア発達をサポートする姿勢が必要であるし，社員には自分でキャリアプランを考えていく姿勢が必要になる。

　iii-designは，社員一人ひとりが自らの意志や能力を内省し，今後3年間のキャリアプランを作成するために実施される。3年に一度，本人と上司，そして人事担当者が協力して行うプログラムである。

　図表1－8はiii-designの概要をまとめたものである。社員は20代の後半から，自律的にキャリア開発を行っていくという意識を育てていくことになる。また人事面談は各人の状況を把握し，それに対して人事としての見解を作成することを目的に行われるが，その結果として人事部門から経営層に，異動の検討可能性のある人たちが提案されることもある。例えば現在の職場で行き詰まりを

図表1－8　iii-designの概要

全体の目的	メンバーの自律的キャリア支援として，各齢ごとのキャリアやライフに即した施策を行い，志と仕事への意欲を喚起し，キャリアビジョンやプランの定期的見直しをする。	
施　策	人事面談	キャリア開発研修
施策目的	個人のコンディション把握	キャリアビジョン明確化
内　容	人事と面談を行い，各人の状況の把握を行う。	キャリアプランの見直し，棚卸し，3年後のキャリアプランを立てる。研修に参加する。
参加サイクル	3年間で1回	該当年齢から3年ごと
想定される効果	・メンバーが仕事に対する志と意識を持って，自律的・意欲的に仕事に取り組むようになる。 ・メンバーの自律的キャリア形成の支援ができる。	

（出所）インテリジェンス社内資料をもとに筆者作成。

第Ⅰ部　理念を育成に活かす

感じている人，自分の持ち味が活かせていない人，新しい機会を求めている人などである。そのような人達の存在は，会社が大きくなるにつれて見つけにくくなるものであるが，インテリジェンスではiii-designによってそれを見つけ出そうとしている。ただし，人事部門はいわゆる人事権を掌握しているわけでなく，それをもとうとしているわけでもない。各部門で働く人を理解し，経営に対する提案力をもとうとしているだけである。他の産業の大企業等では人事部門が大きな力をもち，定期的な人事異動を主導しているが，そのようなやり方はインテリジェンスには合わないと思われている。あくまで働く本人や各事業部門の意志が大事であり，人事はそれを補う支援をするべきだと考えている。

(3) キャリアチャレンジ制度

キャリアチャレンジ制度はいわゆる社内公募制度で，インテリジェンスの転職支援サービスであるDODAの社内版といわれている。こちらも社員が自律的にキャリアを発達させていくための制度だということができる。以前からこうした取組みは行われていたのだが，これからはもっと積極的に活用したいと考えられている。

図表1－9はキャリアチャレンジ制度の実施プロセスである。雇用期間の定

図表1－9　キャリアチャレンジ制度の実施プロセス

選考フロー

| 異動希望
（無期雇用の社員） | 応募 | 一次面接 | 異動内定 |

| 無期登用
（有期雇用の社員） | 応募 | 書類選考／試験 | 一次面接 | 二次面接 | 登用内定 |

| 職種転換
（有期雇用の社員） | 応募 | 書類選考 | 一次面接 | 転換内定 |

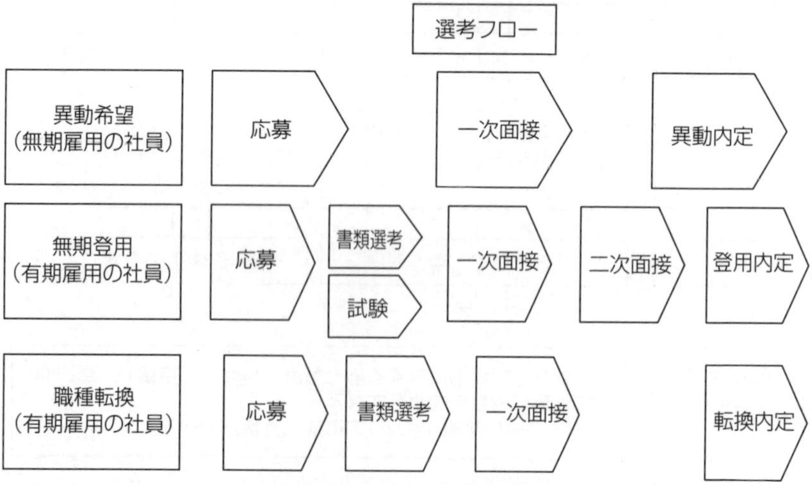

（出所）インテリジェンス社内資料をもとに筆者作成。

めのない正社員の異動のほか，有期雇用社員の正社員への転換も含まれている。募集は毎年5月〜6月にかけて行われるのだが，その情報は同社のインテリネットと呼ばれる社内ネットワークの求人サイト，DODA社内にて告知される。応募資格があるのは正社員であればG3までのグレードにある人で，これまで60人程度の社員がこの制度で新しい仕事を得たのであるが，人事部門では早期に200人〜300人の実績をつくりたいと考えている。なお，近年は海外勤務にチャレンジできるグローバルチャレンジ制度も導入されている。

(4) i-STAR（アイ・スター）

　i-STARは人材育成の要であり，会社の長期的成長を支える管理職層の育成・強化の取組みである。管理職層としての研修の基礎段階であるマネジメントベーシック研修にあたる。インテリジェンスでは，同社のマネジャーや管理職層に対していくつかの問題意識をもっていた。例えばマネジャーとしての役割認識が弱くプレイヤーから脱却できない人が少なくないこと，自分の考え方に固執してしまい多様な人材に向き合えない人がいること，大きな視野をもたない人がいることなどである。日常的なことでいえば，マネジャーが今の仕事の業績に目を奪われてしまい，KPIのチェックに血道を上げてしまう。そのことによって部門全体が短期的なことばかりを気にするようになってしまい，将来のことを考えられなくなってしまう。そしてマネジャー本人も新しい提案をすることもなく，自部門のメンバーに長期的な目標を与え，育成することもない。こうした状況に陥りがちであることを会社として強く危惧していたのである。

　i-STARはそうしたことを回避し，変革を生み出せる創造型のマネジャーの育成を目指して開設された。i-STAR の名前の由来は，i = Intelligence（はたらくを楽しむ），S = Sincerity（誠実），T = Trust（信頼），A = Ambition（大志），R = Revolution（変革）であり，これらを備えたインテリジェンスのスターを育てるという意味が込められている。この取組みは，3か年をかけてマネジャーをステップアップさせていく研修であり，対象者は新任のマネジャー約30〜35名程度である。新任マネジャーはグレードでいうとG3でS4の役職に登用されている人が多い。そこで実績が認められればG4に昇格して名実と

もに管理職層になるのだが，i-STARを受講することによって，G4への昇格をS4登用後2年以内に実現する人を，80％にすることが目的とされている。期待されている若いマネジャーを本物のマネジャーに育てるスピードを，飛躍的に高めようというわけである。i-STARによってインテリジェンスが本来望んでいるマネジャーが増えることが，強く期待されている。

　i-STARは3か年計画で毎年テーマが決められている。1年目は各種の基礎研修でありマネジャーとしての役割の認識と基礎の確立が目指される。2年目はコーチングについての学習が中心で，マネジャーとして意識を高め，人を育てる力を高めることが目指される。そして3年目は事業創造と変革への挑戦を目指して，チャレンジファンドに応募できるような能力開発が行われる。

(5)　CLP（Change Leader Program）とCTP（Change Talent Program）

　CLPとCTPは管理職階層の育成施策の上級編にあたり，選抜型で次世代の経営層を早期に育成しようとするものである。会社を変えることができるリーダー，タレントの育成と発掘の場といえる。

　CLPは基本的にインテリジェンスのサクセッションプラン（次世代経営者育成）であり，基本的には部長以上を対象としている。将来の役員候補として，経営に対する提案を行うための合宿研修を中心に実施される。一方，CTPは若手有望株を発掘・モニタリングし，その人たちを全社人材として計画的に育成することを目的としている。対象者は基本的にマネジャー以上で35歳以下であり，役員との面接やアセスメント，他流試合（通常とは違う仕事）を通じて将来の経営幹部を発掘していく。

　CLPについて少し詳しくみてみよう。各事業から次世代経営者候補となりえる人材を選出し，合宿研修や役員との面談の機会提供を行うものである。その結果を受けて，その後の育成プランがつくられることになる。対象者の選抜はレポートの審査によるもので，その際，現在の役職が上位の者が優先されることはない。大体30名程度を定員としており，毎年一部を入れ替えることになっている。これらのプログラムはスタートしたばかりなので，まだはっきりした成果は出ていないのであるが，今後その内容の充実と，受講者の活躍が強く期待されている。

また，こうした将来に向けての取組みはグループ企業でも熱心に行われている。情報システムの受託開発や保守等を行っている株式会社インテリジェンスビジネスソリューションズの事業統括部，前田統括部長や人見ジェネラルマネジャーによると，同社では「はたらくを楽しむ」社員を3年間で88％に増やす88推進活動に取り組んでいる。そしてその活動のもとで，IT技術者向けのキャリア研修であるi-Bridge，技術教育を中心とした詳細な階層別専門教育などが行われている。これらは全て，長期にわたる人材の成長を支援し，組織力を高めていくための活動だといえる。

6．分析と考察

さて，ここからはインテリジェンスの人的資源管理について，先にみた先行研究のポイントや同社のこれからの課題に照らして考察していきたい。自律的人材や知識労働者の先行研究からは，彼（彼女）らの人的資源管理のポイントとして，①自由や個性の尊重，②インセンティブ，③チームワークの促進が重要であることがみてとれた。それらについて，インテリジェンスの人的資源管理はどのように取り組んでいると理解できるだろうか。

最初に自由や個性の尊重であるが，これについては「尖った人材」の採用にはじまり，チャレンジファンドやキャリアチャレンジの制度にみられるように，個人が自由に考えて挑戦することが推奨されていることがわかる。また，若くても優秀であれば早く昇進することができ，大きな裁量権が与えられることも，インテリジェンスが意欲の高い人の意志や考えを尊重する姿勢をもっていることを示していると思われる。

さらに，同社の人的資源管理は全般的に競争的であり，個人が高い業績や成果を上げることに対する強いインセンティブをもっていると考えられる。社員の業績や行動を承認する仕組みが数多くあるし，多様な報酬を与える仕組みもある。昇進・昇格制度はかなり競争的であり，一般的な日本企業に比べ大きな差がつきやすいものである。また賃金をみても賞与などで大きな差がつくようになっている。高い業績を上げた人が迅速に承認され，報酬を与えられる人的資源管理だといえるだろう。それだけでなく，優れた仕事をすればIKATAI

などで表彰される。また，秀でた構想をもつ人はチャレンジファンドを利用して事業を立ち上げることもできる。そこでマネジャーになれることも報酬の1つであるが，何よりも好きな仕事に従事できることが最大の報酬になるだろう。このようにインテリジェンスでは金銭的な報酬だけでなく，非金銭的な報酬が得られる仕組みも多数整備されている。自律的人材が意欲的に働くための仕組みが充実しているといえるだろう。

一方，チームワークの促進については，特筆するほどの仕組みや施策はないといえる。多くの日本製造業が取り入れているチーム生産方式にあたるような，メンバーの相互作用を促す仕掛けがあるわけではない。ただし，同社のチームワークやコミュニケーションは決して悪くはない。筆者はHITO本部以外にも複数の部門の同社社員と接する機会を得たが，その全員が同社のチームワークを良好なものだと捉えていた。あるマネジャーは「競い合い学び合える同僚がいることが自社の最大の魅力」だと話している。それだけチーム内，部門内で日常的に色々な議論や相互作用が行われているのだろう。

その原因としては，急成長した企業独特の「若さ」であるとか，様々な表彰やイベントを通じて頑張った人を称える慣習などが考えられる。しかし，美濃氏や前田氏等の話によれば，同社のチームワークをよくしている最大の原因は，採用方法にあると考えられる。インテリジェンスでは採用に多くの社員が関わり，入社する以前から内定者は同社，ならびに同社の社員に親しんでいる。そのため，内定者は同社の考え方をよく理解して入社してくるし，特定の社員に憧れ，「あの人のようになりたい」「あんな人と一緒に働きたい」という思いをもつ内定者も多いのだそうだ。人事部門以外の人が採用に関わり，理解を深めることが応募者，内定者との意思疎通を促進し，早い段階から組織への愛着と貢献意欲を高める。そのことが同社のチームワークを支えているのである。

次に，インテリジェンスの今後の課題からの考察であるが，それに関する取組みは「広く，深く，長く」の人事ポリシーに基づいて行われている。人も組織も長期的な成長が遂げられることがその取組みの主眼であるが，代表的な施策はiii-designなどのキャリア形成支援，そしてi-STARやCLPなどの管理職層の育成である。できるだけ多くの人に持ち味を活かすチャンスを与えること，人の育成を支援できるマネジャーを増やすことが意識されているといえる。こ

れらはインテリジェンスが今後の新しいステージでより確かな成長を遂げていくためには不可欠なものだといえようが，どれも新しく着手したものであるため，どの程度の成果が出るかについては未知数である。今後，各制度や施策の発展・充実が期待されるだろう。

　ただ，そうした取組みには注意すべき点もある。キャリア支援にしてもマネジャー育成にしても，組織が個人の成長に従来よりも深く関与することによって，機会に恵まれずに挫折する人や，いつの間にか埋もれてしまう人を減らそうとする取組みである。意欲の高い人が自力で業績を上げ，それをアピールして承認され，昇進していくという従来の競争原理を活かしたような仕組みとは方向性が異なる。ここで重要となるのは，そうした組織の介入と呼べるような施策をどこまでやるかという問題であろう。同社の人的資源管理が，これまでの競争原理のようなやり方だけでは済まない段階に入ったことは事実なのであろう。ただし，あまりに組織が人材の育成や登用を統制してしまうと，尖った人材が組織に従順な普通の人材になってしまう恐れがある。そうなってしまうとインテリジェンスが培ってきた独自の強みは失われてしまうだろう。元より，自律的人材や知識労働者は自由を好み，統制されるのを嫌う傾向が強い。それを考慮すれば組織の介入は適切なサジ加減で行われることが必要だとわかる。どの程度まで競争原理を活用し，どの程度組織が支援や介入を行うか。そのバランスをとることが，今後のインテリジェンスの人的資源管理にとって大きな課題になるものと思われる。

7．結びにかえて－人事部門の役割

　最後にインテリジェンスの人的資源管理を企画し，運営している人事部門に対し，今後期待される役割について考えてみたい。自律的人材，あるいは知識労働者を数多く雇用する同社の人事部門の役割は，従来の人事部門のイメージとは少し異なるように思われる。

　同社の人事部門であるHITO本部の美濃本部長は，今後のインテリジェンスの発展における同本部の役割を非常に重視している。その理由は繰り返し述べてきたように，より多様な人材が長く活躍できる基盤を整える必要があるから

である。これを実現するには，競争原理に基づくマネジメントだけでは不十分であろう。経営層もそれを実感しているからこそ，事業部門のリーダーとして活躍していた美濃氏を人事部門に登用したのだと思われる。一般に人事部門やその活動を充実させるというと，採用から教育，異動や賃金の全てを統制する強い人事部門が連想されるかもしれない。しかし，インテリジェンスで求められるのはそのような人事部門ではないだろう。先に議論したように，組織が人材育成や登用等に介入し過ぎると，同社の最も優れた特性がなくなってしまう。意欲の高い個人が現場で主体的に提案・行動し，成果を上げたらすぐに報われる。この原則が崩れたら同社の尖った人材は活躍できなくなるだろう。インテリジェンスの人事部門がすべきなのは，そこに足りないものを補完することであると考えられる。

　最初にインテリジェンスの人事部門の役割として考えられるのが，社員に挑戦の機会を増やす役割である。同社では今後，キャリア支援や能力開発を充実させようとしている。それは職場の競争原理に対する組織の介入とみることも可能であるが，会社が主体となって社員のキャリアを管理・統制するのは不適切だと思われる。必要なのは，キャリア支援や教育訓練の場を通じて，多くの人が自主的に挑戦してみようと思うような機会を提供する取組みであろう。そして機会が与えられた社員がそれをどう活用するかは，本人の責任に委ねられることが大事である。人材育成に関わる人事部門の介入は，少な過ぎてもよくないが，多過ぎても自律的人材の持ち味を殺してしまう。人事部門には，社員一人ひとりの自由と主体性を尊重した上で，埋もれた人材や能力を活かしきれていない人材を発掘し，機会を与える役割が求められるだろう。

　人事部門の役割として次に考えられるのが，経営への提案者としての役割である。上記のような取組みが充実すれば，人や組織の使い方や，再編の可能性についてのアイディアが人事部門に蓄積されることになる。それを経営層に提案していく役割である。もちろん，これも人事権を掌握する強い人事部門を意味するものではない。そうではなく，経営層の議論のパートナーとして，意思決定を補佐していくことが重要になるだろう。

　最後に，これはインテリジェンス独特のことといえるが，率先して様々な実験をすることが人事部門の大きな役割となるだろう。インテリジェンスは人材

サービス事業に従事しているため，顧客企業の人的資源管理に関与し，何らかの提案をすることが多い。そのため，自社の人的資源管理を優れたものにすることができれば，それは他社への提案力を高めることにも繋がる可能性がある。言い換えるならば人的資源管理に真剣に取り組むことが，事業の成功にも繋がっていく。人事部門は保守的なイメージで捉えられることも多いが，インテリジェンスではそうある必要はない。社員に挑戦する姿勢を示す意味でも，事業に貢献する意味でも，率先して様々な実験をすることが求められる部門だといえるだろう。

(三輪 卓己)

[第1章 注]
1) 2011年3月期までは株式会社インテリジェンス連結ベース，2012年3月以降は株式会社インテリジェンスホールディング連結ベース。
2) Drucker (1993)，花田・宮地・大木 (2003)，三輪 (2011) などを参照されたい。
3) そのほかには，仕事の目的は何か (What is the task?) を常に考えること，継続的な学習とそれを人に与える機会，仕事の量ではなく質を重視すること，などが知識労働者の生産性を上げるために必要だとされている。
4) インセンティブを重視する研究の中に，個人よりもチーム単位での成果を重視すべきという議論や，非金銭的な報酬の方を重視すべきという議論もなされている。
5) Dickmann, Graubner and Richer (2006) やO'Reily, C.A. and Pfeffer, J. (2000) などを参照されたい。
6) 例えば小池 (1991) などを参照されたい。
7) 類似の取組みとして，外部の人も招いて実施するアイデアソンなどもある。
8) 「はたらくを楽しむ」という考え方はハードワークに繋がりやすく，それが外部からの批判を生むこともあった。近年ではいわゆる36協定の順守等，厳格な勤務時間管理が行われている。

[第1章 参考文献]
今田幸子 (1994)「年功昇進の謎」日本労働研究機構編『組織内キャリアの分析－ホワイトカラーの昇進構造』日本労働研究機構，35-52頁．
小池和男 (1991)『大卒ホワイトカラーの人材開発』東洋経済新報社．
榊原清則 (2002)『経営学入門・下』日本経済新聞社．
花田光世・宮地友紀子・大木紀子 (2003)「キャリア自律の新展開」『一橋ビジネスレビュー』第51巻第1号，東洋経済新報社，6-23頁．
三輪卓己 (2004)「UFJ総合研究所のプロジェクト・チーム制度」奥林康司・平野光俊編著『フラット型組織の人事制度』中央経済社，129-144頁．
─── (2011)『知識労働者のキャリア発達－キャリア志向・自律的学習・組織間移動』中央経済社．

Burgelman, R. A. and Sayles, L. R. (1986) *Inside Corporate Innovation : Strategy, Structure, and Managerial Skills*, The free Press.（小林　肇　監訳『企業内イノベーション－社内ベンチャー成功への戦略組織化と管理技法』ソーテック社，1987年）．

Cusumano, M. A. and Selby, R. W. (1995) *Microsoft Secrets*, Simon & Schuster（山岡洋一　訳『マイクロソフト・シークレット 上・下』日本経済新聞社，1996年）．

Dickmann, M., Graubner, M. and Richer, A. (2006) "Human resource management in international consulting firms : Distinguishing second and third wave company patterns," in Domsch, M. E. and Hristozova, E. (edts) *Human Resource Management in Consulting Firms*, Springer, pp. 53–83.

Drucker, P. F. (1993) *Post Capitalist Society*, HarperBusiness（上田淳生　訳『ポスト資本主義社会』ダイヤモンド社，2007年）．

Drucker, P. F. (1999) *Management Challenges for The 21st Century*, Elsevier.

O'Reily, C. A. and Pfeffer, J. (2000) *Hidden Value : How Great Companies Achieve Extraordinary Results with Ordinary People*, Harvard Business School Press（長谷川喜一郎　監修・監訳，廣田里子・有賀裕子　訳『隠れた人材価値－高業績を続ける組織の秘密』翔泳社，2002年）．

第2章 株式会社ワン・ダイニング

株式会社ワン・ダイニングの概要（2014年11月1日現在）

本社所在地　大阪府大阪市西区新町1-27-8
創　　業　1965年（昭和40年）
設　　立　1972年（昭和47年）
代 表 者　代表取締役社長　髙橋　淳
資 本 金　3億1,570万円
売 上 高　185億659万円（2014年3月期，前期比108.5%）
従業員数　・正社員　　　　　330名
　　　　　・アルバイト　　4,995名
　　　　　　合　計　　　　5,325名
店 舗 数　店舗数：101店舗
　　　　　・あぶりや　　　　　 8店舗
　　　　　・ワンカルビ　　　　66店舗
　　　　　・きんのぶた　　　　23店舗
　　　　　・ワンカル食堂　　　 1店舗
　　　　　・とんかつとんとん　 3店舗

1．株式会社ワン・ダイニングの概要

　株式会社ワン・ダイニング（以下，ワン・ダイニング）は，大阪府大阪市西区に本社を置く外食産業の会社である。ワン・ダイニングには，「ワンカルビ」や「きんのぶた」などのレストラン事業と，「とんかつとんとん」を運営するクイック事業がある。レストラン事業とクイック事業の違いは，全社が比較的ゆっくりと食事を楽しむための業態であるのに対し，後者は，素早く提供するタイプの業態となっている。

　ワン・ダイニングの主軸となっている「ワンカルビ」は，郊外型の焼肉食べ放題レストランであり，テーブルオーダー型のバイキング形式をとっている。また，もう1つの柱である「きんのぶた」は，しゃぶしゃぶをメインとしたテーブルオーダー型のバイキング形式のレストランである。

　2014年11月現在で，101店舗を擁し，185億659万円の売上を計上しており，順調に成長を続けている企業として，注目されている[1]。現在のワン・ダイニングの概要は上記の通りである。

　ワン・ダイニングは，食べ放題スタイルにも関わらず，手間のかかるテーブルオーダー型の形式をとっているといった戦略面や，アルバイトの戦力化に成功していることなど，人事・組織マネジメント面でも注目されており，2013年

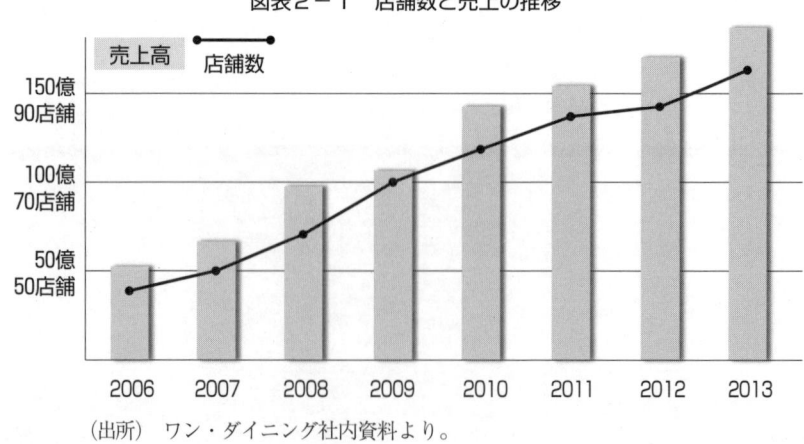

図表2-1　店舗数と売上の推移

（出所）　ワン・ダイニング社内資料より。

には経営品質賞を受賞している。

2．ワン・ダイニングの沿革

　髙橋商店として創業したワン・ダイニングは，1978年4月に「大力(だいりき)食品株式会社」に商号を変更し，その後，商号変更や合併，会社分割などを経て，現在の株式会社ワン・ダイニングとなる（分割後食肉業の別会社として「ダイリキ株式会社」も存続している）。以降では，様々な社名が出てくることによる混乱を防ぐために，特に断りのない限り，当時の出来事であってもワン・ダイニングに統一して呼ぶことにする。

　ワン・ダイニングは，創業時には鯨肉の販売を行っていたが，IWC（国際捕鯨員会）による規制が強化されたことから，1967年からは食肉小売業へ事業転換し，1978年には牛肉，豚肉，鶏肉を取り扱う総合食肉専門店へと業務を拡大していった。その後，1993年からは外食事業に進出し，焼肉レストランの店舗を展開した。

　食肉事業は，大型量販店に対面販売方式の店を出店することで規模を拡大していった。当初から，顧客に肉を売るのではなく，肉の扱い方や料理方法をアドバイスしながら，カットしたての鮮度のよい肉を販売する，顧客の声を聞きながら売るというスタイルを強みにして成長を続けた。

　外食事業については，2006年から，テーブルオーダー型のバイキング業態を導入し，現在の業態を確立した。従来の食べ放題の業態では，顧客が自ら食材を取りに行き，テーブルで焼くというスタイルが一般的であったのに対して，通常の焼肉店と同様にテーブルで注文し，テーブルで焼くという新しい業態をつくり出したのである。

　その後，ワン・ダイニングは順調に成長し，現在では，郊外型の焼肉店「ワンカルビ」，都市型の焼肉店「あぶりや」，しゃぶしゃぶの「きんのぶた」という，3つのフルサービスのテーブルオーダーバイキングスタイルの業態を展開している（図表2－2）。

第Ⅰ部　理念を育成に活かす

図表2-2　ワン・ダイニングの主要な3業態

1カルビ（焼肉ダイニング）	きんのぶた（和豚もちぶたしゃぶしゃぶ）	あぶりや（国産牛焼肉食べ放題）
・郊外型テーブルオーダーバイキング ・外国産牛肉中心 ・食べ放題は2,980円[2]コースのみ ・郊外型のため、駐車場完備	・郊外型テーブルオーダーバイキング ・食べ放題は和豚もちぶたコース（2,780円）と、黒毛和牛コース（3,980円） ・郊外型のため、駐車場完備	・都心型テーブルオーダーバイキング ・国産牛肉中心 ・食べ放題は2,980円

（出所）　ワン・ダイニング社内資料より。

3．ワン・ダイニングの戦略の変遷

(1) 外食産業への進出と郊外型事業の確立

　前述の通り，ワン・ダイニングは設立当初，食肉事業を展開していたが，現在，食肉事業は分割されたダイリキ株式会社で運営されている。本章では，ワン・ダイニングとして展開している外食事業を中心に取り扱うこととする。

　ワン・ダイニングは，1993年に「炙屋（あぶりや）」という焼肉店を出店した。現社長の髙橋氏によると，当時の炙屋のコンセプトは，「居酒屋感覚の焼肉屋」であった。当時の焼肉屋の客単価は5,000円〜7,000円の高級志向の店が一般的であったのに対して，ワン・ダイニングは2,500円程度の気軽で庶民的な店を目指し，人気店となった。

　しかし，都心ではビルのオーナーが焼肉特有のにおいを嫌うことや，低価格を実現するために店舗の規模を大きくしなければならないという制約があり，なかなか物件が見つからず，出店が進まなかった。

そこで，当時の東京や大阪では珍しかったのだが，郊外に焼肉店を展開することにした。髙橋氏によると，都心部では，「居酒屋感覚の焼肉屋」ということで，まずは「塩タン」と「ビール」というオーダーであったのが，郊外店はファミリー層が中心で，まずは「カルビ」と「ごはん」となるなど，客層の違いが鮮明となった。90年代後半は焼肉ブームもあり，出店も進み，外食事業は順調に成長していった。

(2) BSE問題とマイカルの倒産

　順調に成長軌道に乗った外食事業も，大きな問題に直面する。2001年9月10日にBSE問題が起こり，その4日後にマイカルが倒産するという危機が立て続けに発生したのである。当時，ワン・ダイニングの小売事業はマイカルを中心に展開していたため，十数億円の損失が出たという。

　2003年には米国でBSEが発生し，日本国内でも，顧客が牛肉を避けるようになった。また，アメリカ産の牛肉が輸入禁止になることにより，吉野家などで牛丼の販売休止の措置がとられるなど，外食産業は大きな影響を受けた[3]。髙橋氏によると，ワン・ダイニングにおいても，外食事業の3分の2が赤字店舗となり，外食事業は債務超過となり，親会社のダイリキに吸収合併され，かろうじて存続することができたという。

(3) 強みの再確認と新しい業態の模索

　外食事業が危機に陥ったワン・ダイニングは，「本当に差別化できているか」「母体が肉屋である強みを生かせているか」「お客様に本当に信頼されているか」について，徹底的に検討した。当時の検討結果は，全てノーであったという。

　当時，ワン・ダイニングの焼肉店は，出店が加速したこともあり，効率性や均一性を高めるために，セントラル・キッチン方式[4]を採用し，肉の加工は全て外部の加工センターに任せて，各店舗では肉のカット等をしていなかった。セントラル・キッチンの導入は，外食産業にとって，いわば，効率化のための常套手段であった。

　しかし，セントラル・キッチンという業界の常套手段を採用することによっ

て，各店舗に肉のプロが不在となり，肉屋が母体であるという強みを失うことになっていたのである。その結果，「他店よりは多少おいしい肉」，「他店よりは多少サービスがよい」という状況に陥り，他店と比較して圧倒的な差別化ができていなかったという結論にたどり着いたのである。

そこで，ワン・ダイニングは，「肉屋が母体である強みを生かすこと」で，本当の差別化を実現するためにどうすればよいかを考えた。そのためには，セントラル・キッチンをやめて，店内で新鮮な肉をカットすることが不可欠だという結論に至った。そして，4か月間の開発期間を経て，2006年に郊外型の「ワンカルビ」を食べ放題スタイルの「ワンカルビPLUS（プラス）」に変更し，2年かけてすべてのワンカルビを，ワンカルビPLUSへ移行した。ここで，ワン・ダイニングが採用した食べ放題スタイルは，顧客が食材を取りに行くスタイルではなく，テーブルオーダー方式であった（図表2－3）。

図表2－3　制約・危機と業態の変化

```
  ハコの              BSE発生
  制 約

都心型    →   郊外型    →   テーブルオーダー
(居酒屋感覚)   (ファミリー)     バイキング
                            (ファミリーや仲間)
```

（出所）　筆者作成。

(4)　ワンカルビPLUSの業態

現社長の髙橋氏によると，ワン・ダイニングが採用した食べ放題というのは，外食産業では，集客力や効率を上げるための最終手段だといわれているという。当時，食べ放題といえば，顧客が食材を取りに行くスタイルが一般的であった。従業員ではなく，顧客が食材を取りに行くという点で，店にとっては省力化が図れるのである。しかし，ワン・ダイニングはいくつかの観点から，テーブルオーダー方式を採用した。

まず，顧客が食材を取りに行く方式だと，食材が並ぶカウンターが乱雑にな

り，汚れることである。食材が乱雑になると，おいしくなさそうに見えたり，衛生的にも好ましくないというデメリットがある。また，せっかく家族で来ているのに，食材がなくなるたびに席を離れ，会話どころではなくなることも問題視された。これらの理由で，ワン・ダイニングは効率性が犠牲になるものの，テーブルオーダー方式にこだわったのである。

次に，重視したのは，自らの強みを最大限に生かして差別化を図ることであった。前述のように，従来の店舗ではセントラル・キッチン方式を採用していたが，必ずしも肉屋が母体であることのメリットを享受していたわけではなかった。というのも，いくら価格と照らし合わせて他店よりも品質のよい肉を使用していても，センター経由だと，カットしてから1〜2日かかり，鮮度が落ちてしまうからである。そこで，ワン・ダイニングは，非効率ながらも，各店内の厨房でカットすることにした。

しかし，当時の外食部門には肉をカットできる人材がいなかった。そこで，小売部門の店舗に派遣して，肉の知識やカットの技術を修行しなければならなかった。髙橋氏によると，それでも店内カットにこだわるのは，2つのメリットがあるからだという。第1に，味である。店内でカットすることによって，鮮度の良い商品を提供できるとともに，画一的に処理をするのではなく，その素材に合ったカットができるようになったのである。

第2に，精神論的な観点からのメリットで，肉に対する熱い思いが生まれることである。肉は工業製品ではないために，1つ1つ，全て違う。おいしく食べるためには，肉に合わせた切り方があるので，知識を持った上で，最新の注意が必要となり，必然的に肉への思いが生まれるという。

以上のように，ワン・ダイニングは，自社の強みを生かして差別化を図るという明確な意図のもとで，店内カットによるテーブルオーダー方式の食べ放題の業態を確立したのである。この業態は，従来の業界には見られなかったという意味で独自性があるだけではなく，店内に肉のカットができる人材がいなければ成立しないために，簡単にはまねのできない強みにつながっている。

(5) ワンカルビのwho・what・how

髙橋氏によると，ワン・ダイニングでは，都心型から郊外型へ移行した際に，

第Ⅰ部　理念を育成に活かす

ターゲットとなる顧客層を決めかねていた時期があった。そのため，当初は団体客にも対応できるように広間なども設けていたが，団体客の宴会のような騒ぎ方によって，ファミリー層が満足していない状況に気が付いた。そこで，自社の顧客をゆっくりとくつろぎたい家族や仲間と定義して，お店のコンセプトを明確にした。このコンセプトは，ワンカルビからワンカルビPLUSにも受け継がれており，現在の店づくりにも生かされている。

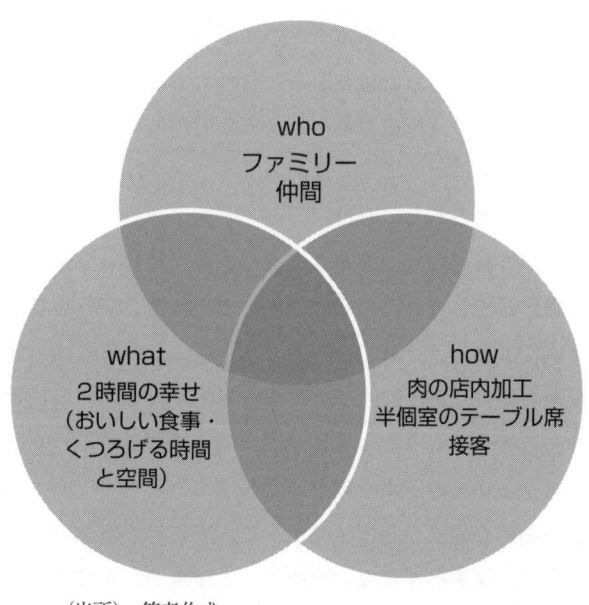

図表2-4　ワン・ダイニングのwho・what・how

- who：ファミリー・仲間
- what：2時間の幸せ（おいしい食事・くつろげる時間と空間）
- how：肉の店内加工・半個室のテーブル席・接客

（出所）　筆者作成。

　経営戦略論では，戦略策定においてwho, what, howを明確にすることが重要であるとされている。ワン・ダイニングでは，顧客（who）が明確になることで，何（what）を提供すべきかも明確になった。ワンカルビ・プラスの掲げる「2時間の幸せを」「いちばんの満足を」という言葉に示されているように，おいしい料理とともに，ゆっくりとくつろげる場を提供することを目指したのである。

　これらのwhatを実現するために，ワン・ダイニングがこだわった主要なものを3つ挙げると，①肉の質，②店内の雰囲気，③接客，であった（how）。①の肉の質については，前述の通り，効率性を犠牲にするものの，店内カット

を実施し，肉をよい状態で提供する努力をしている。②の店内の雰囲気については，宴会的な利用をされる広間をなくし，後述するように，仕切られた半個室のテーブル席を採用している。

提供する肉の質や雰囲気とともに，ワン・ダイニングが最もこだわったのは，③の接客であった。テーブルオーダー型の食べ放題というスタイルをとっている以上，顧客と従業員との接点が増えるのは避けようがない。通常の飲食店であれば，最初のオーダーと商品の提供という限られた回数でしか接点がないのが一般的であるが，この業態では，追加注文が何度も何度も繰り返される。この点で，テーブルオーダーバイキングは，一般の外食産業と比べても，接客の重要性が高い業態であるといえよう。髙橋氏は，これを「多コミュニケーション業態」とよんでいる。顧客と接点を持ちながら販売するスタイルであるテーブルオーダーバイキングは，母体となる食肉事業の対面販売の業態に近い業態であり，ワン・ダイニングになじみやすいスタイルでもあった。

4．ワン・ダイニングの現在

(1) 経営理念

ワン・ダイニングは，経営のスローガンとして『いちばんの「満足」を。』を掲げている。これにより，ワン・ダイニングが顧客の満足をいちばんに考えていることを社内外に示している。そして，経営理念として『価値ある経営。』を掲げている。これは，「お客様への約束（よりよい料理とおもてなしで，お客様に愛され必要とされる価値）」「従業員への約束（自己を高め成果を発揮できる場にし，共に働く人々に必要とされる価値）」「社会への約束（時代の新たな変化に対応し，いつも社会から必要される価値）」を意味している。

現社長の髙橋氏によると，顧客価値については，商品力，接客力，居心地感を中心に，店舗の魅力を高めることを目指しているという。従業員価値については，理念・ビジョンの共有を推進するとともに，働きがいと働きやすさを高めることを目指している。そして，社会への価値は，取引先とともに栄え，ともに成長することや，カンボジアに学校を建設するといった社会貢献などを通じて，実現を図っている。

第Ⅰ部　理念を育成に活かす

　ワン・ダイニングでは，経営理念やビジョン，トップの思いを伝えるために，「トップコミュニケーション」を重視している。社長メールや社長面談，経営計画発表会，年頭所感など，トップから社員に向けて思いを伝える機会を多く設けている。また，社員誕生日食事会や，各種表彰などで，トップと直接接点を持てる機会もある。このほか，社内報やアルバイト報で，会社の考え方を発信したり，理念を伝えるための映像なども作成している。

図表2-5　社長メールと社内報

（出所）　ワン・ダイニング社内資料より。

(2)　組織的な課題～理念を浸透させ，自律的な人を育てる～

　経営理念やビジョンを実現するために，現在，ワン・ダイニングが力を入れているのは，組織を作ることである。現社長である髙橋淳氏は，創業者であると同時にカリスマ経営者でもあった髙橋健次氏とは異なるアプローチの経営を目指しているという。それは，規模が大きくなってきたこともあり，トップダウン型経営から組織型の経営へ，カリスマ社長の手腕からチーム力（会社力）への移行であった。

　このような目標のもと，現社長の髙橋淳氏は，「理念を浸透させ，人材を育成する」ことで，①感謝しあい，支えあう組織，②対話する組織（全員参画），③自立型組織（自ら考え行動する人材組織），の実現を目指しているという。

図表2-6　ワン・ダイニングの目指す組織

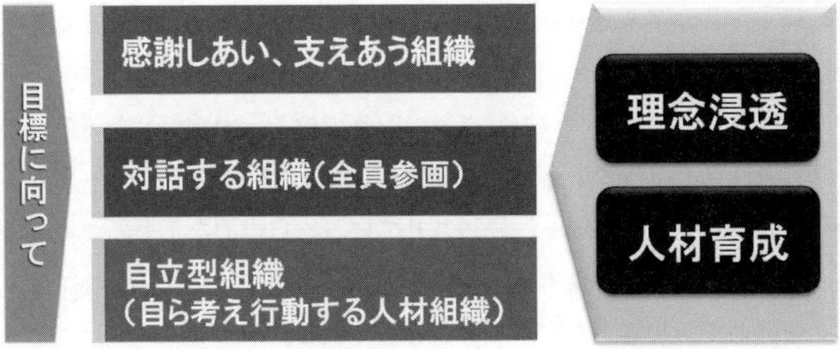

目標に向って
- 感謝しあい、支えあう組織
- 対話する組織（全員参画）
- 自立型組織（自ら考え行動する人材組織）

- 理念浸透
- 人材育成

（出所）　ワン・ダイニング社内資料より。

(3) 商品力の向上への取組み

　顧客価値向上のための重要な軸の1つが商品力である。前述のように，ワン・ダイニングが，効率性を犠牲にしつつもこだわったのは，肉の質であった。多くのチェーン店が効率のよいセントラル・キッチンを採用しているのに対して，ワン・ダイニングは，店内カットを実施している。これが模倣困難な独自性の源泉となっているのだが，それを維持するためには，人材育成を欠かすことができない。せっかく店内カットを採用しても，技術がなければ質の高い肉を提供することができないからである。

　そのため，ワン・ダイニングではいくつかの取組みに力を入れている。第1に，肉のカット技術についてである。カット技術向上のために，①カット技術研修の実施，②全10等級の資格制度の導入，③店舗巡回指導，などを行っており，一定の技術水準を担保できるようにしている。この点については，後に詳細を示すこととする。

　次に，安全安心の追求として，社内・外部機関による品質・衛生チェックを実施したり，アレルギー情報の開示にも力を入れている。また，メニュー開発にもこだわり，年2回のメニュー変更，年4回の季節メニューの導入，既存メニューの改善を実施している。

(4) 接客力の向上への取組み

　前述のように，テーブルオーダー型のバイキングは，追加注文が繰り返され

ることによって，接客の頻度が高くなる。ワン・ダイニングでは，接客力向上のために，マニュアル通りにきちんとやることと，自律的に工夫することの2つを重視している。

マニュアルについては，ワン・ダイニングで働く上で重要となる7つの価値観を示した「スピリッツ」と，80基本動作をまとめた「スタンダード」という2種類のマニュアルを作成し，浸透させている。自律的な工夫については，アルバイトが中心となって改善提案をする「気づきメモ」や「スタッフミーティング」を通じて，接客力を高める努力をしている。

そして，接客力等をチェックするために，①スタンダードチェック（社員による店舗利用調査），②お客様アンケート，③ミステリーショッパー（外部機関による覆面調査）を実施している。特に，ミステリーショッパーによる「お客様目線でのチェック」は重要で，すべての店舗について専門の外部機関が200点満点で採点し，毎月順位を発表している。そして，半期に一度の経営計画発表会で，「いちばんの満足大賞」として，6か月間のミステリーショッパー評価点が高かった上位4店舗を表彰するなどの取組みも行っている。

さらに，ワン・ダイニングでは，サービス向上のためにプロジェクトを立ち上げ，様々な角度から改善を図っている（サービス向上PJ）。例えば，顧客への料理の提供時間をどのようにしたら短縮できるのかという課題に取り組んだ，「提供時間短縮PJ」，店舗の事務作業削減のための「クオーターカットPJ」な

図表2-7　半個室のテーブル

（出所）ワン・ダイニング社内資料より。

どが，これまでに実施されている。

　このように，ワン・ダイニングでは，様々な施策を複合的に用いることによって改善点を洗い出すことで，継続的な改善を可能にしている。

(5) 居心地感の向上への取組み

　顧客価値を高めるための重要な軸の3つ目は，居心地感である。ワン・ダイニングでは，3つの観点から居心地をよくするための工夫をしている。第1に，デザインである。内容にこだわるのはもちろんであるが，ワン・ダイニングは外装にもこだわりを持っている。図表2-2で示したように，各業態の外観は個性的である。これは，著名なデザイナーを起用して，遠目からでも視認性が高くなるような工夫をし，デザインでアイコン化を図っているのである。

　第2に，内装は上質感をもたせ，テーブルは全て半個室にして，気兼ねなく会話を楽しんでもらうための工夫がなされている。また，テーブルは一般的なレストランよりも大きめにして，食べ放題スタイル特有の，沢山のお皿が収まるように設計されている。

　第3に，機能性・効率性の追求である。出店ごとに作業効率や機能性を検証し，継続的な改善を続けている。例えば，現在，ワン・ダイニングでは各店舗のオープンキッチン化を進めているが，厨房スタッフからも顧客の顔が見えるようにすることで，接点を持てるようにするという改善の意図がある。

5．本社・人事部門の役割

　以上のように，ワン・ダイニングでは新しい業態を作り，差別化を図るために様々な仕組みを作ってきた。しかし，これらの仕組みを有効に機能させるためには，ライバル企業とは異なるスキルを持った人材を育成し，モチベートするところから始めなければならなかった。

　つまり，ワン・ダイニングの強みは，業態をはじめとするビジネスモデルそのものにあるというよりは，ビジネスモデルを実現することのできる人材を育成し，動機付けるプロセスにあるといえるのである。換言すれば，いわば，差別化の源泉を人と人を育てる仕組みにおいたのである。そこで，髙橋氏は社長

就任とともに教育部門を新設し、人を育てて組織を作ることに力を入れた。

(1) 商品力向上に向けた取組み

　前述のように、ワン・ダイニングでは商品力向上のために、店舗に配属される全従業員（正社員）を対象に、カット技術研修と資格制度を導入している。カット技術研修では、①サポートセンター[5]（本社）内にあるインキュベーションセンター（研修所）における等級別の集合教育、②指導員による個別指導、③店舗巡回など、カット技術能力向上をサポートするための研修を体系化している。巡回指導では、単に肉のカットの技術を確認するだけに止まらず、包丁などのチェックも行い、肉のカットに対するプライドを維持するように心がけているという。このほか、従業員の理解を促進にするために、動画によるマニュアルも作成し、全店舗の従業員（正社員）が技術を身につけることができるようになっている。

図表2-8　カット技術検定の様子

（出所）ワン・ダイニング社内資料より。

　教育担当の稲田氏によると、セントラル・キッチンを採用していた当時は、配送されてきた肉を出すだけで、食材に対する意識も低かったという。しかし、自分達がカットすることで、「自分の方がうまい」「自分の方がスピードがある」など、技術に関する会話がされるようになった。従来は店のサービス面しか見ていなかった店長達も、提供する料理（肉）の質にこだわるようになり、意識の変化が顕著に見られたという。

　技術を習得する研修を実施する一方で、顧客へ提供する肉の質を担保し、よ

り高い技術の習得へ導くために，ワン・ダイニングは資格制度を導入している。習得レベルに応じて1等級から10等級までの資格を付与し，6等級以上にならなければ，店舗での調理ができないようになっている（図表2－9）。8等級以上はマイスター（ジュニア・ミドル・シニアの3段階）として，表彰と特別な名札を授与し，資格のステータスを高めている。

資格制度を導入した当初（2011年）は，6等級以上は全体の6％程度しかなかったが，2013年度には66％まで増加した。

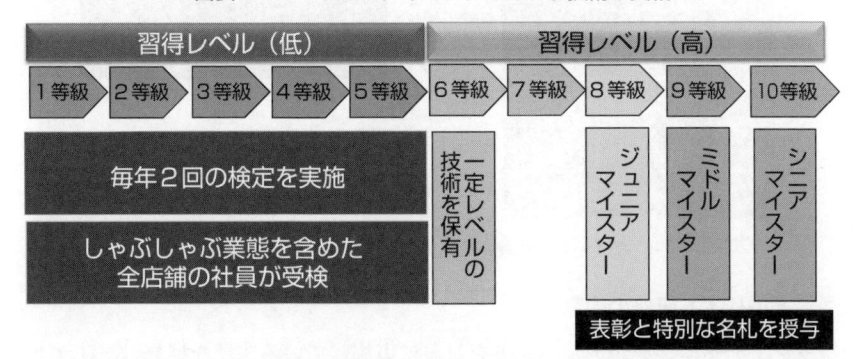

図表2－9　ワン・ダイニングのカット技術の資格

習得レベル（低）	習得レベル（高）
1等級／2等級／3等級／4等級／5等級	6等級／7等級／8等級／9等級／10等級
毎年2回の検定を実施／しゃぶしゃぶ業態を含めた全店舗の社員が受検	一定レベルの技術を保有／ジュニアマイスター／ミドルマイスター／シニアマイスター

8等級以上：表彰と特別な名札を授与

（出所）ワン・ダイニング社内資料より。

(2) 研修による接客力の向上

前述のように，ワン・ダイニングの業態は，テーブルオーダー型のバイキング方式を取っているために，追加注文が繰り返され，一般のレストランと比べると接客の機会が増える。そこで，ワン・ダイニングは，接客力を高めるための施策として，以下のような取組みを実施している。

① 研修の全体像とアルバイトへの注力

ワン・ダイニングでは，従業員の研修を8つの階層に分けて実施している。そして，それぞれの階層で知識習得テストを実施し，A～Dまでのグループへ細分化し，習得課題を明確にしている。

中でも，同業他社と比較して重視しているのが，アルバイト研修である。ワン・ダイニングの店舗では，数名の正社員を除き，あとは全てアルバイトで運営している。つまり，接客のほとんどがアルバイトによってなされているので

ある。しかし，前述の通り，接客は顧客との接点であり，ワン・ダイニングにとって重要な差別化のポイントである。これが，同社はアルバイト研修に力を入れている理由である。

図表2-10　ワン・ダイニングの従業員研修

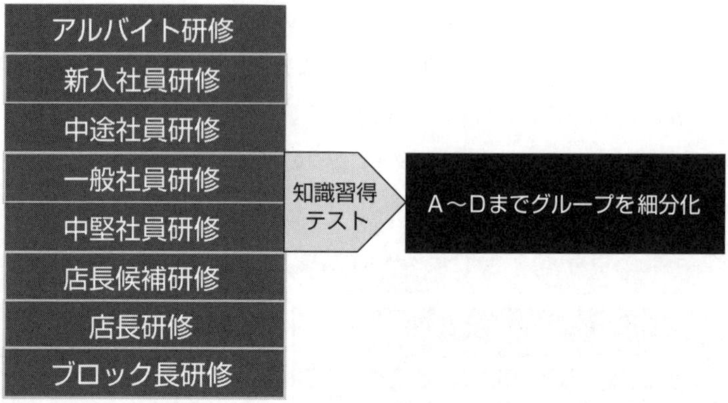

| アルバイト研修 |
| 新入社員研修 |
| 中途社員研修 |
| 一般社員研修 |
| 中堅社員研修 |
| 店長候補研修 |
| 店長研修 |
| ブロック長研修 |

知識習得テスト → A～Dまでグループを細分化

（出所）ワン・ダイニング社内資料より。

② アルバイト研修の内容

　ワン・ダイニングがアルバイトを対象に実施している主要な研修は，①アルバイトリーダー集合研修，②アルバイト交換研修，③新店・改装アルバイト研修，④新人アルバイト研修の4つである。

　アルバイトリーダー集合研修とは，年2回，本社にて実施している研修で，全店のアルバイトリーダーを対象としている。目的は人間力と仕事力の向上で，ディスカッション主体で進めている。教育担当の稲田氏によると，講義形式にならないように，アルバイト主体で進めていくことが重要で，アルバイトが抱えている課題をアルバイト目線で考えることに主眼を置いている。

　アルバイト交換研修とは，模範店が他店のアルバイトを受け入れ，アルバイトリーダーがマンツーマンで教育するというものである。模範店の好事例を全店で共有しようと試みても，事例を聞くだけでは反映できなかったという反省を踏まえ，アルバイト本人が模範店で実体験してもらうことで，模範店の良さを学習するというものである。

　ワン・ダイニングがアルバイト研修に力を入れているのは，新店の際の新規アルバイトの教育期間にも表れている。稲田氏によると，会社にもよるが競合

他社の多くは，新店開店の１週間から２週間程度前に，アルバイトの研修を始める。しかし，ワン・ダイニングでは，１〜２か月前から研修を始めるという。なぜ，このように長期間にわたる研修を実施するのであろうか。

図表２−11　新店・改装店のアルバイト研修

オリエンテーション	トレーニング	最終仕上げ
理念研修	基本動作	レセプション
ドキュメント映像	ポジション別	ご家族
コミュニケーションゲーム	ロールプレイング	近隣住民

（出所）　ワン・ダイニング社内資料より。

　その理由は，接客を差別化要因としている以上，アルバイトへも妥協することなく高いレベルを要求するからである。図表２−11は，新店・改装店におけるアルバイト研修の内容である。オリエンテーションから最終仕上げまで多岐にわたる研修がなされていることがわかる。

　新人アルバイト研修は，アルバイトリーダーが新人に約５週間，マンツーマンで教育する制度である。約５週間という長期間，新人としてトレーニングを受けるのは，前述の新店研修と同じ内容を働きながら身につけるからである。

③　スピリッツとスタンダード

　研修において重要な役割を担っているのが，前述のスピリッツとスタンダード（価値観と基本動作）である。スピリッツとは，ワン・ダイニングが大切にしている７つの価値観のことを指す（図表２−12）。「大切な人に自慢できる店かどうか？」をものさしにすることなど，アルバイトにも分かりやすい形で示されており，自分の身に置き換えて感じることができることを意識して作成したという。スピリッツは，毎日，開店前に店舗で唱和しており，アルバイトも含めて全員の頭の中に入っている。

　一方，スタンダードは，いわゆる行動マニュアルであり，身だしなみや挨拶，衛生管理など80の項目でできている。稲田氏は，スタンダード作成にあたって，アルバイト目線で作ることを心がけたという。難しい言葉を使わず，イラスト

や写真を活用しつつ,できるだけ具体的な記述を目指した。言葉使いも,「○○です」「○○しましょう」というのではなく,「○○ができます」「○○します」「○○しません」といった記述にし,読んでいる本人が「自分におきかえること」を意識できるように気を配ったという。

図表2－12　7つのスピリッツ

誇　　　り	「大切な人に自慢できる店かどうか？」を,すべてのものさしとします。
チャレンジ	挑戦する自分であり続け,挑戦する仲間であり続けます。
お客様主義	お客様の「おいしかったよ,また来るね」のために,考え行動します。
プロ意識	妥協をしません。小さな妥協が大きな妥協につながることを知っています。
思いやり	私たちの仕事場には,いつも「ありがとう」があふれています。
スピード	スピードを重視します。スピードはお客様の満足につながります。
楽しむ	お客様に楽しんでいただくために,私たちが楽しんで働きます。

（出所）　ワン・ダイニング社内資料より。

(3) アルバイトミーティング

ワン・ダイニングでは,月に1回,各店舗において,アルバイトミーティングが実施されている（図表2－13）。ミーティングでは,ミステリーショッパーで指摘された問題点をどのように改善するのかといったテーマについて議論したり,店舗の課題を出し合ったり,改善策を話し合っている。

図表2－13　アルバイトミーティングの様子

（出所）　ワン・ダイニング社内資料より。

稲田氏によると，2013年現在，アルバイトへミーティングへの参加率は，平均すると92.0％であり，多くのアルバイトが出席している。アルバイトミーティングへの参加は必ずしも強制ではないが，実際の接客等と同じく，アルバイトの業務としての重要度は高いものとして認識されている。このため，ワン・ダイニングでは，アルバイトミーティングの実施計画について，各店舗で年間予定が張り出され，ミーティングへの参加時間に対しても，賃金を支払っている。

　稲田氏によると，アルバイトミーティングの狙いは，大きく分けると①ベクトル合わせ，②参画意識の醸成，にあるという。ベクトル合わせとは，店舗での意識を統一することを意味している。何をどのように改善していくのか，今月は何を頑張るのかなど，アルバイト間で，共通の意識をもつことに役立っているという。

　第2の参画意識の醸成も，非常に重要である。稲田氏によると，アルバイトは，社員の指示を受けて単純作業を行うのが仕事ではなく，マニュアル等の指針はあるものの，店舗運営について，自分達が参加して自分たちでアイデアを出し，実行していくことの効果は大きいという。そのため，アルバイトミーティングは，アルバイト主体で進めることを主眼として，社員の発言は10％以下になるようにしている。

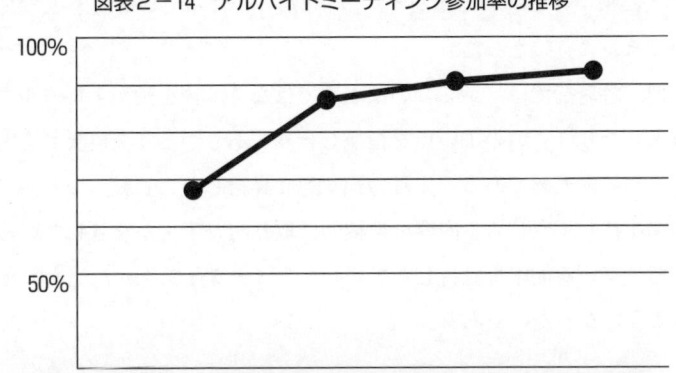

図表2-14　アルバイトミーティング参加率の推移

年　度	2010年	2011年	2012年	2013年
平均参加率	68.3％	87.8％	91.6％	92.0％

（出所）　ワン・ダイニング社内資料より。

ただし，ベクトル合わせという性格上，会社の方針や意図がなければ，業態としての統一感が損なわれてしまうことにもなりかねない。そこで，社員とアルバイトリーダーが，事前に打ち合わせをして，摺り合わせを行った上で，アルバイトミーティングを実施するというプロセスが採用されている。

　稲田氏によると，当初，アルバイトミーティングは，会社として実施していたのではなく，店舗の有志によって自発的に始まったものを，全社の仕組みとして採用したという。当時は，自発的な活動で，時給も発生していなかったものを，賃金も支払い，公式的なプログラムとして採用することにしたが，多くの困難があったという。

　自発的に集まっていた当時は，意識の高いアルバイトや店長だけが参加していたことから，活気のある集まりになっていた。しかし，公式のプログラムとして「参加しなければならない」という意識で参加するメンバーが増えると，「やらされている感」が強くなり，アルバイトミーティングへの意欲も低下してしまう店舗も増えてきた。ワン・ダイニングは，このような停滞の理由を「アルバイトの自主性を引き出せていないこと」と考え，アルバイトが自分から参加したくなるようなミーティングにするべく，いくつかの工夫を実施した。

　例えば，ビジョン検討会の実施である。これは，アルバイトが，自分の店をどのような店にしたいかを語る会である。これによって，店のことを単に「お金を稼ぎに来ている場」ではなく，「自分たちが作っている店」として考えることができるようになった。

　この他，各店舗では，話し合いばかりではなく，体を動かすロールプレイングを導入したり，互いのよい点を指摘し合う「ありがとう交換会」を実施したり，アルバイト表彰である「先月のMVP」「昇給した人表彰」など，アルバイトが興味を持ち，楽しめる内容を積極的に取り込む工夫がなされている。これによって，高い参加率を維持したアルバイトミーティングが，当たり前に実施できるようになったのである。

(4) 気づきメモ

　ワン・ダイニングでは，気づきプログラムとして「気づきメモ」を導入している。気づきメモとは，アルバイトが日々の業務を通じて気づいたことを記入

し，店内で共有する仕組みのことである。気づきメモの内容は，改善提案や自己反省，顧客や仲間への感謝など，店に関わるあらゆることが対象になり，店長や社員，アルバイトリーダーや，時にはアルバイト同士で返信をする。

稲田氏によると，気づきメモには大きく分けると3つの目的があるという。

第1に，想い・価値観の共有である。アルバイトミーティングをはじめ，様々な取組みを通じて，お店や接客に対する考え方のベクトルを一致させることを重視しているワン・ダイニングの姿勢が表れている。

図表2-15 気づきメモの掲示

(出所) ワン・ダイニング社内資料より。

第2の目的は，アルバイト自身の成長である。気づきメモを書こうとすれば，何も考えずに，単に仕事をこなすだけでは難しい。自然と，様々なことに注意を払い，考えるという「気づき力」が高まっていく。また，仲間の気づきメモの内容も，自分とは違う視点や発想があり，「そういう見方もあったのか」と，勉強になるという。

第3の目的は，褒める風土を作ることである。気づきメモの内容は，店舗の改善点を指摘することもあるために，一部，アルバイト仲間へのネガティブな内容になることもあるが，その多くは，ポジティブな内容になっているという。つまり，「○○さんは，ここを改善したらよい」という内容よりは，むしろ，「○○さんの，このようなよい点は，みんなで共有した方がよい」といったメモの方が多いのだ。この理由については，後述する。気づきメモの普及のための工夫の仕方も影響しているが，稲田氏によると，ポジティブなメモは，互いに認め合い，改善し合うという姿勢に繋がり，チーム力の向上に繋がっている

第Ⅰ部　理念を育成に活かす

図表2-16　気づきメモ定着の仕掛け

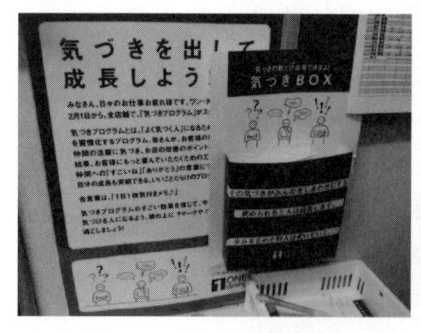

（出所）ワン・ダイニング社内資料より。

という。

ワン・ダイニングが、気づきメモを導入した理由は、マニュアルの限界を感じていたからである。ターゲットにする顧客層は決め手はいるものの、それでも、顧客は十人十色で、様々なニーズや期待を持って店舗に来る。その際、おもてなしという観点では、マニュアルとは異なる対応が求められることもしばしばある。この点について、ワン・ダイニングは、マニュアルをより細分化して、沢山作るよりも、アルバイト一人ひとりの気づく力によって、その場で対応した方が、より現実的だと考えたのである。

現在では、気づきメモは、1か月あたり1万枚を超えるメモが提出されている。しかし、稲田氏によると、気づきプログラムの導入当初は、メモがほとん

図表2-17　気づきメモの普及（1か月の提出枚数）

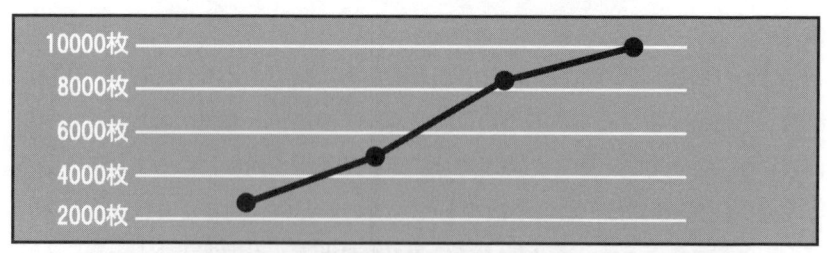

年　度	2010年	2011年	2012年	2013年
提出枚数	2,732枚	4,881枚	8,590枚	10,400枚

（出所）ワン・ダイニング社内資料より。

ど提出されずに苦労したという。推進する立場である店長の意識も低く，店にメモがなかったり，メモの掲示スペースがなかったりと，体制も整っていない店も多かった。

そこで，ワン・ダイニングでは，店長の役割として，必ずメモの返信を書くことを義務付けた。これによって，アルバイトは，「やるだけ無駄」という感覚がなくなり，「自分たちに向き合ってくれている」「自分たちの意見で職場が変わる」という感覚になり，参画意識も高まったという。さらに，「店のMVP」（「『仲間のここがすごい！』という点を書こう！」といったイベント）や，アルバイトリーダー等も返信することによって，アルバイト仲間で気づきメモを盛り上げていくという雰囲気が高まったという。

もちろん，気づきメモは全社的にも活用されている。アルバイトの参画意識を高めるために，本社で実施するアルバイト研修では，気づきプログラムで活躍したアルバイトを撮影したインタビュー映像を見て，気づきメモがアルバイト自身のためにもなったと感じている先輩の考え方を学ぶ機会も設けられている。

また，1か月1万枚以上ある気づきメモを，サポートセンターで回収し，毎月経営幹部で行う「読み合わせ会」で共有し，優秀なメモを選出している。選出された優秀なメモは，月1回発行している「気づき通信」で紹介され，全社的に共有される。さらに，気づきメモ提出枚数1位の店舗と，気づき通信に掲

図表2－18　気づき通信

（出所）　ワン・ダイニング社内資料より。

載された中から投票で選ばれた1位のメモを書いた個人を，年2回の経営計画発表会で表彰している。

6．分析と考察

　以上，ワン・ダイニングのケースを見てきたが，戦略やビジネスモデル上の独自性を実現するために，教育をはじめとして，人事や本社が様々な取組みをしてきたことがわかる。本節では，前述した各施策を，①経営理念・方針との一貫性，②基本の徹底，③主体性の発揮，という3点から確認したい。

(1)　経営理念・方針との一貫性

　前述のように，ワン・ダイニングは商品力，接客力，居心地感を軸に，様々な取組みをしている。その取組みの1つ1つは，必ずしも独自性の高いものではない。しかし，社内の担当者やアルバイトへのインタビューからも，これらの施策は確実に成果に結びついていることがうかがえる。なぜ，一見，ありふれた施策の集合が，効果的に機能するのであろうか。

　我々は，その原因の1つとして，これらの施策と理念・方針との一貫性に注目した。三崎（2007，2010，2014）の一連の研究では，戦略や方針と人事評価等の人事施策の一貫性が，従業員の公平性の知覚に繋がり，モチベーションやコミットメントに寄与することが示された。また，戦略的人的資源管理論の一連の研究でも，戦略と人事諸制度の適合が，企業業績に寄与することが示されている。

　前述のように，ワン・ダイニングは，『いちばんの「満足」を。』というスローガンを掲げ，経営理念として『価値ある経営。』を掲げている。これは，「お客様への約束（よりよい料理とおもてなしで，お客様に愛され必要とされる価値）」を重視することを意味していた。多くの会社では，普段の業務において，経営理念を意識することは，必ずしも多くないのが実情ではないだろうか。しかし，ワン・ダイニングでは，それをわかりやすく伝え，実践するという意識が強いことが特徴であろう。

　例えば，新店のアルバイト研修を，競合店よりも長期間実施するのは，日々

のオペレーションを訓練するためではなく，スローガンや経営理念，あるいは接客とは何か，といったことを理解してもらうという意味合いが強い。また，アルバイトに理解しやすい形で作成されたスピリッツ（価値観）を，毎日唱和しているのも，理念を重視しているからである。

　社員に対する社長メールや社長面談をはじめとして，トップコミュニケーションを実施しているのも，会社の方針と施策の一貫性を図るための重要な活動であるといえよう。

　さらに，社員だけではなく，現場の隅々まで，会社の方針を理解してもらうために，アルバイトミーティングやアルバイト報の発行を実施していることも見逃すことができない。通常，アルバイトミーティングは，単にオペレーションや通達を行う場であることも多いが，ワン・ダイニングではベクトル合わせを強く意識した内容になっているのである。

(2) 基本の徹底

　高橋氏によると，ワン・ダイニングではマネジメントにおいて，基本の徹底を重視しているという。どんなにきれいなビジネスモデルを描いても，基本が徹底されなければ絵に描いた餅になってしまう。

　ワン・ダイニングにとっての基本のうち，最も重要なものの1つが商品力である。効率性を犠牲にしつつも，店内カットにこだわったのは，「おいしさ」という基本を重視したからにほかならない。また，カット技術に資格等級を設けたり，体系的な研修を実施しているのも，おいしさという基本を徹底するための施策であるといえよう。

　接客軸でも基本の徹底が重視されている。アルバイトに対して，スピリッツ（価値感）とスタンダード（マニュアル）を用いて教育することや，研修期間を長くすること，アルバイトミーティングなどは，基本を徹底することに役立っている。特に，アルバイト用のマニュアルや教材が，アルバイト目線で理解しやすく工夫されている点は，現場の隅々まで基本を浸透させることに役立っている。

　基本が徹底できるかどうかを確認するための活動も重要である。前述のように，ワン・ダイニングでは，店舗のチェック体制として，①スタンダード

チェック（社員による店舗利用調査），②お客様アンケート，③ミステリーショッパー（外部調査機関による覆面調査）がある。このような複合的なチェックを実施しているのは，PDCAサイクルを回すことによって，基本を大切にするワン・ダイニングの意思が反映されているのである。

(3) 主体性の発揮

　稲田氏によると，アルバイトのマネジメントにおいて最も重視しているのは，主体性を発揮してもらうことであるという。また，会社がよくなったのは，これに成功したことが大きかったという。

　ワン・ダイニングの展開している店舗では，接客はほぼ全て，アルバイトによって行われている。つまり，アルバイトの仕事の質をどのように高めるのか，というのは顧客満足度を決定する最重要項目の1つである。この点で，ワン・ダイニングは，教育をはじめとして，様々な施策を実施している。

　しかし，アルバイトミーティングや気づきメモなどは，アルバイトの主体的な参加がなければ成り立たない。本部や社員から，強制的に参加させられると，「やらされている感」が出て，例えば気づきメモなども表面的な内容になってしまうであろう。

　稲田氏によると，ワン・ダイニングでは，単なる単純作業を行うアルバイトという考え方ではなく，「自分を高める仕事」という意識を持てるような努力をしているという。店舗を改善する努力は，大変だけれども自分の成長に繋がる。そして，例えば，就職活動でこのような苦労・経験が評価されて，希望の会社に就職できた，といった先輩の話なども，金銭ではないインセンティブを生んでいる。何よりも，自分の提案で店がよくなったという，目に見える成果も，モチベーションの源泉になっている。

　このほか，日々の業務においても，アルバイトをその気にさせる仕組みが存在している。例えば，気づきメモの運用である。気づきメモの活動が活発な店舗は，必ずといってよいほど，店長や社員からのフィードバックがしっかりしている。沢山提出される気づきメモへのフィードバックは，確かに負担が大きいのだが，一言コメントすることによって，「認められた」という意識が生まれ，さらに主体的に活動する意欲に繋がっている。

7．結びにかえて－理念を浸透させ，自律的な人を育てる

　以上のように，ワン・ダイニングのマネジメントは，理念や価値観を原点において，それを実現するための一貫した施策が採用されている。ワン・ダイニングが，戦略的に重視した項目は，①肉の質，②店内の雰囲気，③接客であった。本章で紹介した資格制度や能力開発，あるいは改善のための仕組みは，すべて，これらの戦略的要素を高めるために活用されていた。特に，業態の特性上，接客力を高めるためには，アルバイトの戦力化が不可欠であったが，アルバイトの主体性を引き出す施策によって，これに成功している点は，興味深い。

　戦略的人的資源管理論では，戦略とHRMの適合（fit）が好業績に繋がるとされているが，ワン・ダイニングのケースからも，その重要性をうかがい知ることができる。

（三崎　秀央）

[第2章 注]
1) 日経MJ『外食元気印5社』（2009年10月14日），東洋経済（2012年6月16日号），日経新聞社（2014年）などでも取り上げられている。
2) 各業態の各コースには，子供料金やシニア料金などの設定がある。また，食べ放題だけではなく，単品での注文もできる。
3) 株式会社吉野家HP，吉野家の歴史を参照（2014年9月1日現在）。
4) 店ごとに原材料を切り，調理するのではなく，セントラル・キッチンが下ごしらえをして，各店舗に配達する方法。そのため，各店舗では肉のカットなどをしていなかった。
5) ワン・ダイニングでは，本社は現場をサポートする立場であるという考え方から，本社をサポートセンターと呼んでいる。

[第2章 参考文献]
岩出　博（2002）『戦略的人的資源管理論の実相－アメリカSHRM論研究ノート』泉文堂．
週間東洋経済「楠木教授が聞く戦略ストーリーの達人たち－焼き肉業界に新風」（2012年6月16日号）．
日経MJ「食元気印5社」（2009年10月14日）．
三崎秀央（2007）「組織的公正に影響を与える要因に関する実証研究－組織的公正理論の発展に向けて」『商大論集』第59巻第2・3号，1－23頁．
───（2014）「戦略的人的資源管理と従業員の心理」『商大論集』第66巻第2号（印

第Ⅰ部　理念を育成に活かす

刷中).

第Ⅱ部

グローバルを見据える

第3章　参天製薬株式会社

参天製薬株式会社の概要

本社所在地　大阪市北区大深町4番20号　グランフロントA

創　　業　1890年（明治23年）「田口参天堂」として大阪北浜に開業
　　　　　120年を超える歴史と実績を有する

設　　立　1925年7月（大正14年7月）「参天堂株式会社」設立
　　　　　（1958年に参天製薬（株）に社名変更し，医療用医薬品に進出）

代 表 者　代表取締役社長兼CEO 黒川　明

資 本 金　7,264百万円

売 上 高　売上高（2014年3月末時点。以下同じ）（連結）148,663百万円

従業員数　連結3,072名，単体1,853名（平均年齢41.5歳）
　　　　　・単体の男女構成は，男性1,435名，女性418名
　　　　　・事業部門別人員構成（単体）は，営業部門 約45％，研究開発
　　　　　　部門 約21％，生産部門 約24％，管理部門 約10％

備　　考　① 事業所
　　　　　　　本社（大阪市），下新庄（大阪市），奈良研究開発センター
　　　　　　（生駒市），能登工場（石川県羽咋市），滋賀プロダクトサプ
　　　　　　ライセンター（滋賀県多賀町），全国営業所など92オフィス，
　　　　　　北京事務所，ホーチミン事務所
　　　　　② 子会社
　　　　　＜国内＞：（株）クレール（身障者特例会社）
　　　　　＜海外＞：北米事業の持株会社，欧州事業の金融統括会社（オ
　　　　　　ランダ），臨床開発・製造会社・販売会社などを米国，ドイツ，
　　　　　　フランス，フィンランド，スウェーデン，中国，韓国，台湾，
　　　　　　インド，に11拠点

1．参天製薬株式会社の概要

　参天製薬株式会社（以下，「同社」と表記）は，眼科およびリウマチ領域に特化した独自性ある医薬品製造業のリーディング・スペシャリティ・ファーマーである。国内医薬用眼科薬市場および国内疾患修飾性坑リウマチ薬（DMARDs）市場に経営資源を集中し，ブランド力を高め，圧倒的なNo.1のシェアーを誇る特色ある優良企業として地位を築いている。国内製薬業界の市場・製品ポジションからは，フィリップ・コトラーの分類[1]でいう"ニッチャー戦略"をとっている企業といえる。

　本章では，バブル崩壊後の景気後退期を経てグローバリーゼーション進展の下で，中堅規模の優良なニッチャー企業が，どのような事業経営，人事戦略や施策を展開して競争優位性を維持しているかを明らかにするとともに，今後の人的資源管理上の課題などを考察することにする。

　同社は，バブル崩壊後の景気後退時の1990年に創業100周年を迎え，この年に長期ビジョンを掲げて本格的グローバル経営に乗り出し，海外生産＆研究開発拠点の開拓など積極的なM&Aを推進した。2014年3月期には，日米欧での臨床開発体制，日中欧での生産体制，海外12か国15販売拠点での営業体制を構えて，50か国以上で製品を販売し，世界の眼科およびリウマチ領域でのリーディングカンパニーを目指し，積極経営に事業を推進している（同社ホームページ（以下，HP.と表記），アニュアルレポート（以下，AR.と表記）2013）。

　　※　同社の情報・データなどは，本稿執筆時の2014年11月末時点のものである（以下，同じ）。なお，リウマチ事業は2015年5月に他社へ売却された。

(1) 社名「参天」の由来

　「参天」の名称は，1890年（明治23年）に創業者が，中国の古典の1つ「中庸」の第22章にある「天地の化育を賛く可ければ，すなわち以って天地と参となる可し（聖人が天，すなわち万物の秩序・原理と，地，すなわち人間社会の調和を助け，天地と三位一体となり調和すること）」からとったものとされている。

(2) 経営理念・経営指針

　同社の経営基本理念は，創業者が掲げた『天機に参与する』（"天機"とは，宇宙，自然の神秘をいい，"参与"とは，加わる。したがって，"自然の神秘を解明して人々の健康増進に貢献する"を意味する）を120年以上にわたり保持しつつ，時代ごとの経営環境変化に対応させて年代ごとに運用解釈を手直しつつ今日に至っている。

　そして，現在は，1990年に見直した，『肝心なことは何かを深く考え，どうするか明確に決め，迅速に行動する。「目」をはじめとする特定の専門分野に努力を傾注し，これによって参天ならではの知恵と組織的能力を培い，患者さんと患者さんを愛する人たちを中心として，社会への寄与を行う。』と内外に説明している。

　また，経営指針（組織の原則）として，「ビジョンをもって」「顧客の視点」「創造と革新」「社員の成長」「社会との調和」が定められ，各項の解説をしている。さらに，個人の行動原則として，「誠実に行い，信頼を得る」「顧客志向で考える」「専門性を身につける」「革新を迅速に」「連携と協働」を定めて各項の細部を解説し社内に周知している。

　そして，上記の経営理念，経営指針（組織の原則），個人の行動原則，については，英語，中国語，ドイツ語などにも翻訳して，世界各国の拠点へも配布し説明している。

　これらは，同社が創業以来今日まで連綿として『天機に参与する』との社会的使命を掲げて永続的に社会的役割，社会的貢献を果たそうとする，"ミッション経営"[2]を推進していることを示している。

(3) 業績推移概況

　バブル崩壊後の同社の業績推移は，10年前の2004年3月期に比較して，2014年3月期は，売上高65.4％増，営業利益88.7％増，経常利益76.8％増，当期利益170.7％増，総資本53.8％増，と急速に拡大し，自己資本比率，株価収益率も高く優良な財務体質を維持している。

第Ⅱ部　グローバルを見据える

図表3－1　業績推移＆2004年／3期に対する指数

連結	2004年3月期（百万円）	2009年3月期（百万円）	対'04/3＝100比	2014年3月期（百万円）	対'04/3＝100比
売上高	89,858	101,619	113.1	148,663	165.4
地区比率　日本	86.2%	87.2%	－	82.1%	－
欧州	4.9%	8.2%		8.3%	
米国	6.5%	0.9%		0.7%	
その他	2.4%	3.7%		8.9%	
営業利益	14,524	15,494	106.7	27,414	188.7
経常利益	15,790	15,824	100.2	27,924	176.8
当期純利益	6,321	10,123	160.1	17,109	270.7
総資本	150,237	151,012	100.5	231,105	153.8
自己資本比率	68.9%	82.9%	14.0増	79.3%	10.4増
株価収益率	24.3倍	23.0倍	1.3倍減	20.0倍	4.3減
従業員数	2,335人	2,690人	355人増	3,072人	737人増

（出所）　同社のARより，Data Book 2014。

　この10年間，従業員数は737人増の31.6％増であり，労働生産性（各利益／人数）は極めて高い。また，この間の人件費の伸びは57.5％増，研究開発費の伸びは60.6％増と各利益の伸び率よりも低く，主要コスト収益率の伸びは高いものを示している。

　なお，2014年3月時点の同社の状況は，売上高の国内比率は82.1％，海外比率は17.9％。事業分野別の売上高の構成は，医薬用眼科薬85.7％，医療用抗リュウマチ薬6.9％，一般用医薬品4.3％，医療機器1.8％，その他1.3％，となっている。そして，研究開発費／売上高は12.3％，人件費／売上高は12.0％であり両方とも製薬産業の平均並み（厚生労働省，2013）である。

2．最近の経営動向と課題

(1)　事業の概況

　日本の医薬市場は世界の約12％を占め，国別にみたシェアーはアメリカに次いで世界第2位の市場であり，国内の90％超は医療用医薬品[3]が占めてい

る。そして，国内の医療用医薬品に占める眼科用剤の占める割合は約3％であり（厚生労働省，2013），この中で，同社は約40％の圧倒的No.1シェアーを保持している。そして，世界的医薬用眼科薬市場では第5位のポジションである（同社分析）。

　国内の医療用眼科とリウマチの専門領域は，有力外資系企業の参入や同業他社との競争が激化し，国内シェアーは少しずつだが年々低下している。また，国の保険医療費抑制政策により医療用医薬品の公定価格（薬価）が年々低下する環境悪化が続いている。

　このような中，同社は研究開発投資，営業基盤の強化，海外企業の買収などの先行投資を行い，挑戦的ともいえる積極経営を展開している。これら投資費用が増えたこともあり2014年3月期の営業利益，経常利益は少し減少している。

　アジア事業では，中国市場で蘇州工場の調剤・充填・検査・包装の一貫生産体制の下で，医療現場ニーズにきめ細かく対応する営業担当者を有して，人材の成長とともに事業が急速に拡大し，売上高が年率20％前後の成長が続いており，今後も同様の成長が見込まれている。そして，香港，韓国，台湾，インドネシア，シンガポールにおいても高品質製品の供給・営業・販売を行い，年々成長を続けている。

　欧州事業では，フィンランドを製品製造供給拠点に，ドイツを欧州市場の事業中心拠点として，欧州全域を見据えたマーケティングのもとに，フィンランド，フランス，スウェーデン，東欧，ロシア，等々への製品供給を行い，売上高が年率10％前後の成長を遂げており，今後も同様の成長が見込まれている。

(2)　中長期経営計画の動向

　同社では，3か年ごとに中期経営計画を策定し，各年度の進捗状況・事業環境等の変化に応じて，中期計画の年度計画にて微修正しながら計画をローリングし戦略的経営を推進してきている。

　2011年度には，少子高齢化の進展による国内の市場縮小傾向の中で，新たに2020年度までの長期経営ビジョンを発表し，「世界で存在感あるスペシャリティ・カンパニーの実現」「2020年度グローバルTOP 3以内」「2020年度海外売上比率40～50％」を掲げてグローバルな市場での医療の発展に貢献すべく，

積極的なM&Aも仕掛けてビジネス競争力を強化しようとしている。

　2014年5月の対外発表において，これまで提携関係にあった医薬品界大手の米メルクの眼科用医薬品9商品を約6億米ドルで買収すると発表した。メルクが保有する日本・欧州・アジア太平洋地域における眼科用医薬品およびこれら製品関連の権利一式（特許，商標，ドメイン名，製造販売承認，同資料一式，販促資材一式）の資産を取得した。これにより同社の市場は，欧州・アジアなどを中心に72か国・地域をカバーすることになり，各国の医薬品規制当局からの承認を受け次第，販売が開始される（日経新聞2014.5.14）。2014〜2017年度中期計画では，2017年3月期には，メルク買収による売上高分約180億円が寄与して，海外売上比率は約30％程度に一気に増加する見通しになっている。

　そして，この中期経営計画の基本方針として，(1)製品創製：持続的な成長を可能にするための製品創製への変革，生産性向上の実現，(2)事業展開：アジア・欧州での事業成長および新規市場参入によるプレゼンス向上，(3)組織・人材：持続的な成長を実現するための人材育成と組織構築およびグローバル・マネジメント体制の強化を掲げて各施策を計画している。

　以下，この基本方針を中心に経営動向と課題を簡単に考察する。

(3)　製品創製のための研究開発の動向と課題

①　研究開発の動向

　製薬企業の戦略の根幹は，患者さんに貢献する画期的な新薬を開発し安全に安定的に供給することであり，研究開発が経営戦略の重要な要素となる。

　同社主力の眼科薬領域では，世界的にまだ治療薬が十分でない，また，未充足ニーズが高い疾患（アンメット・メディカル・ニーズ）領域である「後眼部領域，網膜疾患領域」「角膜疾患領域」，高齢化などにより患者数が増加傾向にある「緑内障領域」などにテーマを絞って独自の創薬研究と，抗菌剤など全身薬として開発された有効成分を眼科領域に応用する研究を行っている。その他，眼科疾患の全領域をカバーする薬も開発し提供している。

　抗リウマチ薬の領域では，独自開発の「リマチル」で培った基礎研究や，免疫抑制の幅広い知見・技術を活かした新薬開発を行い，業界でもトップクラスの地位を確立している。

さらに，最先端のライフサイエンスのゲノム創薬についても積極的に取り組み，先進的実績をもつ外部研究機関との情報交換や共同研究を続けている。

また，120年以上の歴史の中で培った眼科薬のスペシャリティ・カンパニーとしての広く深い専門知識や製剤技術を，世界の製薬企業・大学・研究機関・ベンチャー企業などの情報や先端技術と連動させる「ネットワーク型創薬」に取り組んでいる。そして，臨床開発については，グローバルな開発の基点を臨床試験の短縮化が見込める米国に置き，前期臨床開発を米国で，後期臨床開発を日米欧ならびに中国・アジア主要国・新興国で行う体制を整備した。これによって開発の高質化，効率化を加速し，世界の患者さんへ質の高い有用な医薬品をより早く供給する体制を整えている（HP）。

② 研究開発の課題

研究開発における課題は，各国各地域で異なる疾病特性・ドクターニーズをいち早く収集・分析し，優先度が高い有効な新薬を持続的に開発するとともに，特許切れの薬品に続く新薬をグローバル市場に安定的に供給し続けるパイプラインを中長期的に安定して確立することである。

これには，グローバル市場を見据えて，アカデミアや専門研究機関，開発ベンチャーなどとも連携し，各国の疾病特性，治療機関市場特性，医薬行政特性・薬価政策等々に応じた創薬の研究開発を行う必要がある。加えて眼科薬へ転用可能な先進全身薬メーカー開発医薬品をいち早く導入（ライセンス品・導入品）する調査・提携開発も重要になる。そして，グローバル臨床開発組織体制とその経営管理（焦点疾患，試験計画，提携機関，投資コスト，開発人材，スケジュール，マネジメント，等々）を効果的・効率的に運営し，適薬を適時，適所に，持続的に供給することをより戦略的に行っていくことが要請される（Bartfai and Graham, 2014を参考）。

また，潮流であるバイオ医薬品開発への本格的参入に加え，iPS細胞を使った再生医療により創薬方法が抜本的に変わると想定され，動物実験不要の多様な試薬実験・毒性評価，人への臨床過程を省略，疾患特性イージーオーダー的な創薬など（NHK番組インタビューでの京大・山中教授の発言）の先端研究も不可避と考えられる。

そして同時に，研究開発費の課題もある。新薬が市場に出るまでは，探索研

究～創薬研究～開発研究～臨床開発～発売のプロセスに約9年～17年を要する。また，その成功確率は2～3万分の1と極めて低く，一成分あたりの開発費用は途中での断念したものの費用も含めて1,000億円近くといわれるほど多額の投資を要する（厚生労働省，2013）。

同社としては中堅企業規模に限られた研究開発費の中，国境を越えた知識価値・情報・技術を融合した新薬創発をどの疾患領域に重点的効率的に持続的に投入し成果を上げるかについて，より戦略的計画的なマネジメントが益々重要となる。

(4) 事業展開としての営業の動向と課題
① 営業の動向

国内の眼科領域において最も多い約400名の訓練されたMR（医薬情報提供者：Medical Representative）を有し，全ての眼科疾患に対応する眼科薬を保有する強みを最大限に活かし，全国約10,500の眼科施設，約13,000人の眼科医（厚生労働省，2013）をカバーしている。とりわけ，大学病院，病院，医院のそれぞれの施設特性に併せた施設別営業戦略をもち，それに加えて各施設の眼科医師一人ひとりの要望および医師が抱える患者のニーズを収集・解析し，迅速かつ的確に処方提案・情報提供ができることが強みである。この戦略的営業活動を支える組織として，マーケティング，学術情報，業務推進職能などを有して質の高い情報提供や営業支援を行っている。これら活動により医療機関，医師からの信頼と信用と親密性を高めて，高度の競争優位を確保する営業戦略を展開している。

他社の多くが，製品ごとの販売戦略のために眼科・リウマチの専門医への訪問密度・面談時間が限られるのに対して，同社では，眼科・リウマチのスペシャリティメーカーとして，きめ細かく充実した訪問密度・面談時間・情報提供・サービス提供などの戦略的な営業活動を推進している。

さらに，海外においては，アジアでは，中国において200人超のMRを有して日本に次ぐ売上規模を上げているほか，香港，韓国，台湾，インドネシア，シンガポールにおいても製品を供給・販売し，今後も大きな成長を見込んでいる。

欧州では，ドイツを中心拠点として，欧州全域を見据えたマーケティングのもとに，フィンランド，フランス，スウェーデン，東欧，ロシア，等々へ製品の供給・販売を行っている。

② 営業活動の課題

国内市場では，薬価改定と医療制度改革の影響を受けて，薬剤費比率が約20％と低位安定（厚生労働省，2013）しており市場として大きな成長が期待できない。また，営業活動の行政指導制約条件も厳しくなっている。

このような中で，既存の顧客基盤を維持しつつ，拡販余地のある未開拓60％シェアーを攻略するには，より潜在的可能性を秘めた顧客セグメントごとの攻撃的なMR活動が必要と思われる。これには営業戦略の再構築，営業組織力・体質転換と併せて，MR等営業系人材群の役割区分とその人材群の職務行動の変容・変革が必要となる。

海外事業は，相対的に日・米・欧の先進国市場が縮小し，アジア，BRICsなど後進国市場が拡大し，欧米製薬企業との競争が激化する（厚生労働省，2013）。

また，先進国では「価値に基づいた価格設定制度」，発展途上国では「経済状況に合わせた価格決定への圧力」，高額ブランド薬を自国ジェネリック薬メーカーに安価に作らせる強制免許制度（コンパルサソリー・ライセンス），国際間の薬価格差・並行輸入（パラレルインポート）阻止，など各国とも薬価抑制策をとっている（藤田，2013）。

これら海外各国の市場特性の中で，海外ジェネリックメーカーを含む同業他社とのビジネス競争に打ち勝っていく競争戦略を綿密に展開しなければならない（伊藤，2010）。そして，各国各拠点のビジネス環境特性に応じた営業戦略・営業体制・営業活動マネジメントの展開とともに，最も重要な経営資源である有能な営業人材がその力を十二分に発揮し，納得性をもてるグローバル人的資源管理が重要になる。

(5) グローバル・マネジメント体制の動向と課題

急速な海外拠点の増加に伴い，各拠点の役割の明確化や自律的経営の推進，さらにそれらのグローバルな統合が新たな課題になりつつある。同社の本社で

の海外拠点管理体制は，研究開発領域については研究開発本部が担い，アジア地域の事業・営業展開についてはアジア事業部が担い，欧州地域の事業・営業展開については欧州事業統括部が担い，製造生産領域についてはプロダクトサプライ本部が担っている。そして，米国，アジア，欧州などに開設した同社100％資本の子会社については，日本本社から幹部層など数人を出向・駐在させて現地採用人材と協働し経営マネジメントを行う体制を整えている。また，フィンランド，フランスなどM&Aにより買収した海外法人企業は，従前旧企業の歴史的経緯や事業運営や組織・人事制度・仕組みなどを尊重し，原則として出向幹部と現地経営陣のマネジメントに任せている。ただし，海外各拠点の経営に重要な影響を与える事業計画・組織改編事項や経営幹部の人事・報酬決定などは，日本本社の社長や各所管事業部長などへの事前相談を必要としている。

今後は，同社が海外売上高比率40〜50％を目指して，急速に海外拠点が広がるに伴い，日・米・欧，アジア，BRICsなどそれぞれの眼科領域およびリウマチ領域市場の特性と同社のポジションに応じて，チャレンジャー戦略[1]またはフォロアー戦略[1]などの使い分けによる多様な競争戦略，戦略的コントロールが必要であるといえる。

グローバルビジネスがさらに拡大するに伴い，経営・事業・組織・人事等々の各業務領域につき，何をどこまで海外現地に委譲し，何をどこまで日本本社が統合管理するかの「現地（ローカル）適応—グローバル統合」の「調整メカニズム」「最適バランス」をいかに行うか（Bartlett 1986；Prahalad and Doz, 1987）のマネジメント指針や管理体制および人的資源管理が重要課題となる。

3．国内の人的資源管理の概要

ここからは，中期経営計画基本方針である製品創製，事業展開などを支える上で，日本本社の人的資源管理の主な制度が現状どのように行われているかをみていきたい。併せて，それらの課題などを考察することにしたい。

(1) 人事基盤制度フレーム
① 人事基盤フレーム「職務等級制度」の概要

　1990年代のバブル崩壊，リーマンショックなどを契機とする国内経済の後退の下で，医療保険制度改革を受けた薬価の改訂による影響が出始めていた。そのほかにも，同業他社やジェネリック医薬品（後発医薬品）製造企業の眼科薬参入，海外製薬企業の日本市場への参入など，競争が激化し，業績への影響も顕在化しつつあった。

　このような中，先行してグローバルにビジネスを展開する日本の大手製薬企業などが職務等級制度，成果主義人事を導入したこともあり，同社内でも経営陣からグローバルに通用する人事制度，成果に見合った適正な人件費・報酬制度に改革すべきとの意見が出てきていた。そして，1998年4月から人事部門を中心に検討を開始し，労働組合との協議を経て，1999年9月に国内の人事基盤制度を，旧来の職能資格制度から職務等級制度，成果主義人事へと改革した。この時期に，「部長－次長－課長－係長」制を廃止し，「グループ・マネジャー－チーム・マネジャー」制に改革して組織をフラット化しスリム化している。

　同社の職務等級制度は，社員各人が担当している"職務（仕事）の価値"により職務等級のいずれかに位置付ける仕組みとなっている。"職務（仕事）の価値"の評価判定は，各人が担当する職務の内容である「職務記述書（基本使命，想定等級，成果責任・役割責任，コアスキル・専門スキル）」に基づき，外部機関の職務評価システムを利用して，職務（仕事）の役割の大きさ，職務（仕事）の責任の範囲，職務（仕事）の難易度，職務（仕事）の会社への貢献度（成果），などを評価し行う。そして，各人が担当する職務価値と過去1年の会社への貢献度・成果を評価して一人ひとりを職務等級に格付ける仕組みとしている。これにより，市場価値と合致する職務価値に応じた各種処遇が可能としている。

　一般的に"昇格""降格"といわれる職務等級の移動（アップorダウン）を"職務変更"といい，等級の移動を伴わない職務（仕事）の変更を"職務転換"と呼んでいる。

　上位の職務等級への変更は，仕事の幅を広げ，より価値の高い仕事に登用されることによる。一方，下位の職務等級への変更は，仕事の幅が狭くなり，業

図表3-2　職能資格制度から職務等級制度への改訂

旧 職能資格制度			職務等級制度	
資格等級	ランク	職　掌	職務等級	階層
参事	2級	管理職掌／専門職掌（プロフェッショナル）／専門職掌（エキスパート）	7級	管理職階層
参事	1級	〃	〃	〃
主事	2級	〃	6級	〃
主事	1級	〃	〃	〃
主査	2級	監督職掌／総合職／一般職掌2	5級	〃
主査	1級	〃	〃	〃
一般	4級	一般職掌1／初級職掌	4級	一般職階層
一般	3級	〃	3級	〃
一般	2級	〃	2級	〃
一般	1級	〃	1級	〃

※　職務等級は単線型の等級。
(出所)　同社社内資料をもとに一部筆者加工。

績・成果の貢献度が低下し，仕事価値が低下したと判断された場合にされる。

なお，管理職階層には，職位の定年制度があり，満58歳に到達する年の10月1日をもって，担当する職務から外れて第一線を退き，後進の指導にあたる「特別任務の等級」へと移行する。

(2)　人事評価制度

①　人事評価制度の概要

人事評価制度は，インセンティブに直接的に影響する人的資源管理の中でも核となる重要な制度である。同社の人事評価は，「成果評価」，「職務評価」，「コアスキル評価」の三種類で構成している。

「成果評価」は，管理職階層と一般2級以上の総合職に対し，1993年から導入の"目標による管理（以下，目標管理）"の手法である「目標アクション評価シート」と職務行動プロセス評価の「職務行動評価」を行う。一般職には，「課題目標シート」と「職務行動評価」を行う。

「目標アクション評価シート」と「課題目標シート」は，経営目標・方針に基づく各本部・事業部の目標・施策方針をもとに，半期ごとに部門の上司がリードし部下が目標（目安3～7項目）とその取組み計画を作成する。期末には，部下は自己評価を行い，上司は評価段階決定を行った上で部下へのフィードバックと部下の意欲付けを行う。これらは，各本部・事業部での査定調整の結果，主として半期ごとに支給する賞与の個人業績部分の決定に反映する。

成果評価の「職務行動評価」は，1年間の成果達成への行動を評価する。評価項目は5項目として部門・職種・階層によって異なる。その項目例は，①チームへの成果・役割貢献，②顧客満足度の向上，③業務プロセスの管理，④コミュニケーションと協働，⑤コアスキル・専門スキルの開発と発揮，などである。これは，基本給の改定に反映する。

「職務評価」は，外部機関の提供する職務評価システムにより評価を行い，各人の職務変更審査，職務等級の決定に反映する。

「コアスキル評価」は，「コアスキル評価シート」により評価を行い，職務変更審査，人材育成への活用を行う。スキル評価項目は，全社的に職種・等級共通の"ビジネス共通コアスキル"と，"専門スキル"から構成される。前者は問題解決能力，コミュニケーション能力，アカウンタビリティ，優先順位決定能力，リーダーシップ，対人関係調整能力等の6項目からなり，簡単な一般的定義で示される。そして，それぞれ2～3つのサブ項目が設けられている。後者については，スタッフ系，営業系，技術系，オペレーション系，マネジメント系ごとの"専門スキル"が定められており，それぞれ2～4つのサブ項目が，その簡単な概念定義とともに設定されている。これらのスキル評価項目ごとに5段階の概念基準定義があり，各人がどのレベルにあるかを毎年10月に自己評価⇒上司評価⇒横串評価調整⇒最終評価決定のプロセスで評価し，結果を上司と本人へフィードバックする仕組みとなっている。

同社では，評価段階（査定）の調整について本部長・事業部長に対し平均的なガイド値が示され，現場での評価段階の決定権限は本部長・事業部長に委譲されている。ただし，一定の等級階層以上は社長が最終決定する。なお，評価段階の分布状況は，本部・事業部の職務特性を反映して本部・事業部ごとに多少差がある。

(3) 報酬制度

　報酬制度は，短期的な報酬制度として，基準内給与（月例給与），基準外給与，賞与，営業業績達成報奨金などがある。また，長期的報酬・報奨制度として，発明特許報奨金，退職金（退職年金），などがある。

① 基準内給与・基本給

　現在の基準内給与は，2001年4月の改革により，職務（仕事）主義，成果主義を掲げた職務等級制度への改革に合致させて基本給＋諸手当で構成している。

　基本給は，職務給と成果給で構成し，等級ごとの下限値を職務給とし，等級内での昇給額の累積額を成果給としている。基本給は，等級ごとに重複型範囲給をとっており，基本給の中央値は，世間相場（日本経営者団体連盟加盟企業のデータをベース）の参考企業群の基本給水準相当額に準拠して設定している。

図表3−3　基本給の範囲（イメージ）

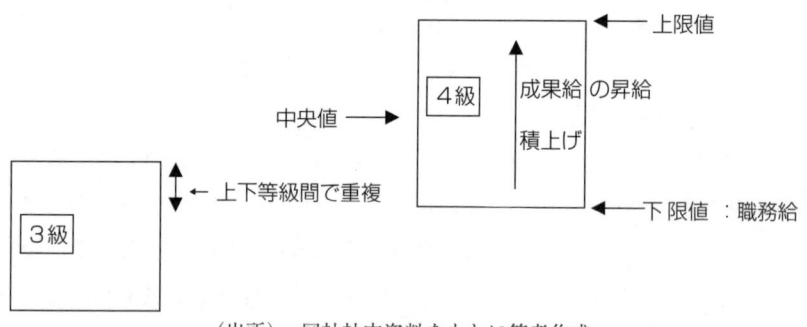

（出所）　同社社内資料をもとに筆者作成。

　そして，良好な労使関係の下で，毎年の春季賃金交渉は，自社の企業規模・ニッチャー企業のポジションと投資余力を維持する経営的重要性を労使共に十分認識して，大手同業他社の交渉進捗状況も参考にしながら行っている。財務体質は業界10位前後であるが，賃金は製薬業界の一定水準に準拠して，相応の良識ある平均賃金水準での改定を行ってきているといえる。

　成果給による毎年4月の各人の基本給の改定は，成果主義を反映して，図表3−4にあるように，評価ランク（総合評価成果の結果／年1回）が高い程改訂率（昇給率）が高く，評価ランクが低い"評価1"などの場合には改訂率は0％（昇給なし）となる。そして，個人の現在の基本給水準がゾーンの中央値より低い下限値に近い場合には成果給の昇給率は高く，中央値より高く上限

図表3-4 基本給の改訂：成果給の昇給率 （数値は筆者作成のイメージ）

<3級（例）>	評価5	評価4	評価3	評価2	評価1
第5ゾーン	1.5%	0.5%	0.0%	0.0%	0.0%
第4ゾーン	3.0%	1.5%	0.5%	0.0%	0.0%
第3ゾーン	4.0%	2.5%	1.0%	0.0%	0.0%
第2ゾーン	5.0%	3.5%	2.0%	1.0%	0.0%
第1ゾーン	7.0%	5.0%	3.5%	2.0%	0.0%

（基本給の金額幅）

※ 昇給率は，年度の経営環境等により変わる。
（出所） 同社社内資料をもとに数値は筆者作成。

値に近い場合には"評価4"以上でないと成果給の昇給率は低くなるメリハリの強い厳しい仕組みである。ただ，マイナス昇給はない。また，制度的には職種群別の格差は原則ない。

同社の基準内給与の平均的水準は，同業他社に比較して同一等級クラスにつき"中の上の水準"にある。高業績・高成果を継続的に達成した人材は成果給が高く社内相対的に基準内給与は高水準であるが，世間相場に比較してはやや低い水準となっている。

② 諸 手 当

諸手当は，業界の他社とほぼ同様の手当・基準で構成され，住宅手当，管理薬剤師手当，食事手当，寒冷地手当，転勤者住宅補助，などが支給される。

また，基準外給与として，時間外勤務手当，休日勤務手当，深夜勤務手当，休日業務手当，通勤手当，が支給される。

③ 賞 与

インセンティブ報酬として最も格差が付く賞与は，半期ごとに年2回（6月，12月）支給され，基本部分，会社業績部分，部門業績部分，個人業績部分の4つから構成されている。一般社員階層でのおおよその構成は，会社の業績により変わるが，基本部分：約60％，会社業績部分＋部門業績部分：約20％，個人業績部分：約20％，の程度である。

なお，会社業績部分と部門業績部分は，年度ごとの会社業績結果と部門業績結果をもとに労働組合との交渉によりアップ・ダウンする。個人業績部分は，半期ごとに個人ごとの人事評価の「目標アクション評価シート」「課題目標

シート」による評価（査定）で決定され，個人により格差が付く仕組みとなっている。

賞与支給額は，前に記述した評価段階分布の本部・事業部の相互間バラツキにより，同一等級でも本部・事業部ごとで賞与支給額の分布状況に格差が存在している。

④　主なインセンティブ・報奨制度

同社のインセンティブ・報奨制度は，社長表彰として，業務上有益な発明・考案した者や社会的功績があった者や災害を未然に防止した者への報奨および特許表彰・報奨制度がある。また，同社の特徴である本部長・事業部長への人事運用権限委譲を反映し，本部長・事業部長表彰として，各本部・事業部ごとに対象項目，報奨基準，報奨金などを設けて適時に企画し実施されている。近時の事例の1つは次の通りである。

①　医薬事業部の報奨

各年度の戦略的重点製品の営業成績などに対する報奨である。毎年，各エリア拠点内で1名推薦し，統括部会議でのプレゼン発表を行わせてその内容を順位付けし，数名～10名程度に報奨金を支給する。この報奨は，全社的に賞賛され名誉あるインセンティブとして定着し機能している。

②　薬粧事業部の報奨

各年度の戦略的施策・キャンペーンなどの成績優秀者に対する報奨である。毎年数名選定し，報奨品を支給する。報奨品は年度により異なる。過去の事例では，記念品，家族旅行券，海外視察，などがあった。

(4)　人材育成・教育研修

同社での国内人材育成・教育研修の特徴は，本社人事部門主導の研修がそれほど多くなく，各本部・事業部で主導する人材育成・教育研修に重点が置かれていることにある。

①　本社人事部門主導の人材育成・研修

現在，本社人事部門が主導して行っている教育研修は，新入社員研修，新任管理職層研修，コアスキル研修，英会話研修，などである[4]。

ここでは，グローバル人材育成の基礎となる英語研修を概観する。

英会話研修は，2000年度経営長期ビジョンを受け，「国際ビジネスコミュニケーション能力の養成」の一環で，TOEICスコア800以上保有者160人以上，スコア450以上保有者500人以上を目指し企画され，2001年度から3か年ごとの中期行動計画を具体的に立案して継続的に実施している。

この研修は，①英語力強化として，育成コース，ライティングコースがある。育成コースは，終業後に週2日・計32回出席するか，または土・日集中・計7日に参加できる希望者の中から，本部長・事業部長の推薦を受けた者が学習する。ライティングコースは，メールでの課題提出，ネイティブ講師による添削指導がなされる。②実践スキル・異文化理解力強化として，スキルセミナーがある。このセミナーの参加資格は，業務上英語が必須で本部長・事業部長の推薦を受けた者，TOEICスコア800以上の者である。就業時間内の2日間で集中研修を行っている。

これらの戦略的英語力養成プログラムにより，TOEICスコア保有者は急速に増加し，グローバルビジネスのコミュニケーション基礎力が確保できてきているとのことである。

なお，海外各拠点の人材育成は現地経営陣に任されており，国内との人材交流，交流教育研修などはまだほとんどなされていない。

② 中核人材である営業担当MRの育成・研修

眼科・リウマチ領域のリーディング・スペシャリティ・ファーマーとして，中核人材であるMRの育成・教育研修は経営戦略的に最重要テーマの1つである。

製薬業界では，1997年に「(財)医薬情報担当者教育センター（現 公益財団法人MR認定センター）」が設立されて，MR資格認定試験がスタートした。

このため，営業部門ではMR認定資格保有が必須であり，それを取得するための教育研修科目と教育研修時間は，次の図表3-5の通りである。

医薬事業部においては，事業部内に人材育成に関する企画・実施・フォローの役割業務を担う組織・要員を配して独自に専門的教育を実施している。大学病院，病院，医院の施設特性と，各施設の眼科医師・リウマチ医師一人ひとりの要望，および医師が抱える患者のニーズを収集・解析し，迅速かつ的確に処方提案・情報提供を行い，信頼と信用と親密性を高めるには，MR一人ひとり

図表3-5　MR資格認定の教育科目等

教育研修科目		教育研修時間
基礎教育	医薬品情報	標準　70時間以上
	疾病と治療	標準　150時間以上
	医学概論	標準　80時間以上
実務教育	技能・実地	必須　150時間以上
	製品知識	企業が必要とする時間

（出所）古澤（2013）より。

の高質な"知識労働者化"が重要となる。医薬業に関わる者としての高い職業倫理を備え，経営指針・行動原則を遵守し，自律的に考えて行動し，新しい情報価値を生み出し提供する専門人材への育成が重要となる。

MRが，会社を代表してGQP[5]，GPSP[6]，GVP[7]，等を遵守し，医療機関の医師に対して，自社医薬品を適正に使用いただくために，医薬品の特性，疾病への薬効，使用上の注意，副作用有無，などを効果的に適正に説明・情報提供をする必要がある。この専門的研修と併せて医療機関における患者および医師の顕在ニーズ・潜在ニーズを効果的に聴取し，適切な医学・医薬情報提供，自社医薬品および自社機能などをPRする活動のための実践的業務研修，実践的営業スキル研修などを適宜継続的に実施している。また，各営業拠点では，先輩による後輩指導，優秀MRがリーダーに任命されて行う職場指導会など，ビジネス力を高める活動に多くの労力をかけている。

近年では，管理職階層のマネジメント力強化研修，リーダー計画育成研修，MR対象専門知識・スキル・情報修得研修なども実施している。

なお，グローバルな営業人材育成プログラムなどは展開されていない。

③　中核人材である研究開発者の育成・研修

製薬企業の戦略の根幹である創薬に関わる研究開発者の育成・教育研修は，経営戦略的にも最重要である。

研究開発本部では，"先輩が後輩を教えるOJT"が定着し，業務を通じて専門的実践的な人材育成が行われて成果を上げている。また，新卒4年以内の研究者全員に対して，「ステップアップ・ローテーション」として，真の顧客志向，外向き思考で研究ができるようになるために，一定期間を臨床開発部門な

どへ異動して実務を学習する初期CDP（キャリア・ディベロップメント・プログラム）を展開している。また，本部全体として組織力・人材力の強化へ「学習する組織」[8]を目指して，「会議体の変革」「小規模ユニット活動」「階層別セッション」のプログラムを展開している。

「会議体の変革」テーマでは，ファシリテーターの強化，振返りの徹底，必要なツールと運用の整備等を実施し，建設的で率直な議論と専門的知識・情報の相互学習が行われている。「小規模ユニット活動」テーマでは，候補薬探索活動など業務遂行の中で，対話重視，メンバーによるPDCA徹底，論理的な議論を進めて専門人材育成に成果を上げている。「階層別セッション」テーマでは，同じ立場から自己が果たすべき役割責任・業務を議論し理解を深め，一人ひとりの専門的な仕事の質を高め人材の高度化への活動を展開している。

(5) 一連の人事制度改革の課題を考察

同社の人事制度改革は事業活動がグローバル化していく中で，それに相応しい人材の育成とその有効活用などを目指して行われてきたものである。数々の改革を重ねることによって，企業活動の高度化や社員の行動変革に寄与してきたのであるが，もちろん，いくつかの課題も残されていると思われる。

① 職務等級制度

例えば，職務等級制度であるが，その維持や運用にはかなりの労力がかかる。これに完全に対処するのは，同社でなくても困難なことである。さらに，制度の内容にも工夫の余地がある。重要なインセンティブである等級アップの基準を職種別・等級別・人材群別に詳細に定めること，同様に，管理職と高度専門職，高度熟練者と一般専門職等々の人材群の質的な違い定めること，国内ビジネス対応人材とグローバルビジネス対応人材との違いを明示すること，研究開発者，営業・MRなどの高度付加価値労働，知識労働にも適した内容にすること，などがその主なものといえるだろう。

② 人事評価

次に人事評価についてであるが，働く個人にとって自己に対する評価は，最も関心がありインセンティブを維持向上する上でも重要な制度である。それゆえに今後も一層の工夫が必要になるだろう。

第Ⅱ部　グローバルを見据える

　主要な評価ツールである「目標アクション評価シート」と「課題目標シート」で行う"目標管理"は，1,000人以上の企業では94.0％が導入しており人事管理上の制度的有用性は高いものがあるが，運用上の問題点があるとする企業が約60％超に及ぶのも事実である（労務行政研究所，2013）。この"目標管理"は，運用管理に十分な施策目配りと指導が必要な制度である。想定できる課題の例としては，①評価の前提となる目標設定について，等級ごとに，部門相互間，職種相互間，人材群相互間での整合性や納得性が維持されること，②評価者の目標設定力，評価力レベルの統一化のための十分な継続的訓練がなされること，③創薬に長期的な期間を要する研究職などを対象に制度内容とその運用を工夫すること，などが挙げられる。また，「職務行動評価」や，「コアスキル評価」は，その内容の詳細化や，経営戦略との適合性が不断に問われるものであろう。同時にそれら2つの評価の連動性，適合性も継続的に改善していかねばならない課題といえる。

　③　報酬制度

　続いて報酬制度についてである。ハーズバーグのモチベーション理論[9]によると給与は衛生要因[9]であり，管理者の管理レベルや作業環境と同様に当然に良好であってあたり前であり，通常レベルの給与水準がないと不満要因となりモチベーションにマイナスとなる。

　そうであるならば，眼科・リウマチ領域で「グローバルトップ3以内」を目指す同社において，中核人材といえるような優秀層には，業界トップクラスの報酬が与えられてもおかしくない。事業を牽引する戦略的中核人材の高度研究開発者，高度営業・MR，グローバル事業展開などの人材は，より積極的に処遇されてもよいのではないか。それと同時に，職種群や職務特性，ならびに仕事の成果に応じた賃金格差，管理職と高度専門職等の報酬の違い，グローバル人材とローカル人材の報酬格差などについても検討していく必要があるだろう。

　経営的バランスからは企業規模と業績に相応しい総人件費管理が求められるが，この下で重要な戦略的中核人材やグローバル人材などのモチベーション維持や優秀人材の誘引・活性・定着化の報酬戦略の再考が望まれる。

　④　人材育成

　最後に，人材育成についてである。今後，眼科・リウマチ領域で「グローバ

ルTOP 3」を目指すには，創薬に関わる研究者の育成が最も重要な経営課題にもなる。詳しくは後述するが，研究開発職や市場価値が高い専門職などは"コスモポリタン"[10]であり，社外でのネットワーク，学会や研究機関との交流・評価に価値を置く活動を促進するのが有効とされる。また，創造性，専門性，自由な環境，自己実現などを重視することも指摘される（三輪，2009；2011）。これらの視点から考察すると，競争優位性が高いトップクラスの中堅研究者を育成するには，画一的な育成システムではなく，優秀人材やその候補者を選抜した戦略的重点的な人材育成プログラム，高度な社外専門研究機関への派遣や大学研究室との共同研究，学会活動を通じての育成・鍛錬などが必要になると思われる。現状は，業務上の必要性から外部機関や大学研究室などとの交流はその都度されているが，今後さらに，人材育成プログラムとして意図的・計画的，体系的・制度的な仕組みが望まれるだろう。

　また，グローバルに事業が拡大する中で，同社の企業理念，企業価値観，ビジネス様式を十分に理解してグローバルビジネスを牽引できる高度人材が育つ仕組みは十分だろうか。多様な海外市場において市場特性を調査・分析・評価し，経営資源の最適配分を企画立案して事業計画化し，利害関係者との折衝・交渉・調整をしながら事業活動を立ち上げ，事業運営の基盤を整備し，現地人材の調達・育成をし，事業を持続的に成長させることができる人材が必要になる。これらの人材の育成には，市場開拓，営業活動，ヒト・モノ・カネ・情報の管理，高度専門性，異文化理解・交流・折衝，などの多様な専門知識・スキル・実務経験などが必要であり，部門や職種を横断する実践的業務経験が重要になる。比較的若い年代から候補者群を選抜して全社的視点でのCDPや各年代各階層の戦略的な教育体制・教育プログラムなども求められると思われる。

⑤　総合的な課題考察

　以上の諸課題が考えられるものの，同社はグローバル化の時代を見据え，積極的に人的資源管理を，そして事業そのものの改革に努めてきたといえる。現在では多くの海外拠点が設立され，そこで多くの人が働いている。今後は，そうした海外拠点も含めた人的資源管理が戦略的に大きな課題になるのであるが，次節からはそれについてみていきたい。

4．海外主要拠点の主な人的資源管理の概要

　海外拠点の人事の諸制度や諸施策は，現時点では統合されておらず，基本的に各国各拠点の経営陣に任されている。そして，海外拠点に経営上重要な人事労務案件や人事労務問題が発生した場合には，拠点の幹部や出向者・駐在員から直接に，また，海外事業部やアジア事業部などを通じて，本社人事部門へ報告や相談があり適宜指導がされている。ただ，総人件費などについては，経営計画・業績達成状況などを勘案して，日本本社の指導・コントロールの下で決定し管理されている。

　次に主な拠点の人的資源管理を概観していく。

(1) 米国拠点の人的資源管理の概要

　米国拠点では，約100名弱の社員について，職務等級制度が採用されており，多くの企業で採用されている職務記述書に基づくグレーティングシステムで運用されている。

　職務等級のアップ（昇格）は，各人の職務記述書をもとに幹部会での職務評価会議にて決定する。降格となった場合には，実態として自発的に退職することが多いとのことである。

　基本給は，職務給一本の体系で，市場データに基づき報酬水準が決定される。昇給は，各人のコンピテンシー評価による査定に基づき年1回実施する。

　インセンティブボーナスは3月決算時期に支給され，各人の1年間の目標管理の達成度を査定して年俸の一定範囲の中で変動する。労働組合はない。

(2) 中国拠点の人的資源管理の概要

　中国拠点では，製造，営業を中心とする約500名弱の社員について，日本の職務等級制度をもとに，それを現地に適合するように一部修正した等級制度が導入されている。給与は，国の「人力資源・社会保障事業発展第12次5ヶ年計画綱要」にて，2011年から2015年までに各地の最低賃金を年平均13％以上引き上げる方針もあって，市場賃金水準が上昇する中，労使交渉の下で市場賃金の

上昇を反映した賃金上昇が続いている。このため，基本給テーブルの維持管理が難しく，重複型範囲給の基本給における各等級の給与幅はかなり広くとられている。

個人の昇給やボーナス（旧正月時季に支給）評価・査定のもととなる職務行動評価は，日本に準拠して運用している。

また，社員の離職率も高いため，即戦力人材の採用のためにある程度柔軟に等級格付，給与設定などを行っている。

(3) 韓国拠点の人的資源管理の概要

韓国拠点では，営業を中心とする社員について，海外で広く活用されているグレーディングシステムを準用し加工した大括の等級区分の職務等級制度が導入されている。

基本給は職務給であり，各人の1年間の目標管理の達成度を中心に力量評価を加味した査定により昇給がある。また，業績成果達成度によるプラスアルファの報奨給がある。ボーナスは，3月決算時期に支給され，各人の1年間の目標管理の達成度を査定して決定されている。労働組合はない。

(4) 欧州拠点の人的資源管理の概要

欧州の統括拠点であるドイツでは，約70名の社員について，幹部層を除き，産業別労働組合と経済団体の交渉・協議で決まる職種別の賃金レートに合致させる等級制度を導入して運用している。賃金は，職種別基本給である。

ボーナスは，3月決算時期に支給され，各人の1年間の目標管理の達成度を査定して基本給の一定の比率で決定されている。

しかし，欧州でもフランス，フィンランドでは，それぞれ労働法制が異なり，また，労働組合があるため，それぞれ各国の事情に合わせた等級制度，給与制度などが存在している。

5．分析と考察

ここからは，前3節で考察した課題を踏まえて，同社の中期経営計画の基本

方針を支える今後の人的資源管理について，①事業のグローバル化への対応，②中核人材である研究開発者，事業牽引リーダー，営業・MRなどに焦点を充て今後の方向性などを考察したい。

(1) 事業グローバル化への人的資源管理の対応

同社が本格的なグローバル経営を実現するには，ニッチャー戦略の中堅製薬企業の強みや経営資源等の特性を勘案しながら，海外法人・拠点も含めた「グローバル統合」と「ローカル適応」の"バランス戦略"（Prahalad and Doz, 1987）に基づくグローバル人的資源管理の基本方針が必要となる。

Bartlett and Ghoshal（1989）は，グローバル統合とローカル適応の組合せにより戦略の類型が異なるとして，図表3－6の4類型を示している。

そして，それぞれの4類型ごとの組織的特徴を図表3－7のように定義している。

図表3－6　グローバル統合－ローカル適応の4類型

（高）グローバル統合（低）	グローバル	トランスナショナル
	インターナショナル	マルチナショナル
	（低）　　ローカル適応　　（高）	

（出所）　Bartlett and Ghoshal（1989）．

図表3－7　類型ごとの組織特徴

4類型	組織の特徴		
	能力・組織力の構造	海外事業の役割	知識の開発と普及
マルチナショナル	分散型 海外企業は自立化	現地の好機を感じ取り利用する	各組織単位内で知識を開発して保有する
グローバル	中央集中型 グルーバル規模	親会社の戦略を実行する	中央で知識を開発して保有する
インターナショナル	能力の中核部分は中央に集中，他は分散	親会社の能力を適応させ活用する	中央で知識を開発し，海外組織へ移転する
トランスナショナル	分散型，相互依存，専門化	海外組織単位ごとに役割区分し世界統合	共同で知識を開発し，世界中で分かち合う

（出所）　Bartlett and Ghoshal（1989）を抜粋，浅川（2003）を引用。

さらに，Bartlett and Ghoshal（1989）は，企業の発展段階や各組織の固有な特徴，各ファンクション（組織機能），さらにタスク（業務）の違いによってもグローバル統合とローカル適応のバランスの違いがあるとする。

この4類型の知見を活用・援用して，第2節(3)(4)でみた研究開発や営業の各課題解決（タスク）を支援するグローバル人的資源管理についての基本的類型の方針は，図表3-8のように考察することができる。

図表3-8　課題解決を支援するグローバル人的資源管理の類型方針案

研究開発・営業の課題（例）	類型の方針案
① 各国各地域で異なる疾病特性・ドクターニーズをいち早く収集・分析のリサーチ＆営業・MR	マルチナショナル人的資源管理
② 各国の治療機関市場特性，医薬行政特性・薬価政策等々に応じた創薬の研究＆臨床開発	インターナショナル人的資源管理
③ 眼科薬へ転用可能な先進全身薬メーカー開発医薬品をいち早く導入（ライセンス品・導入品）する調査・提携開発	インターナショナル人的資源管理
④ バイオ医薬品開発，iPS細胞を使った再生医療などの先端研究	グローバル人的資源管理
⑤ 国内での洗練された顧客セグメント別の攻撃的な競争優位性あるMR活動	マルチナショナル人的資源管理
⑥ 日・米・欧の先進国の「価値に基づいた価格設定制度」の下での臨床開発＆営業	インターナショナル人的資源管理
⑦ アジア，BRICsなど後進国，発展途上国での「価格決定圧力」，「強制免許制度」などの下での臨床開発および営業	マルチ ナショナル人的資源管理

（出所）　Bartlett and Ghoshal（1989）の類型をもとに，筆者作成。

また，各国・各拠点でのビジネス環境は，社会的歴史，文化的慣習，法律的規制，市場環境，疾病特性，医療機関特性，薬事政策による製品・製造・販売の特性，ならびに人材特性，などが異なる。各拠点でのビジネス環境を十二分に熟知する優秀な現地人材群を確保して，本社統率の下で拠点ごとのグローバル経営の基本方針に基づき，各拠点に権限委譲して自立・自律性を高めた事業運営と人的資源管理を行う必要がある。

また，同社が新たに進出する海外拠点などでは，既に先行する内外の同業他社が存在している。同地では事業基盤が未成熟であり，フィリップ・コトラーの"フォロアー戦略"から事業をスタートさせるのが一般的である。そして

図表3-9　市場ポジションに応じた人的資源管理の「統合化と現地化」を考察

	海外拠点の市場ポジション	
	チャレンジャー戦略（2番手） （かなり事業基盤が確立している国）	フォロアー戦略（3・4番手以下） （事業基盤を確立途上などの国）
戦略特徴（概要）	・特定分野で市場一位企業と同等以上の製品・サービスを提供 ・品質・付加価値で差別化 ・市場の隙間製品，新製品・サービスを連続的に開発	・低価格，あるいはユニークな製品，サービスなどで上位企業と差別化 ・自社より下位の企業から市場を奪う
拠点の事業状況	・海外のトップ企業が先行 ・自社もほぼ事業基盤を確立している ・拠点で自社・製品が認知されている ・幹部等の現地人材がある程度育っている	・既に，強力な競合他社が存在 ・自社の事業基盤確立の途上 ・自社・製品の認知度が不十分 ・出向者が統率管理し現地人材を育成中
規範的共通の人的資源管理	・経営理念に合致するグローバル人事理念，戦略的人事基本方針 ・役員・経営幹部の人材要件，採用・登用基準，"昇格・昇進"基本ポリシー ・幹部・幹部候補者・戦略的高度人材のグローバル教育研修（価値観共有） ・人事情報システムのシステムツール基盤，情報管理の枠組み統一	
グローバル統合の人的資源管理（例）	・事業基盤が確立している国・拠点に共通する人事労務課題の統合的な人的資源管理を展開 ・現地の幹部・管理者，高度研究開発者，上級専門職，事業・営業の中核人材の人事情報，評価，報酬（水準は現地対応）の統一的把握・決定 ・海外各拠点相互間のキー人材交流	・事業基盤を確立途上の国・地域での共通する人事労務課題の統合的な人的資源管理を展開 ・現地の管理職候補者，開発者，事業・営業の中核的候補人材の人事情報，人事労務管理の統一的把握・決定 ・現地の幹部・管理者候補者群の人事情報など統一的把握
現地（ローカル）適応・現地化の人的資源管理（例）	・事業基盤が確立し，幹部～中堅社員層の現地人材が育っているため，規範的共通部分，グローバル統合部分以外の人事労務は，現地化を展開 ・現地の管理者，高度開発者，事業・営業の中核人材の評価・労務の運用 ・一般職層の基盤等級制度など構築，＆人事労務管理の運用 ・現地人材の採用・調達・育成 ・労使関係・健康管理　　　など	・事業基盤を確立途上，また，多くの職種・役職・階層で現地人材を育成中のため，現地化の部分は比較的狭い範囲に留まる ・なお，M＆Aなどの拠点では，融合までの過程は現地旧来の企業の下級管理・専門職～一般層の基盤等級制度，人事労務管理を現地適応 ・現地人材の採用・調達・育成 ・労使関係・健康管理　　　など

（出所）　Kotler（2007），古沢（2008）の枠組みを活用して筆者作成。

徐々に市場シェアーを拡大し，事業の成熟とともに"チャレンジャー戦略"へと発展させていくことになる。そのうえで，同社の各国拠点における市場ポジションに対応したそれぞれの戦略に適合するグローバル人的資源管理を検討することになる。

先行研究では，グローバル人的資源管理は，企業グループとして世界各国の多様な人的資源を"規範的・制度的"に統合する基本施策をベースとして，人的資源管理施策について現地（ローカル）適応とグローバル統合のバランス軸をどこに求めるかを決めることである（浅川，2003；古沢，2006）とする。

市場ポジションをもとに，同社の人的資源管理について，グローバル統合と現地適応の考察を図表3－9に試みたい。

(2) 中核人材などを活性化させる今後の人的資源管理の考察
① 今後の等級制度を考察

職務主義における"職務（仕事）"とは，米国企業などに代表されるように，トップダウンで会社の経営戦略・経営方針・経営目標を示し，これを達成するために必要な組織機能・業務分掌・職務を編成し「職務記述書」が作成されるものである。そして職務の価値（質的・量的）が決定され，職務主導での人材配置がなされる。

ところが多くの日本企業では，多大な労力がかかる「職務記述書」のメンテナンスや業務・職務の質・量の詳細な分析が追い付かず，"人"をみての人事配置がなされることが多い。そして筆者の観察では，同社にも同様の傾向があるようである。また，等級格付なども"人"の能力・実績などをみる傾向がある印象を受ける。これらのことから，職務主義の人事といいながら，人ベースの部分を組み込んだ運用がなされていることが推察される。ほかの多くの日本企業の国内制度と同様に，欧米型の職務主義・仕事ベースの運用は現実的に困難性があり，日本的な人ベースの運用を加味したハイブリッド型（高木，2012）と呼ぶ人事制度のほうが現実的に使いやすいであろう。このハイブリッド型の人事制度の1つが，組織の環境変化から生じる不確実性に柔軟に対応する根拠を付与できる「役割主義の人事制度」「役割等級制度」であり，海外でも"ミッショングレード"として通用する制度である。

製薬企業にとり戦略的に重要な職種である，研究職・臨床開発職，市場価値が高い専門職および市場価値が高い高度MRは"コスモポリタン"[10]であり，社外でのネットワーク，学会や研究機関，社外専門家，社外同業者達との交流成果や活動評価に価値を置く活動を促進するのが有効とされる。これに対して，所属組織に準拠する生産職，事務職，営業職などは"ローカル"[10]であり社内での組織間競争，社内評価を重視した活動を促進するのが有効とされる。そして，近年の研究開発者の実証研究では，コスモポリタン志向とローカル志向の双方が強い研究開発者が最も高い業績を上げ，タイプ的には研究者の業績にはコスモポリタン志向，プロフェッショナル志向がより強い影響を与え，開発者の業績にはローカル志向がより強い影響を与えることが示されている（三崎，2004）。また，研究開発エンジニアのモチベーターは他の職種とは異なり，①専門性の発揮，②自律性の獲得，③外部同業者や社外からの評価，④それらを得る環境や条件などの整備などを重視している。ただし，研究開発エンジニアのタイプによって，昇進や組織内での評価を重視することもあり，多様性についての注意が必要であるとしている（三輪，2009；2011）。

また，欧米の製薬企業では，研究者は大学院卒・博士が担っており，彼・彼女達はコスモポリタン志向，プロフェッショナル志向が強い（東條，奥林・平野編著，2014）。さらに，研究職・臨床開発職では，成果を達成するまでの期間軸が長いことから，本格的なグローバル展開を考慮すると，研究職・臨床開発職の人的資源管理では，他の職種群などとは異なる仕組みが必要となる。また，高度な専門性を要求されるグローバルビジネス企画職，グローバルリサーチ専門職，グローバルMR指導職等々に対してもコスモポリタン的な人事管理展開の適合性が高いと考えられる。

以上の考察などから，グローバル視点をもって，職種群別・等級別・人材セグメント群別の役割基準を具体化してビジネス行動力のレベルアップ，評価基準への展開，人材育成への連動，公正な報酬との整合などを図る（中川，1999）のに有効な，役割主義に基づく人事基盤フレーム・人的資源管理が必要になるのではないだろうか。

なお，海外拠点での人的資源管理については，法律的規制，行政規制が強い国やドイツなど産業別労使関係による規制[11]がある国では工夫が必要になる。

② 今後の人事評価制度を考察

　人事評価は，働く個人にとって最も関心がありインセンティブとモチベーションを維持向上する上でも重要な制度の１つである。また，企業にとっては社員一人ひとりのビジネス活動を経営目標達成に向けてリードする重要なツールである。

　第３節(5)での課題考察や第５節(1)から，今後の人事評価制度の改革を考察すると，次のような事項が試案として考えられる。

(1) 「目標アクション評価シート」と「課題目標シート」について，期初の目標設定の段階で，本部内・事業部内・部門内での各人の目標内容・目標レベル・達成基準の相互間摺合せ，等級の上下での整合性チェック，摺合せ，修正指導などの運用を組織化する。そして，具体的な目標管理運用基準を作成し，これをもとに評価者である管理職への教育・訓練を継続的に繰返し行い，目標設定リード力，公正なメリハリある評価力，面談指導力，フィードバック育成力，などを養成鍛錬する。

　なお，創薬に長期的な期間を要する研究職，中期的な期間を要する臨床開発職，中期的にグローバル事業基盤を創出する役割を担う人材群など，成果を達成するのに中長期的な粘り強い持続的な活動が求められる職種群・人材群については，短期的成果管理の「目標アクション評価シート」などは適用が困難かもしれない。そして，中長期的な質的成果の視点と業務プロセス価値創造の視点や学会・研究機関との知的価値交流からの成果などを重視したプロセス評価制度を基盤として，中長期での顕著な成果達成時点で貢献度評価を行い報酬へ連動させる。また，自立・自律的に仕事目標を設定できない階層や人材群，チームで仕事する職種群についても「目標アクション評価シート」などを大幅に工夫するか，あるいは廃止も含めて検討する必要があるだろう。

(2) 職務行動評価は，役割遂行を評価する方法に改め，改革の役割等級制度に合致させ職種群・人材セグメント群別，管理者・専門職別，グローバル・ローカル人材群別，などの等級基準に基づく核心的な役割行動を評価項目化して，各職種や部門の行動を全社的に統合・統率する。そして期中の定期的な上司・部下相互間での定期的な行動チェック，指導コミュニ

ケーションにより，彼・彼女達の納得性や能動的なモチベーションを維持し向上させる。

(3) コアスキル評価については廃止し，その重要な部分を職務行動評価の改革へ発展的に吸収し，統合するなどして簡素化する。

なお，海外拠点の人事評価については，図表3-8，図表3-9の試論のようなグローバル統合化とローカル適応のバランス方針に基づき設計し運用することが大切となる。

③ 今後の給与など報酬制度を考察

給与はモチベーション理論の衛生要因9)であり，世間並み以上，同業同規模企業に遜色ないレベルの給与水準以上ないと不満要因となる。

第3節(5)での課題認識や第5節(1)から今後の報酬制度を考察すると，次のようなものが試案として考えることができる。

戦略的中核人材の高度研究者，高度臨床開発者，高度営業・MR，グローバル事業展開人材等々の精鋭は，業界でもトップクラスである必要がある。これら質的トップクラス人材やキャリア採用ハイスペック人材を採用・誘引し，彼・彼女達のモチベーションを維持して活躍させ定着させるために，衛生要因である給与・賞与制度および水準について業界トップクラスに遜色ないレベルが求められるであろう。すなわち，人材群のセグメント区分・カテゴリー区分ごとに有益な新しいテクノロジー＆ナレッジを生み出す高度知識労働者・専門職群の類型に応じた魅力ある報酬制度・水準などを工夫することが重要となる（中川，1999）。

ただ，同社の国内製薬中堅企業規模の総人件費支払い能力の限度からは，賃金の平均的レベルについて，業界の一定賃金水準準拠の方針も合理性がある。この支払い原資の制約条件の下で，ハイポテンシャル・ハイスペック・ハイパーフォーマー人材群の高処遇を実現するには，思い切った人材セグメント区分による大きなメリハリを付ける報酬制度が必要になる。一方，ローポテンシャル・ロースペック・ローパフォーマー人材群は，評価の合理的妥当性を前提に，相対的に低水準の報酬とならざるを得ない。

報酬制度の再設計の方針としては，職種群の職務特性の違い，管理職と高度専門職，高度熟練者と一般専門職など人材群の特性の違い，さらにグローバル

人材とローカル人材など特性の違いなどをより詳細に考慮し，グローバルトップ企業に相応しいものへの改革が望まれる。

④　今後の人材育成を考察

　人材育成は，自社の理念や経営戦略やビジネス競争の源泉である有為で多様な人材を輩出するために計画的，長期的，継続的に行う人的資源への投資活動であり，最も重要な戦略的人事の1つである。

　同社では，教育訓練制度の変遷により，年代によって受講した教育訓練が異なるという事実がある。また，主として本部・事業部ごとの人材活用・人材育成を重視してきたために，経営管理やグローバルビジネスを総合的にマネジメントし，また専門的にリードする人材群など少なく，それをスカウト人材などに頼っている部分がある。しかし今後は，自社の経営理念，企業価値観，歴史，風土・文化，コンテクスト，ビジネス様式などを十分に理解した真にロイヤリティの高い有意人材群については，自社で計画的に育成していく必要がある。

　本格的グローバルビジネス展開ステージでは，戦略的に焦点を絞った専門人材の計画的育成が競争優位性を獲得する上からも重要となる。海外事業を推進するハイポテンシャル・ハイスペックの専門人材を輩出するには，比較的若い段階から優秀な人材を選抜し，彼・彼女達の向上意欲を促進する戦略的な育成が必要になる。

　例えば，戦略的中核人材であるグローバルトップクラスの中堅高度研究者を育成するには，画一的ではなく，優秀候補者を選抜した戦略的重点的な育成プログラムが必要である。現状は，業務上の必要性から都度の外部専門研究機関や大学研究室との交流をしているが，高度な社外専門研究機関・大学研究室などへの派遣や積極的な共同研究や学会活動を通じての育成・鍛錬などをもっと充実させるべきと思われる。

　同社の人材育成に関しては，本社人事部門が主導して全社横断的に戦略的に実施するものと各本部・事業部が主導して行うものがある。それを再分類して体系化し，相互間で連携して展開し，その実施状況，修了状況や人材成長レベルなどの情報を本社人事部門で一元的に把握管理することも求められるだろう。それは，人材育成制度，人材育成体系，育成プログラム，研修カリキュラム，社内講師，提携講師，OJTメニュー＆ツール，自己啓発プログラムなど，

全社的に整合性ある制度的基盤を確立して統合することでもある。そして，本社・本部・事業部または海外拠点が連携して優先度の高い育成事項，継続的教育事項につき，教育投資経費も勘案して毎年具体的に計画化し，持続的な実施が要請されていくことになろう。

併せて，意欲・能力ある多様な有為人材が，ビジネス競争力の高い専門性と行動力を修得するため主体的にチャレンジできる環境づくりも大切になる。

また，海外拠点の各職種のハイポテンシャル人材，幹部候補人材などは，本社のグローバル研修参加や本社人材との人材交流育成プログラムが有効である。

図表3－10　育成すべき戦略的専門人材の一例

海外事業	・海外拠点のキーコネクション開発の専門人材 ・海外の販路，医薬行政，薬価政策，競合状況などリサーチ専門人材 ・海外事業拠点立上げ，軌道乗せの統率をリードの専門人材
海外営業	・海外市場開拓・販路拡大をする事業化推進専門人材 ・海外拠点営業パーソン，MRへの本社営業ノウハウ・スキル指導MR ・海外拠点の医療機関，GMP特性への適応戦略を推進の専門人材
研究開発	・先端医薬基礎研究アカデミア等とのゲートキーパー的高度研究者 ・市場ニーズを創薬，医薬品化に結びつける高度研究者 ・研究課題のブレークスルーをリードする高度研究者 ・海外拠点での臨床開発・許認可推進をリードする専門人材

（出所）　筆者作成。

6．結びにかえて－グローバル人的資源管理の実施

同社は，国内医薬業界のニッチャー領域におけるNo.1シェアー優良企業として長く成功してきた。その後，バブル崩壊，リーマンショック後の国内経営環境変化などを受けて本格的にグローバルビジネスへと経営戦略の舵を切った。

この戦略転換に対応すべく1999年に職務主義・成果主義を指向して単線型の職務等級制度，評価制度，報酬制度へと改革をして今日まできている。現在の経営戦略は，海外シェアー拡大を目指して海外各拠点での厳しいグローバルビジネス競争のステージを一段とレベルアップさせる長期計画である。この戦略実現には最も重要な経営資源である中核人材の人的マネジメントが極めて重要

となる。先行研究では，グローバルで存在感ある企業は，国内海外各拠点における有為な彼・彼女達が主体的自律的に意欲・能力を発揮して成長を目指し，納得して活躍し続ける人的資源管理を細心の注意で設計し，運用している（古沢，2008）。それを実行するためには，同社が今後のグローバル人的資源管理について，「グローバル統合」と「現地適応」のバランスを適切に上手く設計し運用することが求められる。並行して，国内本社の人事諸制度もグローバル視点で常に洗練し改革して運用していく必要がある。

また，グローバル人的資源管理を適切に実施していくには，本社人事部門が各本部・事業部および海外拠点を横断的に統率し，各拠点が一定の範囲内で権限と責任をもつような体制が必要となるだろう。

同時に，本社人事部門の業務領域や業務遂行およびスタッフ人材が，内なる国際化を進め，グローバル視点での専門スキル蓄積，専門業務遂行などを行い，経営層や内外の関係部門へのサポート・指導を主体的に行うことが求められる。

(中川　逸雄)

[第3章 注]
1)　フィリップ・コトラー（Kotler, P.）による競争戦略の分類。標的市場での自社のポジションによって競争優位性を獲得し維持する戦略は異なるとして，企業の競争戦略分類をリーダー（業界1番手）戦略，チャレンジャー（業界2番手）戦略，フォロアー（業界3番手以下）戦略，ニッチャー（業界小規模市場での1番手）戦略，に分類してそれぞれの市場戦略，商品開発，経営資源投入，ビジネス活動，等々が異なるとしている。
2)　「ミッション経営」とは，市場経済下の企業経営において，利益追求の目的以外に社会貢献を意識した経営を行うこととする（小野・根来，2001）。
3)　「医療用医薬品」は，病院・診療所において医師，歯科医師により使用され，または処方箋や指示によって使用されることを目的として供給される医薬品をいう。これに対し，一般の人が薬局やドラッグストアーなどで購入し，自らの判断で使用される医薬品を「一般用医薬品」という（厚生省医薬安全局長通知から）。
4)　1990年のグローバル長期ビジョンにより，1990年代初旬～中旬まで約10年間，毎年数人の幹部育成候補者を選抜して大学のビジネススクール（3年コース，1年コース，3か月コース）へ派遣しグローバルに通用するビジネス知識・スキルの向上，ネットワーク形成などを図ってきた。また，2002年から数年間「参天イノベーションプロジェクト」として，社内において外部から大学教授やコンサルタントを招聘してビジネススクールを開講し，各本部から推薦された中堅社員～初級管理職に対して，約1年間にわたり月1～2回の頻度で2日間（1日は土曜日）ビジネス知識・スキル等の鍛錬を行ってきた。しかし，現在は実施されてない。

5) GQP：医薬品等の製造販売時および製造販売後における品質確保の法律。
6) GPSP：医薬品等の製造販売後の調査および試験の実施基準の法律。
7) GVP：医薬品等の製造販売後安全管理の基準の法律。
8) 「学習する組織」とは，クリス・アージリス（Argyris, C.），ドナルド・シェーン（Shon, D.）が最初に提唱した理論。これをPeter M Senge（ピーター・センゲ）が『最強組織の法則（1990）』邦訳（1995）により理論を広めた。複雑性や変化が加速する環境で組織が競争優位を獲得し維持するには，個人と組織・チームの両方が未来を創造する力を高める持続的学習をすることとする。
9) ハーズバーグ（Herzberg, F.）の「モチベーション理論」とは，仕事に積極的になるモチベーションを促進する"動機付要因（motivators）"と仕事に対して不満となるモチベーションを低める"衛生要因（hygiene theory）"があることをハーズバーグが発見した。これは「2要因理論（motivators-hygiene theory）」と呼ばれている。
　　動機付要因は，仕事の達成感，仕事の承認，仕事のチャレンジ，仕事を通じての成長，仕事の責任や自律性，昇進，など。衛生要因は，会社の政策と管理，管理監督者のマネジメント力，給与水準，同僚や上司との人間関係，仕事の作業条件，などであり，通常レベルであって当然であり，低いと不満になる（Herzberg, F. 著，北野訳，『仕事と人間』(1979)）。
10) グルドナー（Gouldner, A.W.）は，専門的で体系的な知識を用いて働く専門人材は組織外の同業者集団に準拠するとして"コスモポリタン"と呼ぶ。そして，組織に準拠する人々を"ローカル"と呼び区分した。そして，これを分ける基準は，①専門的な知識や技術に対するコミットメント，②雇用される組織に対するロイヤリティ，③準拠集団が組織内か，外部の同業者グループであるか，である。コスモポリタン志向の強い研究開発者は組織への一体感が弱く専門的仕事を継続することを重視し，ローカル志向の強い人々は所属組織からの評価の証としての昇進を重視する（三輪，奥林など編著，第16章（2009））。
11) 「ドイツなど産業別労使関係による規制」の例として，ドイツでは地域別・産業別労使関係（産業組合と経営者団体）と企業別労使関係（経営者と企業支部組合）が存在する。地域別・産業別労使関係において，労働条件（賃金，労働時間，年次有給休暇，労働契約締結，解雇等の条件，など）について包括的に労働協約を定める。企業はこの規制を受ける。また，法政策的に経営組織法があり，企業に従業員代表（産別組合の支部の代表者）として経営協議会，企業内（紛争）調整委員会の設置・運営が義務付けられており，企業レベルでの労使協議は経営協議会と取締役会である。そして，事業所レベルでも経営協議会，企業内（紛争）調整委員会が義務付けられて事業所長との労使協議が行われる。また，ドイツでは，社外に職種別職業訓練学校があり，「マイスター資格」取得のための職業訓練が代表的なものとして知られる。
　　なお，フランスにおいても産業を超えた全国レベルの労使関係，産業レベルの労使関係，企業レベルの労使関係があり，全国レベルの労使関係で決定された全国職際協定は社会的制度として機能している（労働政策研究・研修機構，池添氏，他）。

[第3章　参考文献]
浅川和宏（2003）『グローバル経営入門』日本経済新聞出版社.
伊藤邦雄（2010）『医薬品メーカー勝ち残りの経営戦略』日本経済新聞出版社.

太田　肇（1993）『プロフェッショナルと組織－組織と個人の「間接的統合」』同文舘.
奥林康司・上林憲雄・平野光俊　編著（2009）『入門人的資源管理（第2版）』中央経済社.
奥林康司・平野光俊　編著（2014）『多様な人材のマネジメント』中央経済社.
小野桂之介・根来龍之（2001）『経営戦略と企業革新』朝倉書店.
厚生労働省（2013）『医薬品産業ビジョン2013』
参天製薬㈱「アニュアルレポート2009〜2014」（HP）.
─────「2020年度までの長期的な経営ビジョン」（HP）.
─────「2011〜2013年度，2014〜2017年度　中期経営計画」（HP）.
高木晴夫（2012）『組織能力のハイブリッド戦略』ダイヤモンド社.
中川逸雄（1999）「知価創造型のホワイトカラー処遇」『賃金事情』No.2343〜2350，産業総合研究所.
藤田芳司（2013）『医薬品産業の過去・現在・未来』医学評論社.
古沢昌之（2008）『グローバル人的資源管理論』白桃書房.
古澤康秀　監修（2013）『医薬品開発入門』じほう.
三崎秀央（2004）『研究開発従事者のマネジメント』中央経済社.
三輪卓己（2011）『知識労働者のキャリア発達』中央経済社.
労務行政研究所（2013）「目標管理制度の運用に関する調査」『労政時報』No.3853，2013年9月27日.
Kotler, P. and Keller, K. L.（2007）*A Framework for Marketing Management*, 3rd Edition, Prentice Hall（恩蔵直人　監修・月谷真紀　訳『マーケティング・マネジメント基本編』丸善出版，2008年）.
Prahalad C. K and Y. Doz（1987）*The Multinational Missin : Balancing Local Demands and Global Vision*, New York Free Press（上記，浅川の引用）.
Bartlett, C. A.（1986）*Competition in Global Industries*, Harvard Business School Press（上記，浅川の引用）.
Bartlett, C. A. and Ghoshal, S.（1989）*Managing Across Borders*, Harvard Business School Press.（吉原英樹　監訳『地球市場時代の企業戦略』日本経済新聞社，1990年）.
Senge, P. M.・守部信之　翻訳（1995）『最強組織の法則－新時代のチームワークとは何か』徳間書店.
Bartfai, T. and Lees, G. V.（2014）*The Future of Drug Discovery*, Academic Press（神沼二眞　訳『薬づくりの未来』日経BP社，2014年）.

第4章 ギャップジャパン株式会社

```
ギャップジャパン株式会社（2015年4月現在）

本社所在地  東京都渋谷区千駄ヶ谷5-32-10
創　　　業  1994年（平成6年）
設　　　立  1994年（平成6年）
代　表　者  エリン・ノーラン
資　本　金  4億円
売　上　高  約164億ドル（2014年度）
従 業 員 数 ・正規社員　1,419名
            ・非正規社員 6,763名
              合　計　　8,182名
備　　　考  ブランド
              GAP, Banana Republic, Old Navy
            店舗数
              GAP 158店舗, Banana Republic 47店舗, Old Navy 42店舗
                                        （2015年／4月時点）
```

第Ⅱ部　グローバルを見据える

1．ギャップジャパン株式会社[1]の概要

　ギャップジャパン株式会社（以下，ギャップジャパン）は，アメリカン・カジュアルウェアの世界的企業であるGap Inc.の日本法人である。Gap Inc.は1969年にアメリカ・カリフォルニア州のサンフランシスコで，ドン・フィッシャーによって創業された。創業の理由はデニムの買いにくさにあるという。当時，デニムのスタイルとサイズは限られており，自分の身体にあうデニムを簡単に見つける，サイズ変更する，ということが難しかったという。そこで，ドン・フィッシャーは様々なスタイルとサイズのデニムが揃う，お客様にとって便利でわかりやすいデニム専門店を創業したのである。ちなみに，Gapという社名の由来は，ドン・フィッシャーと，同じく創業者で妻のドリス・フィッシャーが，友人達と「ジェネレーションギャップ」について討論していた時に思いついたことによる，とされている。

　このフィッシャー夫妻の創業の理念は世界に受け入れられ，同社はフランチャイズを200か国以上に有し，直営店舗3,000店以上を展開し，従業員は約13万2,000人に達している。売上高は，約164億ドル（2014年度）にのぼり，名実ともに世界最大級のファッションアパレル企業としての地位を確固たるものとしている。

　同社は主に，GAP，Banana Republic，Old Navy，アウトレットという4つの自社ブランドを日本で展開している。これらのブランドは，それぞれに異なる顧客層をターゲットにしている。4つのブランドがあることで，アパレル小売業界の主要な顧客層はほぼ網羅している。具体的には，GAPはアメリカンカジュアルの基幹ブランド，Banana Republicは高品質なカジュアルブランド，Old Navyはファミリー全員に向けたアメリカンカジュアルを楽しさいっぱいの演出と魅力的な価格で提供するという位置づけになっている。

第4章　ギャップジャパン株式会社

図表4－1　ブランドの切り分けに基づく成長戦略

- グローバル戦略としてマーケットシェアの拡大を計る中で、各ブランドがそれぞれのゾーン内でのシェア獲得を実行

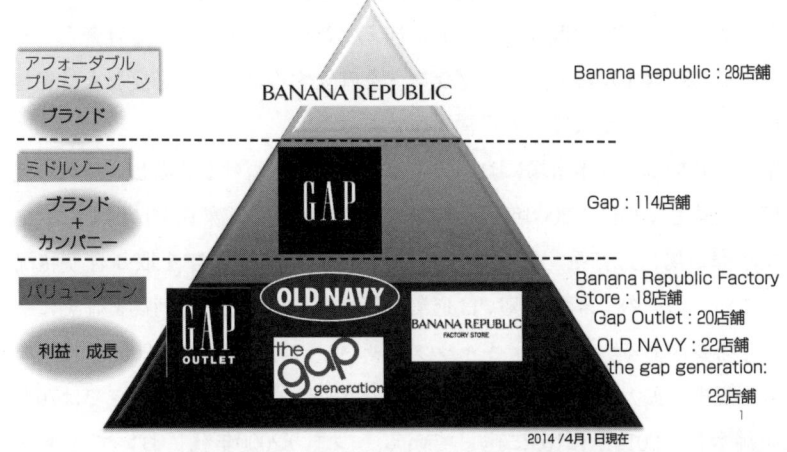

アフォーダブル
プレミアムゾーン
ブランド　　　　　BANANA REPUBLIC　　　　Banana Republic：28店舗

ミドルゾーン
ブランド
＋　　　　　　　　GAP　　　　　　　　　　　Gap：114店舗
カンパニー

バリューゾーン　　OLD NAVY　　　　　　　　Banana Republic Factory
　　　　　　　　GAP OUTLET　　BANANA REPUBLIC　Store：18店舗
利益・成長　　　the gap generation　FACTORY STORE　Gap Outlet：20店舗
　　　　　　　　　　　　　　　　　　　　　　OLD NAVY：22店舗
　　　　　　　　　　　　　　　　　　　　　　the gap generation：
　　　　　　　　　　　　　　　　　　　　　　　　22店舗

2014／4月1日現在

（出所）　ギャップジャパン社内資料より。

　なお，同社の業態はSPA（Specialty store retailer of Private label Appeal：企画製造小売業）であり，単に小売を行っているのではなく，製造から小売までを高度に統合して業務遂行している。同社はSPAの先駆的存在であり，日本のアパレル小売業界でも同社を見倣い，SPAに転じた会社が多くみられる。

　ギャップジャパンは，1994年に日本法人として設立され，1995年には銀座に第1号店を開店した。以降，2005年にはBanana Republicの1号店を開店，2012年にはOld Navyの1号店を開店し，着実に業容を拡大してきた。2013年時点での会社概要は前述の通りである。

2．経営課題と歴史的経緯

(1) 歴史的経緯による経営課題の変遷

　ギャップジャパンの経営課題については，流通・小売業であること，中でもアパレル小売市場に存在するという特性，また1995年に1号店を開店してから現在に至るまで業容を拡大させてきた歴史的経緯という特性，この2つの視点を考慮する必要がある。

具体的にはギャップジャパンの経営課題は，歴史的経緯に基づき時期により変遷してきたと考えられる。第1には，1995年の開店から，会社を軌道に乗せていく時期である。特に1990年代は，流通・小売業に外資系の参入が相次いだ時期でもある。国内の既存ブランドに加え，新規に参入してくる外資系ブランドとの熾烈な競争環境の中で，ブランドを確立するとともに必要な人材を速やかに確保することが最優先の経営課題であった。

第2の時期は，日本市場においてブランドの位置づけが確立し，企業一定の規模に到達して以降の2000年代の時期である。一定の成熟産業に到達したアパレル小売市場は，日系，外資系の企業が入り乱れてシェアを取り合う状況となっていた。そのような状況では企業の収益構造を確立し，利益を確実に上げていく必要がある。しかし，ギャップジャパン自身としては，2000年代になっても，規模の拡大の追求が終了したわけではなかった。2004年時点では76だった店舗数は，2011年に169に達している。つまり2000年代においてギャップジャパンは，成長の追求と収益構造の確立という難しい両にらみの戦略の実現を迫られていたのである。

第3の時期は，すでに国内の主要プレイヤーとの位置づけを確立しつつ，さらなる進化を遂げようとしている現時点である。現時点においても，成長・拡大の追求は継続している。2012年に日本に参入したOld Navyは，これからが本格的な成長の時期であり，規模の拡大について手を緩めることはできない。まだまだマーケットシェアを拡大する余地は存在するのである。しかし，同時に，ギャップブランドの知名度は日本全国に浸透しており，その社会的責任，影響力は大きなものとなっている。そのように影響力が増大している中で，社会的に「賞賛される企業」としての役割をいかに果たしていくのか，ということが経営課題になる。「賞賛される企業」として認められること自体が，ブランドイメージをさらに高め，アパレル小売業界のリーダー企業としての進化の道を切り開くことに繋がるからである。

(2) 店舗運営の効率化

上述したように，ギャップジャパンでは，成長の追求と収益構造の拡大という二律背反にも近い難しい経営課題を達成することが求められる。そのために

は，SPA（企画製造小売業）として，企画，製造，小売というバリューチェーンのあらゆる局面で，米国本社と連携しながら付加価値提供していくことが必要である。

　その中でも，要員数を確保し，最適な人材配置を行い，かつ個々の人材を動機付けし，能力を開発し，効率的で生産性の高い店舗を実現することは，成長の追求と収益構造の拡大を同時に達成するために，欠くべからざる要素である。

　そこで，ギャップジャパンの店舗管理の概要について，ここで説明しておきたい。店舗の予算管理であるが，売上と経常利益の両方が目標値とされる。経常利益は店舗では「店舗管理可能営業利益」という，店舗でコントロール可能な数値に変更される。このように店舗にとって「見える化」されたわかりやすい数値が示されることで，店舗では独自に売上，経常利益，人件費を最適化しようと試みる動機付けが促進される。

　なお，このような方式になっているのは，店舗マネジメント職をいわば店舗の経営者としての位置づけに置いていることと関係がある。店舗マネジメント職は計数管理を任されているだけはなく，店舗の業績を向上させるために商品追加の依頼，販促活動やセールの提案・実施など，広範な権限を有する。また非正規社員の採用を行う担当も店舗マネジメント職である。

　一方で，店舗における組織構成と職務は，グローバルの共通基準で定められている。例えば，平均的な店舗では，正社員は店舗マネジメント職1名，それ以外に2〜3名のみが配置され，それ以外の人員は非正規社員で構成されることとなる。また，店舗の職務は，職務記述書により明確化されており，正社員の職務を非正規社員が代替することはできない。

　具体的には，正社員の職務に該当するものは，ストア・マネージャー（店舗マネジメント職），アソシエート・マネージャー（店舗マネジメント職代行），カスタマー・エクスペリエンス（CE）であり，これらにより店舗のマネジメントチームが構成される。一方，非正規社員は，お客様に直接サービスを行うセールス・アソシエート（SA）と，SAに対し簡単な指導を行うスーパーバイザー（SV）から構成される。SAとSVはどんなに熟練していても，正社員の業務を担うことはできない。店舗における正社員と非正規社員の比率は，おおよそ20：80程度である。

この組織構成と職務に，ギャップジャパンの店舗の人員管理と効率化の特徴がある。日系企業では非正規社員の職域を拡大し，正社員の業務を代替することにより，職場全体の効率化を図るという方法が採用される場合がある。この場合，正社員と非正規社員の区分は固定化されるという前提のまま，非正規社員の担う領域が，質，量とともに増加していくことになる。

　一方，ギャップジャパンの場合，少数の正社員と多数の非正規社員という構成は維持され，人件費の適正化を図りつつも，非正規社員の優秀層は積極的に正社員に登用されていく。結局のところ，限られた人員で店舗の業績を最大化するには，多数の比率を占める非正規社員の能力を高め，戦力化していかなければならない。そのため，広範囲な実施事項を有する店舗マネジメント職は，その中でも最優先事項として非正規社員の能力開発に注力し，優秀層は正社員に登用することで，動機付けを図っている。

　このように店舗管理の効率化という経営課題の中でも，その実現のために優先度の高い項目が非正規社員の戦力化，能力開発なのである。ギャップジャパンの具体的な取組みについては，後述する。

(3) 経営課題に紐付く人材戦略の課題

　ギャップジャパンの経営課題の変遷を振り返ってみると，述べてきた経営課題は人材戦略の課題に直結していることに気づかされる。言い換えれば，人材戦略の課題への対応の巧拙が，経営を左右するほど重大なものであるということだ。

　具体的には，①人材の獲得と維持，②米国型人材マネジメントと日本型人材マネジメントの両立，③従業員の自立を前提としたキャリア開発，能力開発，という3点を挙げることができよう。それでは，この3点について，詳細をみていきたい。

① 人材の獲得と維持

　1995年に新規参入し，その後一貫してマーケットシェアの拡大を図ってきたギャップジャパンにとっては，人材の獲得は，経営を存立させる必要条件ともいえる。同時に経営課題の変遷によって，獲得する前提が変化を余儀なくされるため，前提の変化に伴った最適な採用方法を確立しなければならない。

例えば，新規参入の時期であれば，会社の内部でじっくりと人材を開発している余裕はない。まずは，経験豊富で即戦力となる人材を，中途採用で一定数確保しなければならない。しかし，業容の拡大が継続していく状況で，成長の速度に対応するためには，未経験者を含めた新卒採用で一定の人数を確保せざるを得ない。さらに，店舗の業務運営を進めるためには，非正規社員の確保も，重要な課題である。ところが，課題はこれで終わりではない。正社員と非正規社員という区分が単純に併存すれば，経営課題が円滑に解決されるわけではない。むしろ，この区分を柔軟に捉え，いかに適切な流動性を確保するか，ということが次の課題となってくる。

このように，人材の獲得に関しては，外部採用（中途採用）と内部育成（新卒採用）のバランスをどう考えるか，また正社員と非正規社員の位置づけをどう考えるか，これらの点の舵取りが重要な課題となってくる。

また，人材を獲得してしまえば，それで万事解決，というわけでもない。アパレル業界の熾烈な競争環境のもと，また複雑な歴史的経緯を経験してきたギャップジャパンにとっては，厳しい環境下で働く従業員の離職率のコントロールは，人材の獲得以上に大きな課題といってもよい。高すぎる離職率は，業務運営に支障を及ぼし，採用コストと工数の増大を招く。しかし，離職率が単に低ければいいというものではない。組織の居心地がいいからといって，安住するだけの人材が増加していけば，それも問題である。あくまで離職率は適正な範囲にコントロールしておく必要がある。

実際，2000年代初頭，ギャップジャパンでは，採用形態の問題もあって，離職率が適正な範囲にとどまらない場合があった。この問題に対し，ギャップジャパンがどのように対応したかについては，詳細を後述したい。

② 米国型人材マネジメントと日本型人材マネジメントの両立

グローバル企業の日本法人であり，創業者の理念を世界的に実現していくことを追求しているギャップジャパンにおいては，本社の位置する米国型人材マネジメントは，いわば世界標準として基盤となるべき存在である。具体的な米国型人材マネジメントとは，図表4-2の通り，「エンゲージメントを高める人材戦略」として示される。

エンゲージメントとは，ギャップジャパンにおいては，「従業員一人ひとり

図表4-2　エンゲージメントを高める人材戦略

□文化の浸透
□レコグニション
□コミュニケーション

□タレントマネジメント
□リーダーシップ強化
□キャリア開発

Attract ひきつける
Develop 育成する
Reward 報酬
　成果に基づく報酬
　（ペイフォーパフォーマンス）

Engagement エンゲージメント

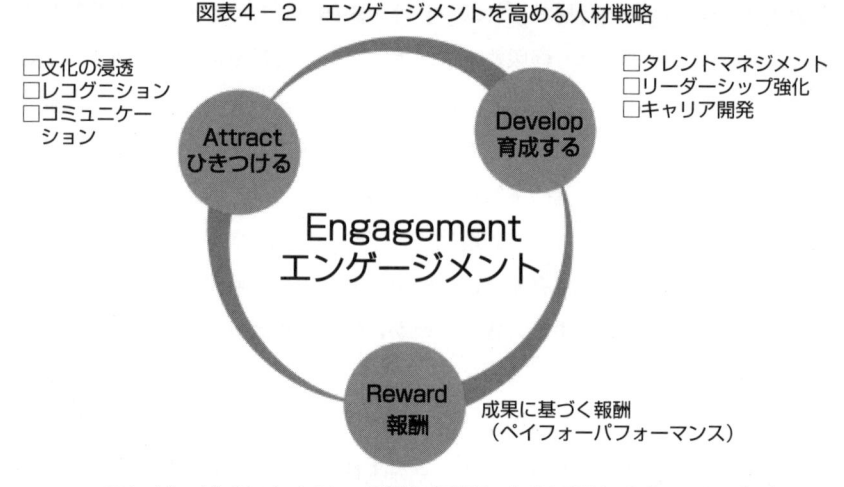

エンゲージメントとは、組織の貢献に自ら貢献しようとする努力や企業で働き続ようとする意思を指します。

（出所）　ギャップジャパン社内資料より。

が組織の目標に自ら貢献したいと思う強い気持ち」と定義されており，この気持ちが高まると個々の成果が向上して，組織として高い業績を達成できる，とされている。図表4-2で示されている個々の人材戦略にギャップジャパンがどのように対応しているのかについては後述したい。

　エンゲージメントは，企業への忠誠心という概念と一線を画していると考えられる。個々の社員が自らのキャリア開発とリーダーシップ開発を主体的に行い，自立した存在であるという前提のもとで，なおかつ組織に貢献したいと思う状態がエンゲージメントである。ギャップジャパンとしては「賞賛される企業」であり続けることにより，自立した個人が自分のキャリアとリーダーシップの成長のために，この組織に貢献することに意味があると考えてもらわなければならない。そこには，組織と個人の間に，一定の緊張関係がある。こうしたエンゲージメントという考え方は，とりわけ外部採用により専門性を評価されて即戦力として採用され，職務記述書に基づき成果を発揮していく人材にふさわしいとギャップジャパンでは考えられている。

　かたや，忠誠心とは，そのような一定の緊張感なくしても，組織への協調性を有し，組織との一体感を持てる状態を指すだろう。この忠誠心について，

ギャップジャパンではエンゲージメントさえあれば不要なものだと感じているわけではない。むしろ，内部登用，内部昇進，職場での能力開発というマネジメント手法で，社員と組織との一体感を長期に醸成していくことは店舗では有効だと考えている。

店舗で，このようなマネジメント手法が重要である理由について，人事部シニア・ディレクターの志水静香氏は，以下のように説明する。

「店舗において，なにより大事なことは，チームが一丸となって組織の目標を達成することです。そのためには，店舗ではチームが助け合って成果を出すことが重要になります。例えば，トレーニングプログラムは会社としての標準的なものはもちろんありますが，各店舗でも工夫をこらして独自性のあるトレーニングを行っています。また，OJT（On-the-Job Training，オン・ザ・ジョブトレーニング：職場内の実務の中で行われるトレーニング）が中心になります。

つまり，トレーニングであっても，標準化できない部分は必ず残るわけで，むしろ，そこが重要なのではないかと考えています。これは業務も同様であり，店舗においては個々人が遂行すべき職務は職務記述書で明確に定義されていますが，定義できない部分についてはチームで助け合って業務を遂行しています。各店舗で，独自性をこらした業務遂行，人材育成を行うことに意味があるので，職務記述書で定義できない部分が生じるのは，必然なのです」

このように，チーム内での助け合いが成果に直結する店舗においては，長期的な関係性に基づく社員と組織の一体化が必要とされ，日本型人材マネジメントをとることが適していると考えられているのだ。

しかし，基本原理としての哲学が異なる米国型と日本型の人材マネジメントを同一社内で両立させることはたやすいことではないだろう。ギャップジャパンがどのようにこの課題に取り組んできたのか，詳細は後述したい。

③ 社員の自立と変化を創出できる人材の重視

歴史的な変遷におけるギャップジャパンの現在の課題は，アパレル小売業界のリーダー企業として，新たな道を切り開くことにあった。つまりSPA（企画製造小売業）という業態の中で，企画，製造，小売というあらゆる局面で，

新しい付加価値を創出していくことが必要になってきている。そのためには，変革の意識が高く，自ら新しい変化を創出できる人材像が求められることになる。

　このような変革を促進する人材は，本社部門において必要とされることは当然なのだが，もちろん店舗でも重要である。前述の通り，店舗のマネジメントチームにあたる正社員には，個々の店舗を切り盛りする広範な権限が付与されており，経営者としての能力が求められている。個々の店舗での変化の創出が，ギャップジャパン全体としての変革にも繋がっていく。つまり，バリューチェーンのあらゆる局面で，変化を創出できる人材が求められているのである。

　過去の経験を踏襲するだけでは解が得られないことを追求していく人材像は，知識労働者と言い換えても差し支えないであろう。そうなると，知識労働者としての人材の専門性やスキルを継続的に高めていく施策自体，従来型の内容では不十分になってくるはずだ。知識労働者の能力を最大限に発揮させるために，ギャップジャパンはどのような試みを行ってきたのであろうか。

3．人材戦略の課題への対応

(1) 人材の獲得と維持
①　中途採用（外部採用）から新卒採用（内部育成）への変化とその中止

　人材の獲得と維持という課題への取組みを振り返ることは，ギャップジャパンの歴史を振り返ることに等しい。この課題は，それほど経営の根幹に影響を与えるものであったし，組織の成長とともに，工夫がこらされ，その取組みも変化してきた。

　日本法人の設立当初，正社員の採用は即戦力の経験者を対象とした中途採用にのみ限定されていた。これは，日本法人を円滑に立ち上げ，まずは日本進出の橋頭保を築くという観点からは合理的な施策であろう。日本法人を新たに設立したわけであるが，世界的なGapのブランド力により，多くの人材が中途採用に応募してきた。しかし，もちろん苦労がなかったわけではない。前出の志水氏は当時の苦労を次のように語る。

　「ギャップジャパンのSPA（企画製造小売業）という業態は，当時の日本

においては，従来には存在しなかった概念でした。そのため，SPAとしての業務遂行，人材育成に熟練した経験者がそもそも存在しません。例えば応募してくる人材は，数名のアルバイトのみを管理した店長経験者がほとんどです。しかし，われわれの店舗では，店長は数十名の非正規社員を統率し，人材育成しなければなりません。つまり，労働市場に求めている職務にぴったり一致する経験者は存在しないので，自営業，飲食サービスなど他業界の経験者を採用するなど，様々な工夫をしました」

このような状況のため，中途採用された経験者も，SPAとしての業務の進め方を学んでいかなければならない。人材育成は，立上げ時において優先度の高い経営課題であった。

立上げの時期を乗り切ると，その後ギャップジャパンの業容は順調に拡大し，未経験者に対する中途採用を実施，さらに1998年からは新卒採用を行い，急拡大する組織の人材ニーズに応えることになった。当初，新卒採用の評価は高かった。面接時にギャップジャパンでは，職務記述書に基づき，当該業務を遂行する能力の見極めを行う。その際，職務で求められる状況に対して，過去どのような行動をとったか具体例を引き出す，つまり過去の行動特性を引き出す手法[2]を使っている。この手法による評価では，新卒採用者のほうが中途採用者より高い結果を示したのである。そこで，ギャップジャパンでは，日本の労働市場においては，新卒採用で優秀な人材像が確保できると判断し，新卒採用に重点を置くこととなった。

しかし，新卒採用を重視してから2～3年のうちに，新たな問題が発生することになった。志水氏はその経緯を次のように語る。

「新卒採用した正社員が優秀である，という事実に間違いはありませんでした。基礎的能力は非常に高いし，やる気がないわけでもない。ところが，多くの新卒採用者が3年以内に離職するようになってしまい，適正な離職率の範囲を超えてしまいました。

もちろん，人事部としては，退職インタビューなど，あらゆる手段を講じて，その理由を探りました。主な理由として判明したことは，店長の仕事が思った以上に大変だった，週末勤務や三交代のシフト勤務という流通業の特性になじめない，という退職理由でした」

これらの理由が生じる根本原因を，人事部としては，典型的な新卒一括採用の仕組みにあると分析した。典型的な新卒一括採用では，会社説明会，面接という流れで採用が進んでしまい，十分に職務の内容を学生が理解して入社できるかというところに疑問が残る。志水氏は語る。

　「当社は職務主義に基づいております。そのため，正社員で採用されると，未経験であっても店舗のマネジメントチームとして，例えば50～60人の年齢層も幅広い非正規社員の管理・指導をしなければなりません。店舗での経験豊富な非正規社員に対しリーダーシップを発揮し，すぐに成果を出すことは非常にチャレンジングなことでした。こうした職務の実態を真に理解しないまま採用されてしまう場合があり，離職が増加してしまったのです」

　この課題に対応すべく，まずは新卒採用を縮小するという措置がとられた。2003年には，いったん新卒採用は中止される。それに代わって，まず行われた対応は，アルバイトによって店舗経験のある学生を新卒採用することであった。すでに，アルバイトをしている学生は十分に職務内容を理解していたため，新卒一括採用の問題が発生することは避けられ，一定の成果が上がった。

　② 非正規社員の登用の実施とキャリアデーの導入

　採用の仕組みの変化を受けて，現場の店舗からは，「優秀な非正規社員を正社員に登用したい」という声が上がりはじめた。これは，非正規社員自ら「自分達の経験と知識を活かせば，もっとやれるし，会社に貢献できる」と，さらなるキャリアの機会を要望する声が店長などの上司に多く寄せられたためであった。採用形態のあり方を真剣に考えていた人事部にとっても，これは重要な選択肢の1つであると考えられた。

　そこで，2004年には，現場の責任者（店長あるいは店長の上司）に非正規社員と正社員に登用する権限を与える制度（レイズ・ユア・ハンド）を導入した。現場の声に迅速に答える，画期的な決断であったといえるだろう。しかし，制度を導入したら，それで終わりということではなかった。制度導入により，新しい課題が生じてきたのだ。その経緯を，志水氏は次のように語る。

　「私達は，現場の状況がどのようになっているのか，常に注視しています。現場の状況を把握する方法は様々です。従業員意識調査のように数値で捉えることも重要ですし，もちろん日常的に現場を回って様々な声を聴くことを

心がけています。それだけではなく，重要なポイントについては，対面してのヒアリングの機会を設けるようにしています。

　レイズ・ユア・ハンドは画期的な制度ではありましたが，実は現場に不満があることが明らかになりました。私達は，従業員意識調査，ヒアリングなどを通して，その不満の原因を多角的に分析しました」

　レイズ・ユア・ハンドは，あくまで現場主導，地区ごとの制度という位置づけであり，全国的に共通な内容ではなかった。結果として，登用基準や選出プロセスが店舗間で異なり，非正規社員からみると不明確で一貫性を欠く制度，と受け取られてしまっていたのである。早速，人事部としてはレイズ・ユア・ハンドを，公平で一貫性のあるものへと見直すことに着手した。

　見直しの結果，2007年に正式導入された施策が「キャリアデー」である。「キャリアデー」とは非正規社員のための公平で一貫性のある登用プロセスの確立を意図した，能力開発およびアセスメントのための制度である。全国の店舗を対象とした，人事部主導の公式な制度の位置づけとなっている。

　「キャリアデー」の概要は次の通りである。対象者は，正社員登用を本人が希望し，かつ店長推薦を受けた非正規社員である。キャリアデーは年2回，2日間かけて行われる。内容としては，筆記試験（一般常識と社会人としての基礎能力を判定），グループ討議，グループ面接，個人へのフィードバックが行われる。グループ討議，グループ面接では，正社員の職務を遂行するに足るコンピテンシーが発揮できているかという点を重点的に検証する。上述した，過去の行動特性を引き出す採用手法と同様の検証を行うことになる。

　キャリアデーの結果は，合否という形では判定されない。あくまで能力開発の一環という位置づけが主眼であり，「正社員としてすぐに登用」「半年くらいの能力開発が必要」「1年くらいの能力開発が必要」という3段階に分け，個々に能力開発計画を立てることを促すフィードバックが，面接官，店長，本人の3者が同席の上で行われる。

　なお，「正社員としてすぐに登用」という判定に該当したとしても，実際の正社員登用が行われるのは，正社員の空ポストが発生した時点になる。これはギャップジャパンが職務主義に基づいて経営管理されている原則通りということになる。ただし，正社員の空ポストは，組織の成長や店舗の拡大で必然的に

第Ⅱ部　グローバルを見据える

図表4-3　キャリアデーの概要

(目的)
・ビジネスのニーズを充足するために優秀な内部人材を確保する。
・正社員への登用機会を提供することで個人の能力開発を促し、従業員全体のキャリア意欲を喚起する。

アセスメントの手法とコンピテンシー

方法	選考 →				
	社内公募エントリーシート	DMスクリーニング	グループディスカッション	グループ面接	フィードバックセッション
コンピテンシー	文書でのコミュニケーションスキル　市場の専門知識		プレゼンテーションスキル	顧客重視	強みと開発が必要な領域（コンピテンシー）の確認とIDPへの反映
			専門的・技術的なスキル	行動志向	
			創造性	自己開発	

(出所)　ギャップジャパン社内資料より。

発生し，年間100名程度の登用実績があるという。キャリアデーに参加していない非正規社員は，空ポストへの登用の対象者の資格を得ることができないため，キャリアデーは会社の成長にあわせた優秀な登用候補者のプールとしての性格を有することにもなる。

③ 新卒採用，内部人材登用（非正規社員の積極活用），中途採用の3通りの手法確立

キャリアデーの導入には大きな効果があった。正社員登用された優秀層は，店舗運営，ブランド，アパレル業界に関する豊富な知識と経験を有していた。また，もともと，その店舗のブランドのファンであり，好きだからこそ入社した場合が多く，所属するブランドに対して情熱を持っている。さらに，店舗経験で，チームワークとコミュニケーションスキルに卓越していることが多い。このような背景があいまって，登用された優秀層は，店舗のマネジメントチームという位置づけになっても，即戦力として活躍できる場合がほとんどであった。キャリアデーの導入によって，ギャップジャパンは非正規社員を積極活用するという内部人材登用による有力な採用手法を確立できた。

それでも変革に終わりはない。人事部は，現場の状況を注視することを怠らなかった。志水氏は語る。

「たしかに，キャリアデーは大成功でした。現場の会社への信頼度は飛躍的に高まったと思います。また，意欲のある非正規社員の登用を重視するという会社のメッセージがクリアに非正規社員に伝わったことで，キャリア開発を進めていく動機付けにも繋がりました。ただ，どんなに制度がうまくいっても，課題がなくなることはありません。

正社員に登用された方々は，ブランドと会社への情熱があり，即戦力にはなっています。これは素晴らしいことではありますが，反面，同じ環境で育ってきたため，価値観，知識，経験，スキルが非常に似通ってしまうという問題がありました。競争環境が激変する中では，時には，まったく違った発想に基づく問題解決が必要になってきます。また，継続的に成長が続く状況なので，将来の成長戦略を支える人材が，内部登用のみでは確保できないという事情もありました」

以上のような問題意識のもと，ギャップジャパンでは2010年から新卒採用を再開，2012年から中途採用を再開した。新卒採用では，経験はなくとも高い意欲，学識，行動力があり，将来の幹部となり得る潜在能力があると評価できる人材を採用している。また，過去の離職率の高さという問題に鑑み，採用目標数を設定し目標を充足するまで採用するという形式はとらず，あくまで潜在能力を評価できる人材を少数厳選して採用している。さらに，入社後の研修体制の充実化，入社後一定期間経過後の人事部面談など，フォロー体制にも気を配っている。中途採用者については，他社で社会経験を積んでいることで，ギャップジャパンとは異なる知識，経験を持ち込み，化学反応を引き起こせるような人材を中心に採用している。中途採用を行うことで，同一の価値観に染まりがちな社内に，多様性をもたらすことができると人事部では考えている。

以上，みてきた歴史的経緯により，現時点で，ギャップジャパンでは新卒採用，内部人材登用（非正規社員の積極活用），中途採用という3通りの採用手法が確立され，多様性を持ち，会社へのエンゲージメントも高い優秀な人材層を確保することが可能になっている。そのため，離職率は年々低下し，現在では非正規社員で40％以下，正社員で10％程度という水準になり，適正な範囲でコントロールできるようになってきている。

(2) 米国型人材マネジメントと日本型人材マネジメントの両立

上述した通り，ギャップジャパンでは，米国型人材マネジメントと日本型人材マネジメントのそれぞれよい部分を抽出し，いわば「いいとこどり」で，人材マネジメントをハイブリッド化することを目指している。

職務記述書に基づき，個人の役割と職責を明確化することは，個人に自立を促し，個人に課された目標に対する成果を最大化していくために必要な仕組みである。これが米国型人材マネジメントである。一方，たとえ職務記述書に定められていない業務であっても，必要であれば率先してその業務に取り組むこと。チームの中で助け合い，自分の業績さえ上がっていればよしとするのではなく，チームとしての目標達成を目指し，その達成を喜びあうこと。こうした組織としての一体感を重視することが，日本型人材マネジメントである。上述した通り，日本型人材マネジメントの必要性は，とりわけ店舗では重視されていた。「いいとこどり」の実現は，経営課題そのものであるといえる。

しかし，そのような理想的な取組みが本当にうまくいくのであろうか。まずは，ギャップジャパンの基本型である米国型人材マネジメントの内容を確認した後に，具体的な「いいとこどり」の進め方を検証していきたい。

① 米国型人材マネジメント：「ひきつける」

図表4-2で示した通り，ギャップジャパンの米国型人材マネジメントは，ひきつける（Attract），育成する（Develop），報酬（Reward）の3要素から構成されている。

「ひきつける」という要素で，その基盤となるものは企業文化である。

図表4-4に示されている「ウェア　ユア　パッション（Wear your passion）」こそ，Gap Inc.の企業理念の中核であり，創業者の想いを表す文化でもある。この理念の意味するところは，お客様第一主義のもと，クリエイティビティを追求し，「正しいこと」を行うことで，結果を出そうというもので，簡潔でわかりやすいものであるといえる。

お客様に尽くしていこうとするのであれば，常に現状を見直して改善し，また既存の枠組みを超えた革新的なアイディアを創出していかなければならない。また結果を出すにしても，それが「誠実で正しい方法」によって導かれたのか，自問自答することが重要だ。簡潔でわかりやすい企業理念ではあるものの，実

図表4-4　ギャップジャパンの企業理念

> まずカスタマーを考える
> クリエイティビティーを喚起
> 正しいことを行う
> 結果を出す
>
> Wear your passion.
> ウエア ユア パッション
>
> Gap Inc.

（出所）ギャップジャパン社内資料より。

際に行動するとなると，奥深い内容である。ギャップジャパンでは，職場で，企業理念に基づく行動が推奨され，またそれを促進する仕組みがある。促進する仕組みとは，褒めることであり，具体的にはアプローズカードと呼ばれるカードが活用されている。

アプローズカードとは，企業理念の4つの行動指針を体現した行動をとった従業員に，感謝の気持ちとともにその優れた行動を書き込み，本人とその上司に渡す仕組みである。本社でも店舗でも，従業員どうしであれば誰にでも渡すことができるので，全社的に日々活用されており，特に優れた行為と認められた場合は，全社会議で表彰されることもある。このように企業理念とともに，「褒める」という行為自体が，企業文化として根付いているのである。

なお，もちろん企業理念は，採用基準，登用基準としても活用されており，企業理念を行動で体現できるとみなされることが，ギャップジャパンの一員となる条件になっている。

② 米国型人材マネジメント：「育成する」

「育成する」という要素においては，リーダーシップ開発とキャリア開発が中核的な位置づけを占めている。

リーダーシップ開発のための日常的な取組みがパフォーマンスマネジメントである。

図表4-5　パフォーマンスマネジメントの仕組み

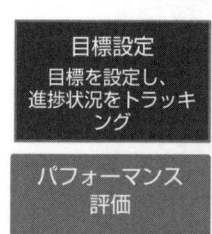

目標設定	能力開発
目標を設定し，進捗状況をトラッキング	開発プランを作成し，進捗状況をトラッキング
パフォーマンス評価	従業員プロファイル
年間のPP&Aを作成	従業員キャリア情報を管理
報酬管理用タブ	
報酬を管理	

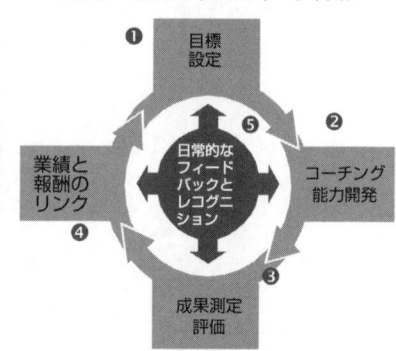

パフォーマンスマネジメント・サイクル

❶ 目標設定
❷ コーチング 能力開発
❸ 成果測定 評価
❹ 業績と報酬のリンク
❺ 日常的なフィードバックとレコグニション

パフォーマンス重視の職場
個人および周囲の能力開発がポイント

サクセス・ファクターとは？
パフォーマンス・マネジメントとサクセッション・プロセスを容易にするためのツールを従業員に提供

6

（出所）　ギャップジャパン社内資料より。

志水氏はパフォーマンスマネジメントの意義を次のように語る。

「パフォーマンスマネジメントとは，目標を設定し，上司と部下がパートナーシップを持ってその目標に取り組む一連のプロセスを意味します。私達は，目標の達成そのものだけではなく，プロセスを重視しています。つまり，上司がどれだけ本人にコーチングを行い，その能力開発を真摯に支援したか，また本人が自ら能力開発にどれだけ積極的に取り組んだか，ということです。

つまり，パフォーマンスマネジメントとは，言い換えれば，個人がどれだけキャリアゴールに近づいたのか，能力開発できたのか，その一連のプロセス，と表現することもできます」

このようにパフォーマンスマネジメントの本質的な意義は個人の成長にあるわけだが，同時に，成果を評価し，業績，報酬とリンクさせることも意識されている。例えば正社員であっても，非正規社員であっても，個人のパフォーマンスが低下すれば，組織からの退出，あるいは降格に向けたマネジメントが実施される。一方で，将来のリーダーとなり得る潜在能力が確認された人材は，

「ハイポテンシャル」と呼ばれ，集中的な人材投資の対象となる。

ただ，ここで留意すべきは，いったん「ハイポテンシャル」と認定された人材でも，パフォーマンスの発揮具合により，その認定から外される場合もあることだ。例えば，年功的運用が色濃く残る日本企業の場合，制度の建前上，「ハイポテンシャル」人材への出入りがあるとされていても，実際はいったん認定されれば，ほぼ外れることはないという運用があり得る。しかし，ギャップジャパンではパフォーマンスマネジメントが常々機能することを重視しているので，認定から外れることは珍しいことではない。しかし，外れても，その後再度「ハイポテンシャル」になることもある。意欲のある人材であれば，チャンスは何度でも訪れるのである。

パフォーマンスマネジメントとともに，リーダーシップ開発の柱となっている取組みが，「リーダーシップパイプラインと能力開発」である。図表4－6をご覧いただきたい。

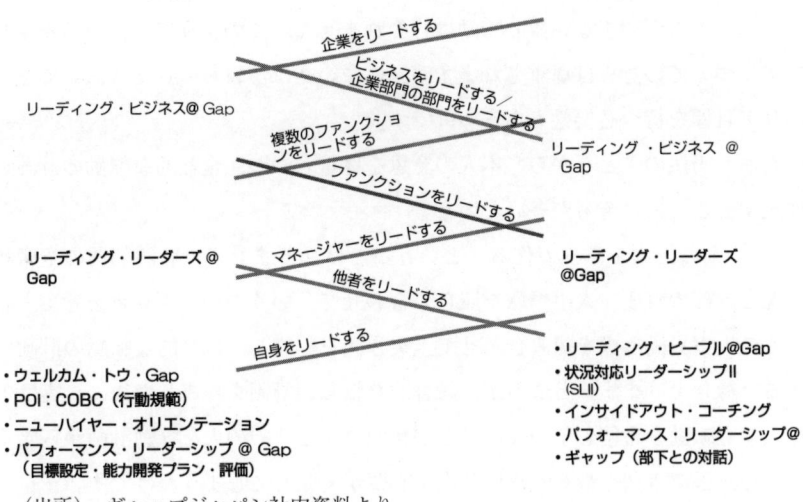

図表4－6　リーダーシップパイプラインと能力開発

リーディング・ビジネス＠Gap
- 企業をリードする
- ビジネスをリードする／企業部門の部門をリードする
- 複数のファンクションをリードする

リーディング・ビジネス＠Gap

リーディング・リーダーズ＠Gap
- ファンクションをリードする
- マネージャーをリードする
- 他者をリードする
- 自身をリードする

リーディング・リーダーズ＠Gap

- ウェルカム・トウ・Gap
- POI：COBC（行動規範）
- ニューハイヤー・オリエンテーション
- パフォーマンス・リーダーシップ＠Gap（目標設定・能力開発プラン・評価）

- リーディング・ピープル＠Gap
- 状況対応リーダーシップⅡ（SLII）
- インサイドアウト・コーチング
- パフォーマンス・リーダーシップ＠
- ギャップ（部下との対話）

（出所）　ギャップジャパン社内資料より。

なぜリーダーシップパイプラインという考え方が必要なのか。志水氏は，次のように語る。

「リーダーとして求められる役割と能力は，リーダーのレベルによって変わってきます。自身をリードすればいいのか，他者か，マネージャーか，組

織なのか。リーダーのレベルにより求められる異なる能力は，専門スキル，技術スキルというよりも，その役割に応じていかに適切にリーダーシップを発揮できるか，という能力です。優秀な人材であっても，リーダーとしての役割が変わった時に，うまくこの能力が発揮できないことがあります。そこで，リーダーの役割ごとにどのような能力が求められるのか，その内容を事前に明確に理解してもらおう，という試みなのです」

具体的には，リーダーとしての役割に応じて冊子を配り，求められている成果と能力を理解してもらうような仕組みになっている。また，求められている成果と能力を理解した上で，上司と部下本人が，自らの強みと弱みを明確化した上で，その改善，開発に向けた行動計画を作成することになっている。

では，ここまで述べてきたリーダーシップ開発に対し，キャリア開発はどのようにかかわっているのだろうか。志水氏は次のように語る。

「私達は，従業員の「意思」というものが重要であると考えています。例えば，正社員で店長であれば，全国の店舗への転勤の可能性があります。しかし，本人が望まない限り転勤は行われません。このように，自らのキャリアについての意思は尊重されますが，逆にいえば，自らの責任においてキャリア目標を持つ必要性もあるわけです」

しかし当然のことながら，本人の意思を尊重しつつ，全社的な転勤の計画を作成することには苦労が多いという。

「転勤の計画を単独で作る，ということはありません。店舗部門の空席状況と内部の育成・人事情報を照らし合わせて，いくつかシナリオを考え，多くの人事異動計画を組み合わせて玉突き図を作成し，総合的な転勤の計画にまで練り上げます。ところが，総合的な転勤の計画を作成した後に，実は1人でも転勤を希望していないことが判明すると，その人を転勤計画から除くため，玉突き図を最初から作り直す必要が発生してしまうわけです。

この問題に対処するため，試行錯誤を重ねた結果，上司と部下で定期的に面談を行い，キャリアに関する情報を定期的に吸い上げることが重要だと気がつきました。例えば年に1回しか面談がないと，ある時点で転勤が大丈夫だと聞いていても，その後の家庭の事情の変化で，転勤できなくなってしまう場合もあります。そのため，面談は，もっと頻繁に行う必要があります。

またキャリアに関する希望も，長期的なキャリア目標と短期的なキャリア目標の両方を聞いておかないと，人事異動の適切な計画を作ることはできません」

このようにギャップジャパンでは，キャリアに関して個人の意思を尊重することに，大変な労力を費やしている。なぜそこまで，本人の意思を尊重するのだろうか。

「当社の企業文化の根本に，個人を尊重することが理念として存在しているからです。その理由は，個人の成長は，個人の意欲があってこそ，と確信しているからです。個人に，自分が成長したいという意欲がなければ，何も始まりません。そもそも，転勤の計画も，その個人の成長が促進できるという理由から設定されます。

こうした企業文化を育むため，従業員にはキャリアセミナーなど様々な機会で，キャリア開発は「本人の責任が51％，会社が49％」というメッセージを伝えています。この2％の差が，重要なところです。

会社としては，キャリアデーなどの機会の提供，研修プログラムやキャリアセミナーなどの整備，キャリアパスの明確化，リーダーシップ開発の仕組みの提供など，様々な支援をしています。しかし，そのチャンスを活用できるか，自ら学ぶ努力をするか，これらは全て自分にかかっているわけです。ですから，この2％の差には，重みがあるのです」

このように，ギャップジャパンにおいては従業員の自立と自助努力を前提にしながら，会社としてもリーダーシップ開発とキャリア開発の仕組みの整備に惜しみない努力を行っている。

③　米国型人材マネジメント：「報酬」

「報酬」という要素においては，「成果に基づく報酬（ペイフォーパフォーマンス）」という考え方が，基盤になっている。図表4－7をご覧いただきたい。

図表4－7で特徴的にわかることは，金銭的なもの，福利厚生だけを報酬と考えるのではなく，職場環境や，キャリア開発まで含めて報酬と位置づけていることだ。これは従業員に対する投資は，全て報酬と考えているためだ。つまり，包括的に報酬を捉えることで，企業理念の実現，経営戦略，人材戦略との繋がりを明確にしようという哲学に基づいている。

第Ⅱ部　グローバルを見据える

図表4-7　理念を実現するリワード制度

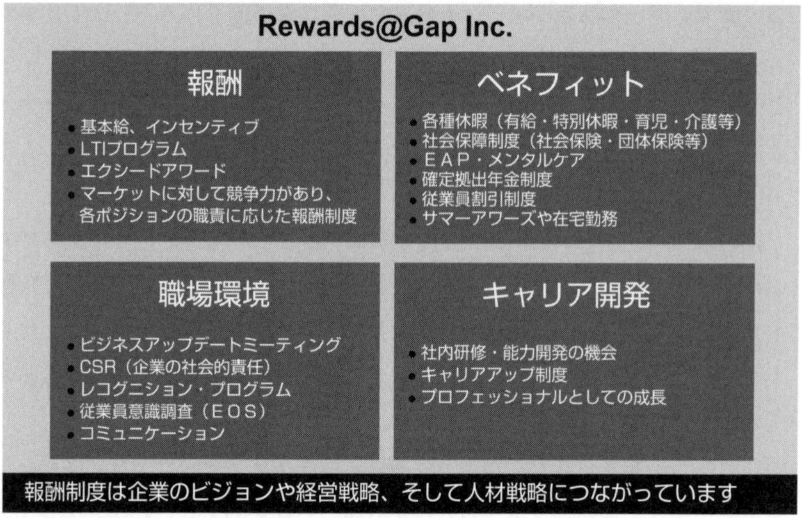

Rewards@Gap Inc.

報酬	ベネフィット
・基本給、インセンティブ ・LTIプログラム ・エクシードアワード ・マーケットに対して競争力があり、各ポジションの職責に応じた報酬制度	・各種休暇（有給・特別休暇・育児・介護等） ・社会保障制度（社会保険・団体保険等） ・EAP・メンタルケア ・確定拠出年金制度 ・従業員割引制度 ・サマーアワーズや在宅勤務

職場環境	キャリア開発
・ビジネスアップデートミーティング ・CSR（企業の社会的責任） ・レコグニション・プログラム ・従業員意識調査（EOS） ・コミュニケーション	・社内研修・能力開発の機会 ・キャリアアップ制度 ・プロフェッショナルとしての成長

報酬制度は企業のビジョンや経営戦略、そして人材戦略につながっています

（出所）ギャップジャパン社内資料より。

　給与の考え方であるが，担当する職務，職責に応じて，外部市場との比較を行い，市場競争力のある給与レンジを設定する仕組みになっている。また福利厚生の考え方としては，従業員が妊娠・育児・介護・傷病などのライフイベントを迎えた時でも，就業意欲の高い従業員が継続して働くことをサポートすることに主眼を置いている。上述の通り，「従業員の自立」が重視されているため，社宅や保養所などの制度，あるいはレジャー目的の制度は，それほど重視されていない。自立が重視される例として，上述の通り転勤については本人の意思が尊重されるので，それに関わる制度は簡素化されている。

④　店舗における日本型人材マネジメント

　ここまでみてきた通り，ギャップジャパンにおいては組織運営の基盤として，米国型人材マネジメントが組み込まれている。しかし，ただ米国型人材マネジメントを実行して，よしとするのではなく，必要な領域では日本型人材マネジメントを活かすことが意図されている。必要な領域とは具体的には店舗のことである。

　上述の通り，ギャップジャパンの採用は，新卒採用，内部人材登用（非正規社員の積極活用），中途採用の3通りの手法から構成されている。職務主義が

徹底されている本社では，専門性の高い中途採用者の比率が高い。一方，店舗の人員は，新卒採用および内部人材登用（非正規社員の積極活用）によって主に構成されている。これは，店舗では，円滑な業務運営のためには，長期的な一体感，あるいはチームワークが重視され，現場に長くいることによって学べる知識，経験，スキルが役に立つからである。

このような観点に立つと，店舗では，内部登用，昇進を促進し，一定期間同じ現場で過ごすことによって生まれる一体感を醸成することが必要になってくる。一体感醸成のためには，OJTのように，日常的に行われる能力開発の仕組みが有効になってくる。

とはいえ，もちろん店舗においても，人材マネジメントの基盤は米国型であることに変わりはなく，制度自体は本社とは変わらない。しかし，制度の運用において，本社では米国型人材マネジメントの理念に沿った運用が行われるが，店舗では，採用，登用，昇格，人事異動，教育研修において，日本型人材マネジメントに近い形での運用が行われるのである。店舗の従業員にとっては，そのほうが納得性が高く，現実に即しているという。

(3) 新しいワークスタイルと能力開発の実施

① 柔軟な勤務体制，勤務場所

人材戦略の課題で述べた通り，ギャップジャパンにおいては，バリューチェーンのあらゆる局面で，変化を創出できる人材が求められている。こうした，過去の経験を踏襲するだけでは解が得られないことを追求していく人材像は，知識労働者と言い換えることができる。そうであれば，従来型の人事施策では，ふさわしくない部分も生じてくるであろう。実はギャップジャパンでは，このような新しい人材像に対して，斬新な施策を採用している。2008年に導入したエグゼンプト社員に対する労働時間や職場に関する最大限の裁量と，同じく2008年に開始した正社員全員に対する「サマーアワーズ」という施策である。

エグゼンプト[3]社員とは，米国本社と同様の制度であるが，時間管理の対象とはならず，パフォーマンスによって評価される社員を意味する。上述の通り，ギャップジャパンでは職務主義を採用しているが，職務と職責によって評価された一定以上のグレード（格付け）に該当する正社員が，エグゼンプト社

員に該当する。店舗では正社員のごく一部であるが，本社では多くの正社員がエグゼンプト社員に該当する。

　エグゼンプト社員については，労働時間と勤務場所について，最大限の裁量が個人に与えられている。つまり，職責に伴うプロセスと成果については厳密に評価され責任が伴うものの，それを達成するためには，「いつ，どこで働くか」ということは，完全に個人に委ねられているということになる。

　例えば，ギャップジャパンでは米国本社をはじめとして，海外と電話会議を行うことが多いが，時差の問題もある。早朝，深夜に電話会議を設定された場合，IT環境が整っている現在の状況では，わざわざ職場から電話会議に参加する必要はない。自宅からビデオ映像付きのモバイル機器を活用して電話会議に参加すれば，事足りる話である。

　また日本社内のミーティングに，自宅から電話会議で参加することも日常的に行われている。昼間の社内ミーティングは自宅から電話会議で参加し，子供の幼稚園の送り迎えをこなした後で，翌朝の店舗の売場のビジュアルマーチャンダイジング[4]に対応するために，午後9時に出社する，という勤務も可能となる。もちろん，午後早めに帰るという勤務も可能であり，育児などに対応が容易な仕組みとなっている。さらに，創造的な発想が求められる業務の場合，必ずしも職場の机にしがみついて考えていても，成果が得られるとは限らない。こうした状況を鑑みれば，エグゼンプト社員にとっては，合理的な仕組みであるといえるだろう。

　加えて，「サマーアワーズ」の対象者は，エグゼンプト社員，ノンエグゼンプト社員にかかわらず，全正社員が対象となっている。「サマーアワーズ」は日本独自の仕組みであり，毎年7月〜9月の金曜日は，午後1時を終業時間とすることを奨励している。夏季が対象とされているのは，業界では比較的閑散期にあたり，暑い時間帯を無理に働くよりは，閑散期を利用して家族などと有意義に過ごせる時間を社員に提供したい，と考えたためだ。実は，これは志水氏の発案によるものだという。

　「何気なくCNNをみていた時，サマータイムで夏の午後は早めに帰宅し，家族と楽しむニューヨークのビジネスパーソンの姿が特集されていました。日本でも，家族との生活を大事にするライフスタイルが実現できないかな，

と，ふと考えたのです」

　2008年の制度導入から一定期間が経過しているため，制度は定着してきている。本社では夏季の金曜日の午後になると，オフィスはかなり閑散とした状態になるという。店舗の正社員が金曜日に一斉に休むのは難しいが，その点はほかの曜日に振替えを行い，各自が交代しながら「サマーアワーズ」を消化する工夫をしているという。

　このように，今や，新しいワークスタイルはギャップジャパンにとって当たり前のような風景になっているが，導入時点においては様々な課題があった。導入の経緯について，志水氏は次のように語る。

　「2008年以前の制度導入前であっても，当社はもちろん職務主義で運営されていたわけです。それは，個人の評価は職責における目標の達成度で図られることを意味し，長時間勤務が評価されることが本旨ではありません。ただ，ブランドに情熱を持ち，仕事をすることが楽しいという意識をもつ人が多かったため，長時間勤務を行う社員がそれなりに見受けられたことも事実です。

　私達は，エグゼンプトへの裁量の付与とサマーアワーズの実施を同時に行うことで，そうした状況に一石を投じ，社員の意識改革を図りたいと思ったのです。また，柔軟な働き方を促進することは，当社の企業理念に合致すると考えました」

　しかし，人事部のこの考え方が，すんなりと全社に受け入れられたわけではなかった。とりわけ，経営幹部から抵抗感が示された。経営幹部としても，職務主義の考え方に異を唱えているのではなく，時間管理よりも成果管理が重要であることは共通認識となっていた。しかし，特にサマーアワーズを導入すると，実質的に労働時間の全社的な減少が生じるので，業務効率や業績そのものへの悪影響が懸念されたのである。

　この経営幹部の懸念に，人事部がどのように対応したのかについて，志水氏は次のように説明する。

　「正直いいますと，経営幹部の反応は，最初は少し意外でした。当社の企業理念に沿った施策であったからです。ただ，考えてみると，業績が悪化するリスクに懸念を示すことは，経営としては当然のことです。そうした場合

に，情緒的に，こうあるべきだから，社員にこうすべきだ，という説明だけに終わっては意味がありません。そこで，私達は，実際に業績に悪影響が発生するのか，定量的なデータで検証し，その結果を示すこととしました。

　結果として，業績への悪影響など，大きなデメリットはほとんどなく，むしろ制度導入によるメリットが大きいことを論理的に経営幹部に説明することができました」

人事部はデータを提示しただけでなく，個々の経営幹部に時間をかけて丁寧な説明を行い，納得を得ることができた。経営幹部が納得してくれたことで，制度導入後は，経営幹部が率先して金曜日の午後に退社する，などの行動が示された。幹部が率先してサマーアワーズを実行してくれたことが，制度の定着に繋がったという。

その後も，制度定着の工夫は続いている。例えば，金曜日の午後はボランティア活動など積極的に企画され，多くの社員が参加するようになってきている。

図表4－8　ボランティアなどの様々な活動

（出所）　ギャップジャパン社内資料より。

図表4−9　ボランティアなどの様々な活動（職場体験）

（出所）　ギャップジャパン社内資料より。

② 個人別能力開発計画における越境学習の奨励

　知識労働者にふさわしい形式で，ギャップジャパンにおいて独自性のある取組みは，社内にとどまらない学びの促進である。この取組みが推進されている背景には，志水氏自身が社会人大学院での学びを実践した経験も影響している。

　「実は，私自身が，働きながら，社会人大学院に通い，自分のライフワークと考えている，若者の雇用について研究を行ってきました。仕事と大学院，さらに自分のライフを同時にこなすことは，いうほどたやすいものではありませんでした。しかし，その代わりに得たものは，非常に価値あるものでした。

　私達が中途採用を行う主な理由の１つに，ギャップジャパンとは違う価値観を会社に持ち込んで，化学反応を起こしてもらいたいことがあります。会社の外に学びにいくことは，中途採用者ではなくとも，一人ひとりが違う価値観に触れ，それを社内に持ち帰ることに繋がります。」

　志水氏は，経営環境が激変する時代においては，会社の中だけにとどまるだけではなく，積極的に社外での学びを実践することが，専門性やスキルを継続

的に高めるために有効であると実感した。さらに，その学びを社内に還元することに意義がある。社外での学び，異なる価値観は，学んだ個人一人の内部で消化されるのではなく，社内に還元され，多くの人に波及し，化学反応を引き起こすことになる。志水氏は語る。

「社会人大学院に通っている間，社外の学びを還元する重要性を，様々な人たちと共有してきました。人事部内で説明したのはもちろんですが，折に触れて，様々な部門の人たちに，これはすごく価値のあることなんだよ，と説明してきました」

ギャップジャパンでは，このように社外で学び，新しい価値観に触れ，そこで得たものを社内に還元することを，越境学習と位置づけている。大学院は越境学習の事例の1つであるが，もちろん，それだけに限定されるものではない。現実的な問題として，大学院に通うことは，時間，費用の面からハードルが高いことも事実だ。そのため，例えば短期間の講座，有志による勉強会などを含め，様々な社外での学びの機会を奨励しているという。広い意味では，読書や通信研修など，時間的，費用的に取り組みやすい内容も，奨励する学びに含まれる。

こうした越境学習を，仕組みとして促進する工夫が，個人別能力開発計画に含まれている。上述した通り，パフォーマンスマネジメント，リーダーシップ開発，キャリア開発という枠組みの中で，上司と部下本人が個人別能力開発計画を策定することになっている。個人別能力開発計画では，部下本人の強み，弱みを把握した上で，キャリア目標に向かって，具体的な能力開発の計画を作成する。ギャップジャパンでは，この計画に，越境学習を加えることを奨励しているのである。その意義について，志水氏は次のように語る。

「これも，企業文化の問題です。会社全体として，学ぶことが大事，という風土をつくり上げていきたいと思っています。個人別能力開発計画という仕組みを利用して，主体的に越境学習を行うことが当たり前，という雰囲気を醸成し，会社全体として「学びの組織共同体」に進化していくことが，私達の次なる目標だと考えています」

4．課題対応への評価

(1) 経営課題に対応できているか

　結論として，ギャップジャパンの人事部は，経営課題に非常にうまく対応できているといえるだろう。成長の追求と収益構造の確立という二律背反する経営課題に対応するには，それを成し遂げる人材の確保が最も重要である。ギャップジャパンでは，組織の成長ステージごとに，採用手法を取捨選択しながら，あるいは復活させながら，現段階では，新卒採用，内部人材登用（非正規社員の積極活用），中途採用の3通りの手法を確立するに至った。中でも，キャリアデーを中心とした非正規社員登用の仕組みは，独自性が高く，工夫がこらされている。離職率の低下が，課題対応への成功を如実に物語る。

　また，本社と店舗で米国型と日本型の人材マネジメントをうまく使い分けていること，知識労働者にふさわしい革新的なワークスタイルの導入や越境学習の奨励などは，先進的な事例であると評価できる。これらの施策が経営課題にうまく対応できていることは，従業員意識調査，経営と現場からの評価の声で立証できる。

　では，なぜギャップジャパンの人事部は，経営課題にうまく対応できたのか。ここで，ギャップジャパンの人事部の機能に着目してみたい。

(2) ビジネスの一員としての人事部

　経営課題を的確に把握し，また解決していくためには，経営と現場の双方と密に交流し，協働していくことが求められるだろう。しかし，これは，それほどたやすいことではない。どの会社の人事部であっても，経営と現場との距離を縮めたいと考えていることは間違いない。しかし，全ての人事部が距離を縮めることに成功しているとはいえないだろう。むしろ，経営と現場とは関係のない管理的業務に忙殺され，ますます距離が遠くなっている場合があるかもしれない。

　では，ギャップジャパンの人事部は，経営と現場との距離を縮めるために，どのような工夫をしているのであろうか。端的にいえば，人事部をビジネスを

支援する部門と考えるのではなく，ビジネスを行う一員そのものと考えることが出発点になっている。

具体的には人事部の機能は，GAP，Banana Republic，Old Navyというブランド内部の人事部と，シェアドサービスという，共通化した方が効率的に対応できる業務を担当する人事部に分かれている。ブランド内部の人事部の目的は，まさにビジネスのニーズ，つまり経営課題に対応することにある。

当然のことであるが，経営課題はブランドによって異なる。例えばギャップジャパンの中でも，担当するブランドによって，成長ステージが異なる。日本に進出したばかりのブランドの場合，成長期にあるので，そのブランドの人事の仕事は，8割くらいは採用業務になる。一方，比較的，安定期に達したブランドの場合，採用とは別の様々な経営課題が存在する。

いずれにしても，経営，現場それぞれと，経営課題が何であるのか，一緒に考えていく姿勢が重要である。志水氏は次のように説明する。

「ビジネスをどう進めていくか，人事が現場と一緒に悩み，その姿勢を社長にも感じてもらい，協働して解決策をつくりだしていくことが重要だと思っています。ですから，人事は人事業務しかやらない，なんて姿勢を見せたら，もう現場から信用してもらえません。現場に入り込み，直接ビジネスに貢献してこそ，信頼してもらえます。

そのため，全ての経営に関する会議に，人事部員は必須参加にしています。そしてその会議の中でも，ビジネスに直接関係する事項そのものに対して，人事部員は意見をいうようにしています。もちろん，店舗には頻繁に行って，店長，非正規社員の区別なく情報交換してきます。社員の家族を招いて営業するファミリーデーでは，人事部員が店舗で接客業務も行います。そんなわけで，人事部員が自分の席にいることは，ほとんどありません」

このように，日常的に人事部は現場に入り込んでいる。それだけではなく，特定の課題がある場合には社員に集中的にヒアリングする，あるいは採用後一定期間経過したらフォローの面談を行うなど，とにかく様々な形で，現場と必然的に向き合う仕組みが埋め込まれている。

また現場は，本音で人事部に接してくれるという。志水氏は次のように説明する。

「人事部は，制度についてのフィードバックを現場からお聞きしますし，また制度がうまくいかなければ，いさぎよく間違いを認めることにしています。そもそも，制度なんてどんどん変えればいいわけですし，いったん制度を導入したのだから，などというプライドは持ちません。店舗には，どんどん意見をいってね，と常々お願いしています。それなので，耳が痛いような意見を，率直に現場はぶつけてきます。それが大事なことで，自分の部下にはいつも，信頼される人事になろう，とメッセージを伝えています」

このように，ギャップジャパンでは人材戦略に対するカイゼン・変革に終わりはなく，経営と現場の声に基づき，工夫を重ねている。そうした行動を可能にしているのは，人事部がビジネスの一員となり，経営と現場から信頼されているからにほかならない。

(3) 残された課題

どれほど人材戦略が成功していようと課題がなくなることはない。ギャップジャパンでは，個人を尊重する人材戦略によって，社員のエンゲージメントが高まっているという自社の状況を評価しつつ，その状況に課題を見出している。つまり，社員が恵まれた就労環境に満足するがゆえに，チャレンジ精神が衰えているのではないか，という問題意識である。

皮肉なもので，会社の状況が満足いくものであれば，社員に現状維持を好む意識が芽生えてしまう。そうなれば，激烈な環境変化に，会社も社員個人も対応できなくなってしまうかもしれない。このような成功の罠に陥らないために，どのような人材戦略の設定が望まれるのか。既にこの課題に対し人事部は検討を開始しており，ギャップジャパンの挑戦は，まだまだ続いていく。

5．分析と考察

独自性のあるギャップジャパンの取組みを，歴史的経緯を踏まえつつ紹介してきた。ギャップジャパンの取組みは，他の日本企業にとって，どのような点で参考になるであろうか。

(1) 非正規社員を活用する，現実的な人材ポートフォリオの可能性

　ギャップジャパンでは，非正規社員から正社員への登用が，店舗における中核的な人材獲得の仕組みになっていた。実際に，2007年のキャリアデー導入以降，年間100名程度の登用実績が継続している。

　労働政策研究・研修機構（2012）によれば，非正社員を正社員へ転換させる制度や慣行がある企業は全体の64.2%であるが，非正社員から正社員へ直接，転換させる制度がある企業は全体の22.5%に過ぎない。公式な制度が存在する企業が少数の比率である中で，ギャップジャパンのように公平性，一貫性が担保され緻密に構成された制度を有し，しかも継続した転換実績を持つ企業は，まさに限定されているといえるだろう。

　ギャップジャパンのような企業が限られてしまう原因について，濱口（2013）は，メンバーシップ型とジョブ型という雇用契約の差異で説明する。メンバーシップ型の雇用契約とは，職務，時間，空間が限定されていない雇用契約のことである。担当している職務が消滅しても別の仕事に就かなければならないし，長時間の労働が期待され，転勤は拒否できない。このようなメンバーシップが意味するところは，会社に「入社」してメンバーになったということである。自分の仕事と他人の仕事は明確に区分されてはおらず，メンバーとして会社の仕事は何でもこなすことが期待されているのである。

　これに対し，欧米のジョブ型雇用契約は，担当する職務を前提とした雇用契約である。したがって，採用方式も，職務に欠員が生じた時に採用する欠員補充方式となるし，時間，空間が無限定であることは想定されていない。

　メンバーシップ型を前提とした日本の企業において，正社員とは，職務，空間，時間が無限定であることを意味する。したがって，正社員転換する非正規社員には，それらの無限定性を要求することになる。無限定性を了解しない正社員の存在は，他の正社員に比べてバランスが悪く，示しがつかないことになってしまう。現実問題として，無限定性を了解できる非正規社員は少ないだろう。そのため，正社員への転換実績は限られてしまうことになる。

　ところが，ギャップジャパンの正社員登用の仕組みは，上述の通り，メンバーシップ型とは明確に異なる。店舗の正社員の職務は明確であり，サマーアワーズなど労働時間短縮の試みがあり，転勤は本人が希望しない限り行われな

い。つまり，ジョブ型の雇用契約が一貫していると考えられ，ジョブ型正社員とみなすことができる。

濱口は，今後の日本社会の雇用のあり方として，メンバーシップ型の維持でもなく，ジョブ型に全面的に切り替えるのでもなく，第3の現実的なシナリオとして，メンバーシップ型正社員と非正規社員の間に第3の類型としてジョブ型正社員を構築し，漸進的にその比率を増やしていくべきとしている。

既にギャップジャパンでは，非正規社員からジョブ型正社員への登用が人材獲得の大きな柱になり，うまく機能している。またジョブ型正社員に登用される可能性の存在が，非正規社員全体の動機付け向上に繋がっている。企業内，ひいては日本社会に，実現可能な新しい人材ポートフォリオの可能性を示す好事例ではないだろうか。

(2) 人材獲得の最適な仕組みの構築

Cappelli（2008）は，不確実性が高まっている現下の経営環境において，外部採用あるいは内部育成一辺倒の人材マネジメントは機能しない，と指摘している。人材を内部育成するのか外部採用するのか，すなわち内製か調達かという意思決定において二者択一は誤りであり，両方を取り入れ，職種や組織特有の事情を考慮し，どのように両者を組み合わせるかを意思決定すべきだとしている。すなわち，内製か調達かの組み合わせに関する意思決定が，雇用主にとって高度な経営判断になるのである。

歴史的経緯により採用手法を変遷させ，新卒採用，内部人材登用（非正規社員の積極活用），中途採用の3通りの手法を確立したギャップジャパンは，まさに内製と調達を巧みに組み合わせた好事例といえるだろう。

また新卒採用，中途採用における工夫にも注目しておきたい。上述の通り，ギャップジャパンでは初期段階の新卒採用において，職務の実態を理解しないまま入社した社員の離職率が高くなるという問題が生じた。しかし現段階では，こうした過去の問題点を十分に考慮し，新卒採用，中途採用とも，少数厳選して採用する中で会社の実態を詳しく伝え，さらに，入社後の研修体制の充実化，入社後一定期間経過後の人事部面談などのフォローを行っている。

金井（1994）は，日本の雇用環境の変化を踏まえ，日本企業がRJP（Realistic Job Preview）を取り入れた採用手法に変化していくべきだとする。RJPは，採用時によい情報だけを開示するのではなく，弱みと思われる部分も含めて組織の実態を開示していく手法であるが，特に金井は，スクリーニング効果，ワクチン効果，コミットメント増大効果に意義があるとする。スクリーニング効果とは，企業文化に適合しそうもない人を採用段階でふるい落とすことであり，ワクチン効果とは事前に現実的な職務の情報を与えることで，職に就いてからの幻滅を減少させることであり，コミットメント増大効果とは，自分でこの職を選んだと考え，また組織が事前に現実的な情報を与えてくれたことで，組織は誠実で気にかけてくれていると考え，組織へのコミットメントが増大することを意味する。

　ギャップジャパンが少数厳選して採用する中で応募者に会社の実態を詳しく伝えていることは，スクリーニング効果とワクチン効果を実現していると考えることができる。また，入社後に研修体制を充実させ，人事部面談などのフォローを行っていることは，コミットメント増大効果をさらに促進していると考えられる。このように，ギャップジャパンの採用手法は，RJPの実践という意味で，大変参考になる事例であろう。

(3) 日本企業が，人材マネジメントをハイブリッド化し，進化させていく可能性の提示

　ギャップジャパンでは，本社では米国型，店舗では日本型，と人材マネジメントを意識して切り替え，異なる人材マネジメントを同一社内で両立させていた。ただし，店舗でも制度の基盤となる人材マネジメントは，米国型である。
　成果主義がうまく機能しなかったという反省から，日本企業では，成果主義導入時にその骨格に反映されていた米国型人材マネジメント（例えば，ペイフォーパフォーマンスという思想や，職務主義）が日本になじまないのではないか，という見方がされるようになっている。米国型人材マネジメントは，成果達成に注力するあまり，個人至上主義となり日本企業のチームワークを損ない，教えあう文化を壊すので人材育成にも適さない，という見方だ。
　しかし，職務主義とチームワークは相容れないという二元論では，問題はいつまでも解決されないだろう。職務主義によって個人の担当業務を「見える

化」し，個人のパフォーマンスの強みと弱みを明確化し成長を促すこと，チームワークによって職務定義されていない業務でも積極的に助け合うこと，これは両方とも必要なことである。そもそも，優れた経営とは二律背反する課題の両方の成功を追求することでもある。

上述の通り，ギャップジャパンではチームワークのある企業文化が醸成されている。また，職務主義に基づき，パフォーマンスマネジメント，リーダーシップ開発，キャリア開発において，個人別能力開発計画が設定され，充実した人材育成が実現されている。これは，職務主義による個人の成長の追求と，チームワークによる組織の一体感，助け合いの実現という，米国型と日本型の巧みな組み合わせという発想がギャップジャパンに存在するからであろう。

日本企業においても，ギャップジャパンの米国型人材マネジメントの詳細を分析した上で，基盤としている日本型人材マネジメントに加え，米国型の長所の部分をうまく組み合わせていく取組みが求められるのではないだろうか。

(4) 知識労働者に適した革新的な人事施策

ギャップジャパンでは「いつ，どこで働くか」という裁量を個人に委ね，個人別能力開発計画においては越境学習を奨励するという，革新的な人事施策を採用していた。これは，変革の意識が高く，自ら新しい変化を創出できる人材像が求められているという課題に対応した施策であった。変革の意識が高く，自ら新しい変化を創出できる人材像とは，知識労働者と言い換えることもできる。

石山（2013）では，知識労働者の一類型に該当する組織内専門人材[5]が，越境学習をすることで，組織に学びを還元して貢献するとともに，個人のキャリアに資することを指摘した。このように，知識労働者に対しては，従来の枠組みにとらわれない人事施策が求められる。

この観点において，ギャップジャパンの革新的な人事施策は，知識労働者に適した具体施策の好事例の1つであろう。各社においても，それぞれの会社の個別事情を考慮しながら，知識労働者にふさわしい，従来の枠組みにとらわれない施策の追求が求められよう。

6．結びにかえて－人事部のビジネスプレイヤー化

　ここまで述べてきたギャップジャパンの人事施策は，それぞれに意義のあるものであった。留意すべきは，ギャップジャパンにおいて人事施策のカイゼンと変革が継続的に可能となってきた理由は，経営と現場が人事部を信頼しているという点であろう。経営と現場によって信頼される人事部とは，ビジネスの一員としての人事部と言い換えることができるだろう。

　Ulrich & Beatty（2001）は，人事部はビジネスを支援するビジネスパートナーから，ビジネスそのものを担うビジネスプレイヤーへと変化していくべきだとしている。ビジネスの一員であることを大事にしているギャップジャパンの人事部は，まさにビジネスプレイヤーであると考えられる。

　上述の通り，ギャップジャパンにおけるビジネスプレイヤーとは，スローガンでもかけ声でもない。実体のある取組みである。具体的には，人事部内の機能として，ブランドの人事部門とシェアドサービスは分化され，明確に役割が定義されている。さらに職務記述書の中で，求められる能力が明確化されている。

　もちろん，役割と能力が明確化されている状況においても，実際にどのような行動をとるのかについては，個々のビジネスプレイヤーが，経営，現場と相談しながら決めることになる。例えば，上述の通り，担当するブランドによって，採用に注力する時間は異なっていた。

　しかし，同時にギャップジャパンにおけるビジネスプレイヤーは，明確に定義された役割の1つであり，評価基準もはっきりしている。したがって，まだ人事部におけるビジネスプレイヤーという概念がはっきりしていない会社においては，まず自社における役割を明確に定義するとことから始めるべきではないだろうか。いずれにせよ，経営と現場と信頼されない人事部という状態にあれば，意味のある人事施策のカイゼン・変革は難しいであろう。

　このようにギャップジャパンの人事部のあり様は，他社において実践的に取り入れるべき点を多く持つ，1つの優れたモデルと位置づけられるであろう。

（石山　恒貴）

[第4章 注]
1) 本ケースは，2013年7月から2014年4月にかけて，3回にわたりギャップジャパン株式会社を訪問して行った聞き取り調査に基づき，構成したものである。ご多忙中にもかかわらず，心よく聞き取り調査に中心的にご協力いただいた人事部シニア・ディレクターの志水静香氏および人事部の皆様に深く感謝申し上げたい。
2) 同社では，これをコンピテンシー面接手法と位置付けている。
3) エグゼンプトとは免除という意味であるが，米国の労働法の中で，時間管理を免除されているという対象層を示す。
4) お客様に興味を持っていただくような，見やすく選びやすい売場を構成すること。
5) 個別企業へのコミットメントを有しながら，特定の専門職種よりは緩やかな範囲において，自らの専門性の発達を志向する人材タイプ。

[第4章 参考文献]
石山恒貴（2013）『組織内専門人材のキャリアと学習－組織を越境する新しい人材像』日本生産性本部生産性労働情報センター．
金井壽宏（1994）「エントリー・マネジメントと日本企業のRJP指向性－先行研究のレビューと予備的実証」『研究年報』No.40，1－66頁．
濱口桂一郎（2013）『若者と労働』中央公論新社．
労働政策研究・研修機構（2012）「今後の企業経営と雇用に関する調査」．
Cappelli, P.（2008）*Talent on demand : Managing talent in an age of uncertainty*, Harvard Business Press（若山由美 訳『ジャスト・イン・タイムの人材戦略－不確実な時代にどう採用し，育てるか』日本経済新聞出版社，2010年）．
Ulrich, D., and Beatty, D.（2001）"From partners to players : Extending the HR playing field," *Human Resources Management*, Vol. 40, No. 4, pp. 293－307.

第III部

雇用を工夫する

潮風と大川と

第5章 国内企業A社

```
              国内企業A社 （2015年3月現在）

本社所在地  東京都
創    業  昭和初期
設    立  同上
代 表 者  非公開
資 本 金  非公開
売 上 高  非公開
従 業 員 数  ・正社員　数千名
          ・アルバイト　数千名
備    考  連結従業員数1万名を超えるグループにおいて，中核的存在と
          なる事業会社。日本国内を中心に海外（北米，欧州，アジア）
          事業を展開。多数のヒットブランドを有する。
```

1．A社の概要

　A社は，日本国内の大手企業である。昭和初期に個人商店程度の規模で創業され，その後成長を遂げて株式公開を果たした。従業員10,000名を超えるグループにおける中核的企業であり，若年層や子供，そしてファミリー層を主な顧客層としている。

　A社は日本国内市場で圧倒的な強みを有しており，2011年度から2014年度にかけて日本国内市場での連結売上高と連結営業利益は著しい成長を見せている。一方，欧米市場に関しては，同年度間の連結売上高，連結営業利益ともにほぼ成長が見られず，苦戦している。

　A社が取り扱う商品は嗜好品であり，流行に左右される度合が大きい。大ヒット商品が生まれた年度には業績が高く，一方ヒット商品に恵まれなかった年度には業績が低くなる。また，個人消費の動向の影響を受けやすく，景気に左右されやすいという課題がある。常にヒット商品を生み続けなければならないため，いかにヒットを生み出す体制を構築するか，一方でヒット商品が生まれなかった時のダウンサイドリスクにどのように対処するかが大きな経営課題となっている。

　なお，A社は実在する企業であり，以下における財務情報および人事制度等に関連する情報は実際のデータを用いている。本章においては，適性検査結果や人事評価データを掲載しているため，機密性の観点から企業名および事業内容を伏せていることをご了承いただきたい。個人名は全て仮名である。データについて被験者を特定可能な情報は一切含まれていない。本章のケースは人事管理の巧拙を論じる，または現存する様々な適性検査の意義を批判するためでなく，ケースを用いた学習・討議のために作成されている。ケース作成にあたってはA社の了承を得ており，ケース内の図表を含むデータは同社社内資料を基に筆者が作成した。

(1) 採用戦略策定に着手

> 「成果主義の成立基盤は社員特性と信賞必罰の人事方針との整合性である。」- A社人事部門長

　他の多くの企業に倣って，A社の人事部門では毎年新規学卒者の採用選考において適性検査を活用し，検査結果を合否判定の一部として使用してきた。その適性検査結果に則った面接選考を行うように，同社の管理職や取締役など面接者に人事部門から依頼をしてきた。

　そのような採用慣行が続いてから10年ほど経ったある新年度。グループ内事業会社の営業部から人事部門長に新たに着任した加藤氏（仮名，以下同様）は，採用，評価，報酬など部門内の各チーム責任者からこれまでの業務内容の引継ぎを受けていた。A社の求める人材像やその評価の在り方は他社と違うはずだと加藤氏は考えていた。加藤氏はA社に入社する前，複数社で営業や経営企画の要職に就いてきた経験を有し，A社に中途採用で入社したため，A社の求める人材像は明らかに他社と違うと感じていた。しかし，採用チーム責任者から報告を受ける内容は，採用媒体についての他社事例や，適性検査を用いている他社事例の話ばかりだった。加藤氏は，採用活動を業績に繋げるべく，他社横並びではないA社ならではの採用戦略策定に着手することを決定した。

　それから6年。加藤氏が責任者となってから採用をし始めた新卒社員は，それまでの若手社員には見られなかったような活躍を数多く示した。数多くの斬新な企画や高い営業成績を上げるようになった。

　加藤氏はどのようにこの改革を進めたのだろうか。どのように問題を発見し，それを解決したのだろうか。

2．経営課題

(1) 海外展開

　A社の商品は対法人でなく，多くは対個人向けに販売される。趣味性が高く，生活必需品というわけではない。そのために，流行の入れ替わりが激しく，1

年前のヒット商品が売れなくなることは珍しいことではない。人気・トレンドによって業績が影響を受ける可能性があり，経営管理上そのような流行の波を吸収する仕組みを構築しなければならない。具体的には，日本など一部の国・地域での販売が想定外のトレンドによって不調に陥っても，その他の国・地域では別の流行の波がくるように企画・宣伝し，A社全体としての業績を担保できるよう，世界中の様々な市場に展開する必要がある。

また，個人消費の波も吸収する必要がある。個人消費は国・地域の経済状況により大きな影響を受ける。日々の生活に必須となる消費財というよりも，趣味・娯楽などの嗜好を満たす商品のため，一国のみの経済状況に依存する事業構造はリスクが高い。現状，日本での売上高・利益にグループ全体が依存する度合が高いため，海外展開は必須となっている。

さらに，商品の多くをアジア拠点で製造しているため，製造拠点の多様化も課題である。カントリーリスクに加え，アジアにおける労務費の増加に伴う収益リスクがある。拠点の分散に伴い，拠点間マネジメントや品質管理の徹底も求められる。

A社は，海外展開についてこれまでいわば不慣れであった。販売拠点や製造拠点を増やしてきたものの，今後の主力市場として定めた欧米市場に関しては前述の通りほぼ成長が見られず，大きな経営課題として認識されている。

(2) 少子化問題への対応

子供や若年層，ファミリー層を主なターゲット顧客とする同社において，子供の数の減少は大きな課題である。限定された市場におけるシェア獲得のためだけでなく，これまで顧客層として捉えてこなかった新たな顧客セグメントの獲得のために，グループ会社間の協働によって新たな商品を開発することに注力している。例えば，ソーシャルメディアなどの新メディアは，嗜好品に関連する業種において新たな商いの場となるため，コンテンツ展開に積極的に取り組み，顧客の獲得を目指している。

今後も，商品をさらに開発し，ヒット作を生み出し続けなければならない。特にソーシャルメディア事業は，商材の陳腐化がこれまで以上に早く，企画や開発などのスピードが求められる。また，緻密な市場調査や，大規模な宣伝を

行った上で新商品を販売しても，ヒットするかどうかは究極的にはわからない。

そのため，ダウンサイドリスクを注視し，撤退基準を明確にするなど経営管理を徹底している。エンジニア職や企画職などの人件費が固定費化しないように雇用形態を柔軟化するなどの労務管理施策が導入されている。ヒット作が出ればそれらの職の人材は次のシリーズ展開を考えるため，稼働が保証されるが，ヒットしなければ売上高が得られない状況で稼働率が低くなってしまう。そこで，正社員を希望に応じて契約社員の雇用契約にしたり，独立した上で業務委託契約にしたりと，固定費が利益を圧迫しないように工夫をしている。そのようにリスクを考慮しながらも，企業全体としては斬新な企画を生み出し，それをチーム体制でスピーディーに開発・運用するためのコミットメントも醸成する必要がある，という難しさに直面している。

(3) 人材管理

ヒット商品を生み続けなければならない同社では，ヒット商品を生み出した社員にはより責任があり，高い報酬が得られる役割を用意し，ヒット商品を生み出せなかった社員は部長級など上位役職であっても降格させる，といういわば信賞必罰の人事方針を従来から徹底してきた。日本国内企業では珍しくかなり前から成果主義を徹底してきた。

社歴が浅く，また年齢が若くても成果を出していれば昇進させる。年功的序列は排除され，成果に応じて役割と報酬が付与される。上位役職者の報酬は日本国内企業の平均的水準と比してかなり高い水準で設定されている。

一度昇進した者でも，業績が悪ければ降格も当たり前，という風土が根付いている。部長級であっても，1年で成果が出なければ翌年には副部長や課長への降格も珍しくはない。しかし，一度降格しても，敗者復活が可能であり，高い成果を出せば再び上位役職に就くことができる。

このような人事制度によって，優秀な社員が報酬と役割によって動機づけられる仕組みを構築してきた同社であるが，近年は若年層が厳しい競争環境下に適応できない例も少しずつ増えてきた。メンタル的な問題により，休職や退職をしてしまう若手社員が，わずかではあるものの年々増えてきたのである。その中には，新卒採用選考試験において，入社後に高い成果を創出できるのでは

ないかと予測された人物が含まれていることもあった。

　同社では，厳しい競争環境の中で勝負ができる人材，一度負けても這い上がって敗者復活を戦える人材を求めている。採用選考においても，そのような特性を有する人材を採用することで，成果主義の徹底と人材育成の両立を目指しているのである。商品がヒットするかどうかは，仕組みやシステムにより支援される側面ももちろんあるが，最終的には人材の才覚に頼るしかない。そのため，人材の質をいかに高い水準で担保し続けられるかが最も重要な経営課題である。優秀な人材を採用し，処遇してリテンションをすること，一方では成果を上げられない人材が淘汰され，自然と退出していくことを実現しなければならない。採用段階からそのような信賞必罰を受容可能な労働観を有する人物を見極めることが重要となる。

3．人事部門の課題

(1) ビジネスパートナーとしての役割

　社員に対して高い事業成果を求める同社では，人事部門に対しても事業成果に繋がる施策を経営層が求める。具体的には，人員採用や教育などの人事諸施策がどの程度業績に影響を与えるのか，また経営上のリスクについて人事部門が事業部門に対して積極的に人事・労務の観点から提言することを求めており，報告会議が定例化している。

　人員採用数，人員数推移，人件費推移，一人あたり生産性，そして教育施策や経営幹部候補者のリストアップなど，人事部門がA社の経営層に対してプレゼンテーションを行う。人事部門はグループ内事業会社別にチームが編成され，各チームの課長がこのプレゼンテーションを担当する。現場経験のある者が課長に任命される。そこで議論されるのは，事業会社の成長スピードと人員増加・減少率との整合性が担保されているか，また人材の質的な観点においてリスクはないか等であり，主観的でなく，データを基にした討議を徹底している。

　定例化された報告会議以外にも，経営層に対して人事部門が自らテーマを設けて提案することも求められている。例えば，非正規従業員の活用について，過去の非正規従業員から正社員への登用試験の結果推移を分析し，非正規従業

員のスキルレベルの低下を示した上で，現場での正社員の補充を提案するなど，経営層が普段気づかないようなことまで踏み込んで分析し，客観的なデータを基にした提案を行うことも人事部門の重要な役割である。

　経営層は，新卒採用選考試験において最終面接の面接者を担当することから，昨今の若手社員のメンタル的問題による職場離脱を懸念しており，原因が採用選考にあるのか，または社内の課長層等の指導方法にあるのかを探ることを人事部門に投げかけている。経営視点で，かつ主観的でなく客観的データに基づいて検討を行うことが人事部門には求められる。

(2) 新規学卒者採用選考の質の担保

　採用選考については，新規学卒者の日本国内における選考に最も力を注いでいる。その理由としては，ヒット作を生み出すための企画の斬新さや，トレンドへのスピーディーな対応などには，社員の平均年齢が低い方が好ましいと捉えていること，また徹底した成果主義の方針を受け容れるには他社における経験がない新卒の方が中途に比して望ましいと考えていることがある。そのため，採用数は新卒採用の方が中途採用に比して圧倒的に多い。

　もちろん，特定の専門職採用には中途採用を活用し，また海外展開においてはローカルスタッフ採用も行っているが，企画を生み出す中心は日本本社であるとの考え方の下，本社を支える人材として，新卒採用を最重要視し，その選考に多大な時間と費用を投じている。面接技法や，適性検査などこれまで相当の試行錯誤を繰り返してきたが，採用選考試験での成績と入職後の成績が整合しないなどの課題も近年見えてきた。新卒採用の質は同社の企画力など競争力に直接影響を及ぼすため，大きな検討課題である。

(3) 課長層の人材育成

　A社の階層は取締役，執行役員，部長，副部長，課長，主任，一般により構成されるが，実務の中心となるのは課長層である。部長は部門全体の業績責任を担い，課長は部門に含まれるチームの業績責任を担う。若手人材の育成は部長というより，課長層が中心になって行う。そのため，業績創出と人材育成の両面で課長層の果たす役割は非常に大きい。

A社では日本企業には珍しく，かなり前から多面評価を管理職に対して取り入れてきた。上司のみならず部下から管理職に対する日々の業務行動の評価を与え，改善のための気づきを管理職が得ることを目的としている。多面評価導入当初は，因子や質問項目について簡便な検査を用いていたが，A社のビジョンに適合させるべく，それまで蓄積されたデータを統計処理して因子や質問項目を定義し直し，また被評価者に提供される結果レポートの内容を充実させるなど，近年大規模な投資を行っている。評価件数は5,000件以上にのぼる。

　課長層は多面評価導入当初から被評価者に含まれ，多年度にわたる評価がこれまでなされており，またフィードバックのための研修を全員受講することが推奨されている。日常のどのような行動が業績創出のための，また部下育成のための阻害要因になっているのか，数値で示されてフィードバックされる。

　ただし，評価値が毎年度連続で低い課長層も存在する。業績が低く，多面評価値が低い課長もいるが，中には業績は高いのに多面評価値が毎年度低い者もいる。これらの課長層の存在は，人材育成と短期的または中長期的業績に悪い影響を及ぼすことも考えられる。多面評価は現状人事評価には全く影響しないよう運用されているものの，課長層への登用を決定する材料となる人事評価基準の設計や，このような望ましくない行動特性を継続的に露呈してしまうような人物の入職前採用選考での見極めについては，今後の大きな検討課題である。

(4) 人事評価

　A社の人事評価は我が国の多くの企業と同様に，業績評価と行動評価の2つの評価方法によって構成されている。業績評価は，年度初に上司との協議により業績目標を決定した上で，当該目標の達成度合を年度末に評定する。業績評価結果は賞与に反映される。一方，行動評価は，上期末までの職務行動について，予め定められた階層別行動評価基準に則り，Behavior Observation Scaleによって行動を評定する。行動評価は給与および昇進・昇格に反映される。

　行動評価は，自社の高業績社員の行動をインタビューにより抽出し，求める行動を十数個に細分化して策定されたものである。外部業者のアセッサーとA社人事部門担当者によってインタビュー結果を議論によりまとめ上げ，行動評価基準として作成した。しかしながら，高業績を創出するものの，人材育成面

で課題があり，部下の休職・離職が多く発生し，多面評価値が毎年度低い管理職層が存在することが問題視されている。今後は，そのような人物が責任の重い役割に配置されないような評価の仕組みを構築することが課題である。

4．ケース

　加藤氏は着任1週間以内に人事部門内の各チーム課長との会議をもった。その中で，新卒採用チーム課長三村氏（仮名，以下同様）からこれまでの業務内容について説明を受けていた。業務の目的，具体的な活動内容，成果などについて議論を交わし，今後のA社ならではの採用戦略を検討していた。A社では，中途採用よりも新卒採用に人材調達の力点を置いていることから，議論は新卒採用の方法，適性検査，面接などについて詳細に及んだ。

(1) 新卒採用の概略

　三村氏の説明によると，当時A社では毎年度約40〜60名の新規学卒者を採用していた。採用選考試験は，エントリーシートによる書類審査から，適性検査，一次面接，二次面接，最終面接という各次選考を経て内定および入社へと至るものであった。

　エントリーシートは雛形が用意されており，記載内容について人事部門の管理職および管理職未満の担当者が分担をして選考を行っていた。選考の基準は必ずしも明確ではなく，A社でやっていけるかどうか，選考者により主観的に判断されていた。A社は新卒就職活動市場で人気が高く，エントリー数は数万名を超えていた。限られた人事部要員で数万名を超える選考を行うには，スピードが求められるため，ある程度担当者の直観任せにならざるを得ない旨，三村氏は加藤氏に説明していた。

　適性検査は性格に関する一般的な検査（以下，適性検査a）である。A社ではエントリーシートの書類審査時に，適性検査aの結果が併せて選考材料として用いられ，総合的に合否を決定していた。適性検査aの結果は，本段階での選考に活用されるのみならず，一次面接から最終面接までの全次の面接において選考材料の一部として参照されていた。そのため，適性検査としての質が非

第Ⅲ部　雇用を工夫する

常に重要である。

　一次面接は，事業部所属社員2名と人事部所属社員1名の計3名を標準として面接者が構成され，実施されていた。非管理職である主任層が面接者を担当した。二次面接も事業部所属社員2名と人事部所属社員1名の計3名の面接者により構成されるが，管理職層が面接者を担当した。なお，面接者が2名の場合も例外的にあり，構成は事業部所属社員1名，人事部所属社員1名である。最終面接は取締役複数名が面接者を担当した。最終面接は形式的でなく，採否についての実質的な選考が行われ，最終面接で不合格となる学生も存在した。

　面接は構造化面接法に基づいて設計され，運用されていた。面接評定表に評定尺度と質問例が記載され，面接者はそれぞれの業務に関連した質問を分担して受験者である学生に投げかけた。面接結果はA（最高），B，C，D（最低）の4つのランクを用いて評定がなされ，平均評定値がB以上を合格基準としていた。ただし，適性検査等の結果を考慮して平均評定値B未満であっても内定を得る学生が存在した。採用選考試験の受験者である学生の多くは4年制大学の4年次の者であり，一部に大学院生や，特定の技術職の採用においては専門学校生が含まれていた。

　これら採用諸活動の目的は，入職後に高い業績を創出する可能性が認められる学生を採用することにあった。加藤氏もその目的には賛同した。しかし，適性検査や面接で高く評価された学生が，そこで低く評価された学生よりも入職後に高い業績を創出しているかという効果検証はなされていなかった。

　採用活動で目立った学生を固有名詞で数名挙げて，活躍しているかという議論がなされることはあった。毎年，採用活動をしていると内定者の中でも目立ってコミュニケーション能力が高かったり，論理的思考能力が高かったりする学生がいるもので，そういったいわばエース級の学生の名前は，入社後の活躍の動向について話題に上ることがあるものだ。それとは逆に，内定辞退者の発生を見込んでやや多めに内定者を確保する中で，合否ギリギリで入社した学生もいた。そういった学生についても入社後に果たして職場に適応できているか，話題に上ることもあった。

　信賞必罰の考え方を徹底しているA社では，1年目から目標をもち，達成することが求められる。人事評価結果にも1年目から差異が生じ，早期から活躍

第5章　国内企業A社

度合が測定され，注目される。しかし，年間約40〜60名を採用している中で，それらの目立った学生以外については採用選考試験成績と入職後業績との関連を客観的に実態把握できていなかった。

(2) 適性検査

適性検査aは，WEBによる質問紙検査方式を用いていた。能力検査でなく性格検査である。A社では能力よりも，競争の厳しい自社風土に対する親和性等を測定するために性格面の検査を重視していることがその背景にある。2005年入社から2007年入社までの3年間の新卒入社者は，全て適性検査aを受験している。

それら新卒入社者の適性検査総合ランク別の度数分布を図表5－1に示す。総合ランクは，1（最低），2，3，4，5，6，7（最高）の7段階のランクにより構成される。同社では4以上を合格基準として運用していた。データには総合ランク3で入社している者も含まれるが，エントリーシートの内容等を併せて総合的に判断した結果である。なお，図表5－1に示した150名の受験者データは，全てA社の入社者に関するものである。A社の採用選考試験受験者であっても入社していない者は除いている。以下，ケース内の標本は全てこの150名である。平均値は4.89であり，合格基準となる総合ランク4を上回っていることがわかる。標準偏差は1.29である。

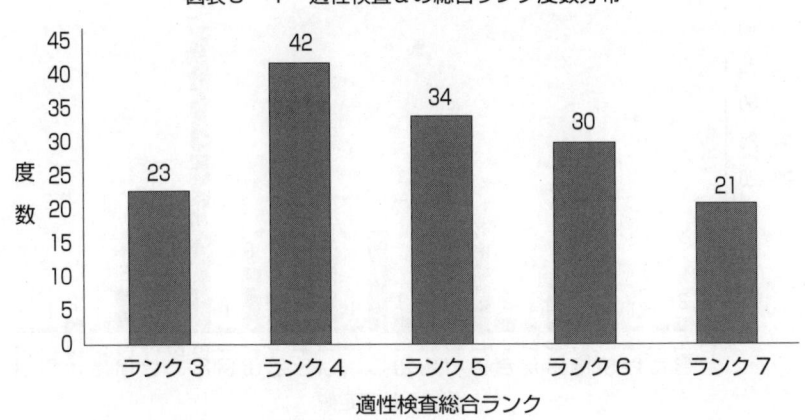

図表5－1　適性検査aの総合ランク度数分布

ランク	度数
ランク3	23
ランク4	42
ランク5	34
ランク6	30
ランク7	21

（出所）　A社社内資料をもとに筆者作成。

171

第Ⅲ部　雇用を工夫する

(3) 採用面接

　図表5-1に示したA社の2005年，2006年，2007年入社の150名につき，一次面接評定値および二次面接評定値の度数分布を図表5-2に示す。各面接評定は，面接評価のA（最高）を3，Bを2，Cを1，D（最低）を0として数値化した上で，評定平均値が算出されている。一次面接評定平均値は2.21であり，合格基準のBランク相当の2.00を上回っていることがわかる。標準偏差は

図表5-2　一次面接および二次面接評定値度数分布

評定値	一次面接	二次面接
0.67	1	0
1.00	1	1
1.33	6	11
1.50	2	2
1.67	21	21
2.00	45	47
2.33	24	31
2.50	7	5
2.67	28	20
3.00	15	12

（出所）　A社社内資料をもとに筆者作成。

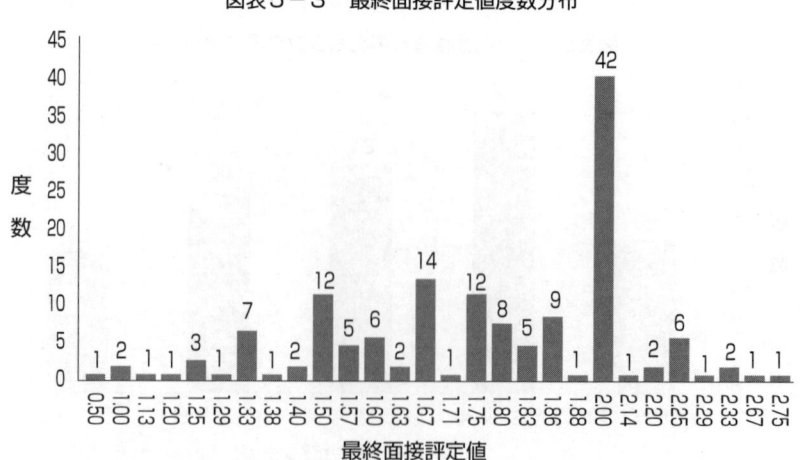

図表5-3　最終面接評定値度数分布

最終面接評定値	度数
0.50	1
1.00	2
1.13	1
1.20	1
1.25	3
1.29	1
1.33	7
1.38	1
1.40	2
1.50	12
1.57	5
1.60	6
1.63	2
1.67	14
1.71	1
1.75	12
1.80	8
1.83	5
1.86	9
1.88	1
2.00	42
2.14	1
2.20	2
2.25	6
2.29	1
2.33	2
2.67	1
2.75	1

（出所）　A社社内資料をもとに筆者作成。

0.47である。また，二次面接評定平均値は2.15であり，一次面接と同様に合格基準のBランク相当2.00を上回っていることがわかる。標準偏差は0.46である。

最終面接評定値の度数分布を図表5－3に示す。評定平均値の算出方法は前述一次面接および二次面接と同様である。平均値1.78，標準偏差0.31であり，平均値はBランク相当値を下回っている。これは，取締役による面接がなされ，一次および二次面接における面接者よりも厳しい基準で評定されていること，またBランク相当値を下回っても最終面接時には人数を相当数に絞り込んでいるため，内定辞退を見込んで内定を出した学生が存在することが理由である。

(4) 人事評価

行動評価は，5段階のランクにより総合評価が決定されている。A（最高），B，C，D，E（最低）である。150名のうち，年度途中で出向により出向先の評価基準で評定がなされる者，また退職者等はデータがない（行動評価と業績評価の両方）。なお，分析は2008年度上期に行われたため，2005年入社者は2005～2007年の3年度分，2006年入社者は2006・2007年の2年度分，2007年入社者は2007年の1年度分の人事評価データが対象になる。

行動評価の5段階ランクは，他の日本企業に見られるように入社数年間はほとんど差異を設けないというものではなく，入社初年度から差異が生じるよう

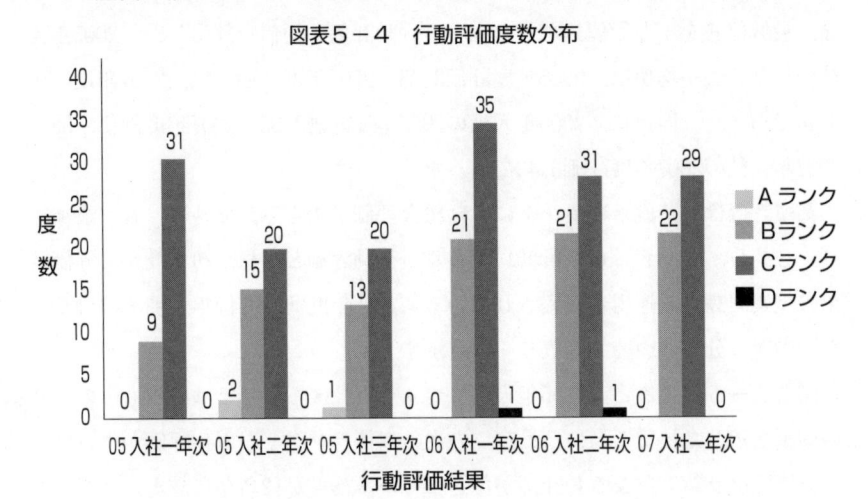

図表5－4 行動評価度数分布

入社年次	Aランク	Bランク	Cランク	Dランク
05入社一年次	0	9	31	0
05入社二年次	2	15	20	0
05入社三年次	1	13	20	0
06入社一年次	0	21	35	1
06入社二年次	0	21	31	1
07入社一年次	0	22	29	0

（出所） A社社内資料をもとに筆者作成。

にA社では運用されている。若年期からの信賞必罰を徹底する同社では当たり前ともいえる。

　入社年度別・評価年度別・評価ランク別の度数分布について図表5－4に示す。

　例えば，2005年入社の41名（うち1名は初年度中の退職のために行動評価データがない）について，一年次評価ではB評価9名，C評価31名であった。1年目の行動評価は，入社して約半年後に実施されるため，研修期間を含めると実質的に評価対象期間は数か月しかないことになる。それであっても，特に優秀な者には最高ランクの次に高位の評価となるB評価を与え，平均的な社員を示す中位の評価たるC評価と差異を設けていることがわかる。そして，2年目は最高位評価となるA評価に2名が該当し，群を抜いて行動面で充足している社員を区別している。3年目も同様に特に優秀な1名に対してA評価を付与している。

　2006年入社については，入社1年目および2年目に最高位A評価は存在しないものの，低位のD評価が1年目から付されている社員が存在する。入社後数か月の評定期間であっても，行動面で課題があればその時点での厳格な評価が付されていることが読み取れる。

　行動評価の5段階ランクのうち最高位Aランクを5，Bを4，Cを3，Dを2，最低位Eを1と数値処理した上で，行動評価平均値を算出した。2005年入社の行動評価平均値は，2005年度評価3.23，2006年度評価3.51，2007年度評価3.44であった。同様に，2006年入社の2006年度評価3.35，2007年度評価3.38，2007年入社の2007年度評価3.43であった。

　業績評価は，7段階のランクにより総合評価が決定されている。A（最高），B，C，D，E，F，G（最低）である。行動評価と同様，初年度から評価結果の差異を設ける運用が徹底されている。入社年度別・評価年度別・評価ランク別の度数分布について図表5－5に示す。

　図表5－5によると，2005年入社につき，入社後1年目ではあるものの，高い業績を示した社員1名には最高位の次の高位ランクとなるB評価が付され，一方で低位ランクとなるE評価が付されている社員が12名存在することがわかる。1年目から大きな差が開いていることが示されている。入社後3年目，す

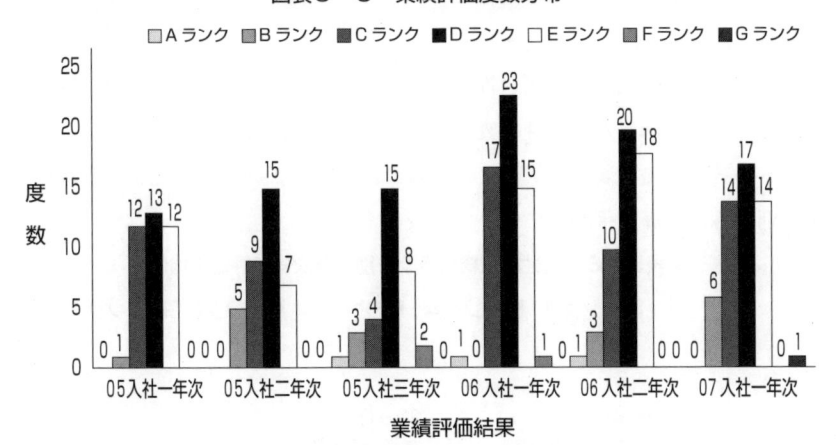

図表5-5　業績評価度数分布

□Aランク　■Bランク　■Cランク　■Dランク　□Eランク　■Fランク　■Gランク

（縦軸：度数）
（横軸：業績評価結果）

- 05入社一年次：0, 1, 12, 13, 12, 0, 0
- 05入社二年次：0, 0, 5, 9, 7, 0, 0
- 05入社三年次：1, 3, 4, 15, 8, 2, 0
- 06入社一年次：1, 0, 17, 23, 15, 1, 0
- 06入社二年次：0, 3, 10, 20, 18, 0, 0
- 07入社一年次：1, 6, 14, 17, 14, 0, 1

（出所）　A社社内資料をもとに筆者作成。

なわち2007年評価になると，それまで存在しなかった最高位ランクA評価に1名が該当し，一方でF評価に2名該当していることがわかる。入社3年目で非常に大きな差が開いているといえよう。

2006年入社では，1年目から最高位ランクA評価に1名該当しており，F評価に1名該当している。2007年入社では1年目から最低位ランクのG評価に1名該当している。入社初年度といえども，業績目標を立て，その達成度合によって厳格な評価がなされている。人事部門長加藤氏は，若年期からの厳格な評価は日本企業では珍しいことを感じていたが，A社の人事方針に照らし合わせれば望ましい結果であると捉えた。

最高位Aランクを7，Bを6，Cを5，Dを4，Eを3，Fを2，最低位Gを1と数値処理した上で，業績評価平均値を算出した。2005年入社の業績評価平均値は2005年評価4.05，2006年評価4.33，2007年評価4.03，そして2006年入社の2006年評価4.05，2007年評価4.02，2007年入社の2007年評価4.17であった。

(5) 適性検査と面接・人事評価との関連

適性検査 a は面接に先立って実施されるため，数多くのエントリー学生から優秀者を選抜する一方で，面接する意義のあまりない学生を不合格にするという機能が求められる。よって，適性検査 a の結果は，その後の選考工程である

面接結果を予測し，さらには入社後の成績をも予測可能なものであることが求められる。

人事部門長加藤氏は，まず適性検査aの総合ランク結果と面接結果の関連を調べることを指示した。適性検査aの総合ランクは，今回の標本において3，4，5，6，7の5段階のデータが得られたため，この適性検査aの5段階ランク別の各面接評定平均値について図表5－6に示す。

図表5－6　適性検査総合ランク別の各次面接評定平均値

	一次面接	二次面接	最終面接
ランク3	2.09	2.10	1.70
ランク4	2.19	2.23	1.76
ランク5	2.27	2.17	1.86
ランク6	2.27	2.18	1.84
ランク7	2.17	1.94	1.67

（出所）　Ａ社社内資料をもとに筆者作成。

また，適性検査aの5段階ランク別の各面接評定の標準偏差および標本の大きさを図表5－7に示す。

図表5－7　適性検査α総合ランク別の面接評定標準偏差および標本の大きさ

適性検査α	一次面接 標準偏差	二次面接 標準偏差	最終面接 標準偏差	n
総合ランク3	0.53	0.42	0.33	23
総合ランク4	0.52	0.47	0.34	42
総合ランク5	0.42	0.39	0.25	34
総合ランク6	0.47	0.52	0.32	30
総合ランク7	0.43	0.46	0.28	21

（出所）　Ａ社社内資料をもとに筆者作成。

次に，適性検査 a の総合ランクと入社後人事評価結果の関連についても調査を実施した。2005年入社について，適性検査総合ランク別の年度別行動評価平均値を図表5-8，同業績評価平均値を図表5-9に示す。

図表5-8　適性検査総合ランク別の行動評価平均値（2005年入社）

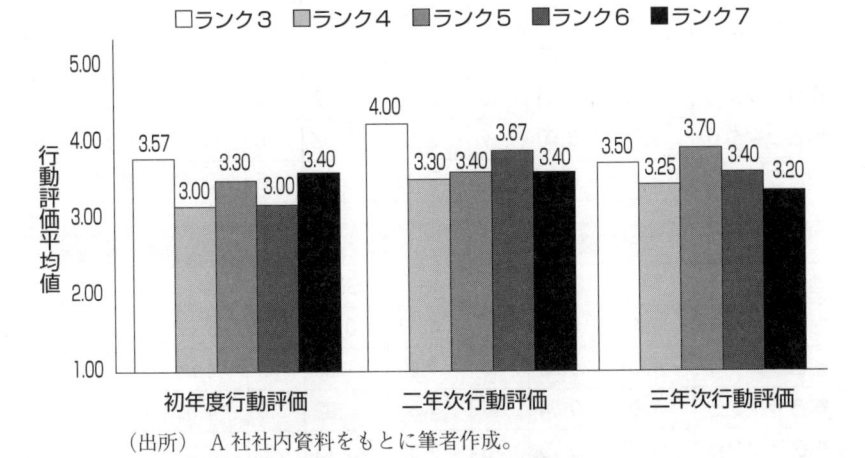

□ランク3　■ランク4　■ランク5　■ランク6　■ランク7

	初年度行動評価	二年次行動評価	三年次行動評価
ランク3	3.57	4.00	3.50
ランク4	3.00	3.30	3.25
ランク5	3.30	3.40	3.70
ランク6	3.00	3.67	3.40
ランク7	3.40	3.40	3.20

（出所）　A社社内資料をもとに筆者作成。

図表5-9　適性検査総合ランク別の業績評価平均値（2005年入社）

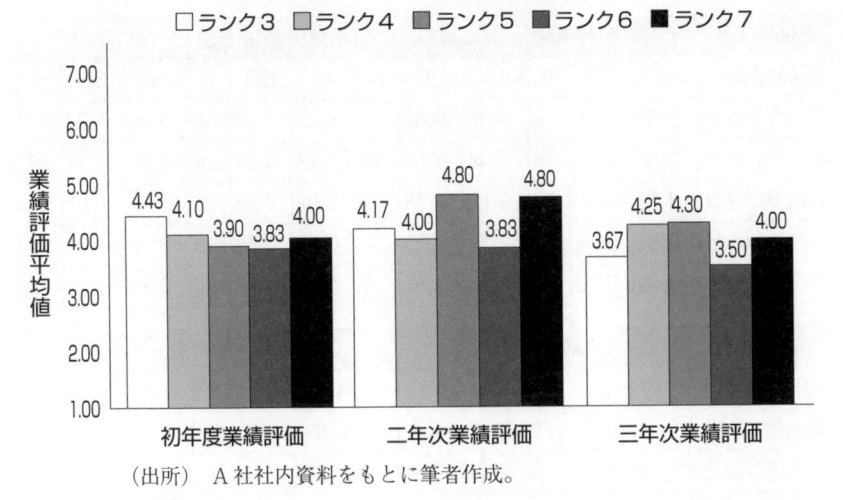

□ランク3　■ランク4　■ランク5　■ランク6　■ランク7

	初年度業績評価	二年次業績評価	三年次業績評価
ランク3	4.43	4.17	3.67
ランク4	4.10	4.00	4.25
ランク5	3.90	4.80	4.30
ランク6	3.83	3.83	3.50
ランク7	4.00	4.80	4.00

（出所）　A社社内資料をもとに筆者作成。

入社年度別および評価年度別の適性検査 a 総合ランク別行動評価平均値と標準偏差，標本の大きさ，および業績評価のそれらについて，2005年入社以外のデータも含めてまとめて図表5-10に示す。

第Ⅲ部　雇用を工夫する

図表5-10　入社年度別および評価年度別の適性検査α総合ランク別人事評価

（平均値：M，標準偏差：SD）

2005年入社	行動評価 初年度			二年次			三年次		
適性検査α	M	SD	n	M	SD	n	M	SD	n
総合ランク3	3.57	0.53	7	4.00	0.89	6	3.50	0.55	6
総合ランク4	3.00	0.00	11	3.30	0.48	10	3.25	0.46	8
総合ランク5	3.30	0.48	10	3.40	0.52	10	3.70	0.67	10
総合ランク6	3.00	0.00	7	3.67	0.52	6	3.40	0.55	5
総合ランク7	3.40	0.55	5	3.40	0.55	5	3.20	0.45	5

2005年入社	業績評価 初年度			二年次			三年次		
適性検査α	M	SD	n	M	SD	n	M	SD	n
総合ランク3	4.43	0.98	7	4.17	0.98	6	3.67	1.21	6
総合ランク4	4.10	0.99	10	4.00	1.00	9	4.25	1.16	8
総合ランク5	3.90	0.74	10	4.80	0.92	10	4.30	1.16	10
総合ランク6	3.83	0.75	6	3.83	0.75	6	3.50	1.00	4
総合ランク7	4.00	1.00	5	4.80	0.84	5	4.00	1.22	5

2006年入社	行動評価 初年度			二年次			業績評価 初年度			二年次		
適性検査α	M	SD	n	M	SD	n	M	SD	n	M	SD	n
総合ランク3	3.38	0.52	8	3.14	0.69	7	4.13	1.36	8	3.86	1.07	7
総合ランク4	3.33	0.59	18	3.44	0.51	18	3.78	0.81	18	4.35	1.11	17
総合ランク5	3.36	0.50	11	3.30	0.48	10	3.82	0.98	11	3.80	1.03	10
総合ランク6	3.31	0.48	13	3.50	0.52	12	4.38	0.65	13	3.92	0.67	12
総合ランク7	3.43	0.53	7	3.33	0.52	6	4.43	0.53	7	3.83	0.98	6

2007年入社	行動評価 初年度			業績評価 初年度		
適性検査α	M	SD	n	M	SD	n
総合ランク3	3.63	0.52	8	4.63	0.92	8
総合ランク4	3.25	0.45	12	3.92	1.50	13
総合ランク5	3.42	0.51	12	3.83	0.83	12
総合ランク6	3.40	0.52	10	4.30	0.82	10
総合ランク7	3.56	0.53	9	4.44	1.01	9

（出所）　A社社内資料をもとに筆者作成。

(6) 採用適性検査の新規開発

人事部門は前述のデータを踏まえて，新たな適性検査（以下，適性検査β）を開発することを決定した。ＷＥＢを用いた質問紙検査方式であり，性格検査である。

人事評価データや意識調査データ，勤怠データなどの人事データに加えて，高業績者へのインタビュー結果の議事録といったテキストデータも含めてデータベース化をして，因子分析や分散分析，共分散構造分析などの手法による多変量解析を行った。そこで抽出された因子や策定された質問項目は，適性検査αとはかなり異なるものであった。

適性検査βは，20個程度の因子と数十問の質問項目により構成されている。合計得点は値域20から80で平均値50の標準得点化がなされている。適性検査βは過去の様々な人事データを基にまず専門家が試作版を作成した。試作版について人事部門長などと議論を行い，改良を施した。その上で，社員200名以上に対して事前テストを実施した。人事評価において高評価，低評価，平均的評価の社員を選定した。この際，人事評価結果は単年度のみの結果によると偶発的要素が多いため，複数年度の評価結果が用いられた。

事前テストの結果，適性検査βの合計得点は23から74までの分布が認められた。そして，行動評価で高評価群は低評価群よりも適性監査βの合計得点平均値が有意に高いことがわかった。行動評価高評価群は，適性監査βの合計得点が50を超えているのに対して，低評価群は50を下回っていた。業績評価でも類似の結果が得られた。

合計得点のみならず，適性検査β内の各因子についても検証が行われた。20個程度の因子中，14個の因子について，人事評価高評価群は低評価群に比して平均値が有意に高いことがわかった。一方，残りの因子については，同様の結果が得られなかった。そこで，それらの因子に含まれる質問を分析し，改修すべき点を洗い出した。

さらに，時間をおいて再度検査を実施し，回答傾向に差異が生じないか分析を行った。そして，同一因子に含まれる複数の質問間の内的整合性の分析や，因子間の独立性の検証なども行われた。

その上で，内定者約60名に対して事前テストを実施した。内定者は未入職者

であり，社員ではないことから，社員を対象とした事前テストとは回答の質が異なる可能性がある。また，適性検査は主として新卒学生に対して実施されるため，新卒学生に類似した対象である内定者で検証を行う必要があると考えた。

テストの結果，合計得点において値域28から76までの分布が認められた。内定を既に得ているとはいえ，入職前に実施されるテストであることから，なるべく高得点を取ろうという動機づけが働く可能性がある。そのような回答方略によって，値域が高い水準に集中するような検査の場合，採用選考試験では用いることができないが，本事前テストでは広い値域が確認された。

内定者の場合，人事評価データが存在しないことから，採用選考での面接成績との関連を分析した。採用選考試験における一次面接，二次面接，最終面接の各評定平均値を合計して偏差値化する数値処理を施し，偏差値60以上の高成績群と，40未満の低成績群とに分けて分析した結果，高成績群は低成績群よりも適性検査β合計得点平均値が有意に高いことが確認された。なお，採用選考成績の偏差値40未満であっても内定を得ているのは，他の優秀学生から内定辞退者が発生することを見越して内定を出した学生などが含まれるためである。

最終的に完成した適性検査βの因子および質問には，A社の信賞必罰や厳しい競争環境で働くことができるかなど，A社が求める人材像に合致する特性が詳細に定義され，測定された。社員の労働観やそれを形成する性格特性は，厳格な成果主義と，人材の動機づけが両立するための基盤である。性格特性面での基盤を面接だけで見極めるのは難しい。面接は主観的評価のため，面接者による解釈が大きく変わり得る。そこで，適性検査によって，ある程度の水準で担保することの重要性が高まる。これにより，成果主義型人事制度に積極的に向き合える社員が増え，成果主義と人材育成が両立されるとA社人事部門は考えた。

適性検査βを新卒採用選考に導入してから，新人がそれまでにないような活躍を見せることが増えた。メンタル的な問題により休職や退職をする者はゼロにはならなかったが，減少しつつあった。また，一度人事評価で低い評価を与えられても，再度チャレンジする者が増えた。

5．分析と考察

(1) よい採用適性検査とは何か

　採用適性検査のよさを語る上では様々な議論がなされる。例えば，検査開発時の標本の大きさがn名以上である，信頼性のα係数が0.80以上であるといった統計学的視点によるもののほかに，他社への導入実績が100社以上ある，対策本があまり出版されていない，結果帳票が見やすい，特定の個人の印象と適性検査結果が合っているなど，実務的・運用的視点によるものもある。

　人事部門の現場ではこれらの様々な表現が飛び交っているように見受けられるが，採用適性検査のようなテストは，信頼性と妥当性という2つの観点から心理学的に評価される。信頼性とは測定値の安定性や一貫性を，妥当性とは測定値の正しさを指す。信頼性や妥当性は心理学研究における用語であり，日常用語または実務用語とは定義が異なる部分があるため，以下に整理する。

　信頼性とは，測定値の安定性や一貫性を指す。信頼性は心理学のこれまでの研究に従い，以下3つの下位概念の適用を検討する。

- 安定性　（stability）
- 評価者間信頼性　（inter-rater reliability）
- 内的一貫信頼性　（internal consistency reliability）

　安定性は異なる時期に測定した値が同じ値になることを，評価者間信頼性は異なる評価者からの同一被評価者に対する評価値が同じ値になることを，内的一貫信頼性は同一の構成概念につき複数項目で評定した値が一貫することを指す。

　それぞれの下位概念の評価にあたっては数値的な手続が採用される。安定性は，異なる時期に測定した2つの値について，測定値の一致性を確かめるために測定値の変化率や，時期の差異の2群間での測定値の平均値の差異を検定する手続などにより評価される。評価者間信頼性は，各評価者の評定値の相関係数を算出する手続などにより評価される。内的一貫信頼性はCronbach's αを算出する手続などにより評価される。

　このように統計的な手続としてはt検定や相関係数，Cronbach's αなどを

用いるが，採用選考試験における面接評定値や，質問紙法による回答値または入職後人事評価制度における評定値のように，広義のテストとして捉えられる値の場合には，単に t 検定や相関係数，Cronbach's $α$ といった呼称でなく，どのような観点からテストを評価しようとしているのかを明確にするために，安定性，評価者間信頼性，内的一貫信頼性を評価している旨を明示することがテスト理論において，また人事テストにおいて一般的である。

　妥当性とは，測定値の正しさを指す。妥当性は，心理学のこれまでの検討に従い，以下3つの下位概念の適用を検討する。

- 内容的妥当性　（content validity）
- 基準関連妥当性　（criterion-related validity）
- 構成概念妥当性　（construct validity）

　内容的妥当性は複数の専門家がテスト項目を熟読し，内容との関連性を数値評価したものを，基準関連妥当性は測定値と問題にしている特性や行動の直接の測度になると考えられる外部変量（基準変量）との関係を指す。ただし，内容的妥当性については，経験的データがそれを裏付ける保証はないという批判がある（Messick, 1975）。構成概念妥当性は，Messick（1989）によりテスト得点の解釈や意味に影響するあらゆる証拠を統合したものであると指摘され，内容的妥当性と基準関連妥当性を包含した広範囲な妥当性概念とされている。基準関連妥当性については，尺度得点が個人の将来をどの程度予測するかという予測的妥当性（predictive validity）と，尺度得点が他の類似の尺度得点とどのような関係をもつのかという併存的妥当性（concurrent validity）とに分けられる。併存的妥当性は時間軸の概念がなく類似尺度との関連を，予測的妥当性は時間軸の概念があり将来の成果指標との関連をとる。

　妥当性の下位概念の評価にあたっては，信頼性の下位概念同様に数値的な手続が採用される。内容的妥当性には，複数の専門家が内容との関連性を数値評価したものの一致性を示す相関係数を算出する手続などが用いられる。予測的妥当性は，ある一時期の尺度得点が将来の尺度得点とどの程度関係性を有するのか，相関係数や分散分析，共分散構造分析などによって評価される。併存的妥当性は相関係数などによって評価される。

　これらの信頼性と妥当性について，各下位概念とその概要，および用いられ

る分析方法を図表5－11にまとめる。

図表5－11　信頼性と妥当性の概要

安定性	異なる時期に測定した値が同じになること	➡ 測定値の変化率 平均値の差異の検定など
評価者間信頼性	異なる評価者からの同一被評価者に対する評定値が同じになること	➡ 評定値の相関係数など
内的一貫信頼性	同一の構成概念につき，複数項目で評定した値が一貫すること	➡ Cronbach's αなど
内容的妥当性	専門家が内容との関連を数値評価したもの	➡ 相関係数など
基準関連妥当性	測定値と外部変量（基準変量）との関係	➡ 相関係数 分散分析　など

　日常生活の例に置き換えて考えてみると理解が比較的容易と思われる。体重計を考えてみる。体重計に乗って表示された値が65kgだったとする。ほぼ時間を置かずにまた体重計に乗った時に68kgと表示されるようでは，この体重計は壊れていると誰しもが考える。適性検査でも同様である。就職活動を行っているある学生が，同じ適性検査について2度あまり時間を置かずに受検したとする。一度目は100点満点中50点であり，二度目は80点だったとするとこの適性検査は当てにならないと誰しも考える。実際ここまで大きくブレることはないかもしれないが，同じ検査をほぼ同じタイミングで受検するのであれば，結果は同一または極めて近似するべきであろう。この安定性の例のように，信頼性や妥当性は適性検査などのテストに限定された概念でなく，何かを測定する場合には広く適用すべき概念として捉えられる。

　以上を踏まえて，採用適性検査には，どのような評価が適切なのであろうか。言い換えれば，どのような評価を行うことによって，その採用適性検査の良し悪しを論ずることができるのだろうか。もちろん，採用適性検査にも様々な種類が存在し，その種類に評価法は依存するが，ここではA社で用いたWEBによる質問紙検査である適性検査αおよび適性検査βを想定して整理する。

　まず，信頼性の下位概念を検討する。安定性については，採用適性検査で求

められると解釈できる。安定性が不十分な場合，すなわち，ある学生が新卒採用選考試験においてA社で適性検査を受検し，次にB社で同じ適性検査を受検した際，結果が大きく異なっているようでは，当該適性検査はその学生の適性を測定できているとはいえない。気分のムラや，学習効果（A社で受検したことにより次回のテスト得点が上がる効果）などが適性検査結果に影響を与えるようでは，安定性から見た信頼性は不十分であり，よい適性検査とはかけ離れている。本来，繰り返し同一のテストを受検しても結果がほとんど変わらないという安定性が得られるべきである。

　評価者間信頼性については，評価者と被評価者の存在が前提となる。採用選考試検においては適性検査でなく，面接等で検証されるべき信頼性の下位概念である。WEBによる質問紙検査では予め用意された質問に対して評価者が回答するため，本下位概念は該当しない。

　内的一貫信頼性については，採用適性検査で求められると解釈できる。しばしば，市販されている適性検査でも内的一貫信頼性を示すCronbach's α が報告されている。この α は一般的に0.80以上が求められる。ただし，質問項目間相関係数が高い質問項目を数多く含めれば，Cronbach's α が高くなる傾向にあることが数学的に知られている。すなわち，似たような質問が多ければ多いほど α は高まる，ということである。そのため，α が高いからといってよい採用適性検査とは必ずしもいえない。他の下位概念も含めた総合的な検討が必要となる。

　次に，妥当性の下位概念を検討する。内容的妥当性については，採用適性検査で求められると解釈できる。ただし，専門家といえども主観的判断による部分が大きい場合，本下位概念は参考程度にとどまるであろう。

　基準関連妥当性のうち予測的妥当性については，採用適性検査で求められると解釈できる。採用適性検査はその後に実施される面接や，入社後の人事評価結果，メンタル問題の発生有無などをいわば予測するために実施していると捉えられることから，予測的妥当性が強く要求される。採用適性検査は予測的妥当性が主な検証対象となるといってもよい。

　適性検査の予測的妥当性の分析においては，適性検査の結果を予測変数として，面接結果や入職後の人事評価を基準変数として捉える。適性検査結果が測

定された後，面接結果が測定されるまでは数日から数週間程度であることから，時間間隔や因果関係に関する議論は生じない。一方で，入職後人事評価結果については，適性検査が実施された後，1年から数年以上の時間が経過し，また人事評価結果には当該対象者の上司や所属事業部の市場環境などが影響する可能性があるため，整理が必要である。

まず，予測変数と基準変数の時間範囲について整理する。入職後どの程度の期間が経過した時点での人事評価を用いるべきかについて検討が必要となる。例えば，山本ら（1998）は10年後の人事評価データを基準変数として用いた。二村ら（2000）によれば，適性検査の予測的妥当性に関して，数年後の人事評価での勤労成績を基準変数として用いることとしている。やや視点を変えて，人事評価は，大学院という場においては入学後の学業成績とも捉えられるが，財団法人日弁連法務研究財団等により組織されている適性試験委員会（2007）によると，北米のLaw School（法科大学院）の出願者に課すLSAT（Law School Admission Test）では，個別のLaw Schoolと共同して半世紀以上にわたり入学前の出願時に課すLSATの品質管理に努めており，そこでは予測的妥当性を評価するための基準変数として，入学後1年時のGPA成績が用いられているという。

このように予測変数の測定時から見た基準変数測定時までの時間範囲については様々であり，Law Schoolの場合には修了までの時間が短いことから早期に成績の創出を求め，また産業界においては業界や企業の特性によってどの時点で成果の創出を求めるかに依存し，一定の制限はないものと考えるのが適切であろう。二村ら（2000）によれば，基準変数の選び方は一通りでなく，検査の目的によって異なるとされている。入職後どの時点で成果の創出が期待されるか，言い換えれば評価結果の差異が被験者間に生じ，昇進・昇格の判断材料となるのはどの時点かにより検討すべきであろう。ケース内A社においては，入社1年目から評価結果の差異を設けており，その人事方針に分析方略をよって立たせるならば，1年目の人事評価から基準変数に用いることが適切である。

次に，当該時間間隔の存在に伴って，適性検査結果と入職後成績との間に生じ得る諸要因について整理する。仮に，採用選考試験で内定を得て，学生から社会人になり，入職した後に上司や所属事業部の市場環境または当該社員の心

理変容などによって，社員の特性が非常に大きく変化すると捉えた場合，入職前の適性検査の必要性は極めて低くなる。すなわち，入職後の可変性が非常に高いのであれば，入職前の測定値の信頼性は非常に低くなり，再現性が得られにくくなる。そのような前提によって立つ場合，入職後にのみ検討の焦点を当てれば足りる。入職前に多大な費用を投じて適性検査や複次にわたる面接を行う必要はほぼないということになる。

採用選考試験に多大な費用と時間を限られた経営資源から割り当てるのは，入職前の特性に関する測定値が，程度の議論は残るものの，入職後にも再現性がある程度認められるという前提がある。入職後の諸要因は，分析上可能な限り統制されるべきであるが，その統制が全要因に施されていないことをもって，予測的妥当性分析の必要性は否定されるまでには至らないと考えるのが適切であろう。

諸要因については，所属組織，上司，職種などが通常考えられる。適性検査の予測的妥当性分析において難しいのは，一般的に入職後，新人は様々な組織に配属され，また上司も様々であるため，それらの要因統制が実際上は不可能であることである。非常に大きな組織であれば，特定事業部に配属された社員のみを対象に分析可能であるが，その場合も頑健性の担保を可能にする標本の大きさを得るのは難しい。職種も，様々な職種に分散することが一般的には多い。ケース内で対象とした150名は営業職と企画職がほとんどである。製造業ではないため，技術職や工場での生産従事者は含まれておらず，ある程度の同質性は担保されている。

基準関連妥当性のうち併存的妥当性については，採用適性検査で求められることもあるであろう。例えば，適性検査を2種類用いている場合などである。この2種類において，仮に測定したい構成概念に重複がある場合には，それらの関連が検証されるべきである。わかりやすくいうと，例えば2つの適性検査において，「コミュニケーション」という構成概念が存在していたとすると，コミュニケーションという言葉には多義性があるため，異なる適性検査間のコミュニケーションという構成概念間相関係数などにより，併存的妥当性が検証されることになる。

これらの検討を踏まえて，A社の採用適性検査αおよびβのよさは，主に予

測的妥当性で検証されることになる。ケース内において，A社の人事部門が採用適性検査αおよびβと採用面接等との関連について集計したのは，心理統計学的には予測的妥当性を検証するための基礎的分析にほかならない。

図表5－12に企業における採用適性検査において，信頼性と妥当性の下位概念の何を用いるべきかにつき，簡便にまとめた。

図表5－12　採用適性検査において用いるべき下位概念

安定性	○	内容的妥当性	○（ただし参考程度）
評価者間信頼性	×（面接法は○）	基準関連妥当性	○（主に予測的妥当性）
内的一貫信頼性	○		

（出所）　A社社内資料をもとに筆者作成。

(2) 面接に対する予測的妥当性の評価結果

A社における採用適性検査αに関する予測的妥当性の評価を行う。なお，採用適性検査βについてはここでの分析から外している。

予測変数測定後に，諸要因の介在する余地が少ない状態で測定される面接結果を基準変数として予測的妥当性を分析するところから始める。説明をわかりやすくするために，以下に図表5－6を再掲する。

適性検査α総合ランクのうち，最高ランク7（n＝21）の一次面接評定平均値は2.17であるのに対して，下位のランクである6（n＝30）のそれは2.27であった。また，二次面接評定平均値については，適性検査α総合ランクが最高ランク7（n＝21）において1.94に対して，最低ランク3（n＝23）において2.10を示すなど，一様性が見られない結果となった。最終面接評定平均値についても同様である。総合ランクは，適性検査αが示す様々な結果のうち，A社が最も重視した値であるが，面接成績を予測するという機能においては課題がある結果となった。

第Ⅲ部　雇用を工夫する

図表５-６（再掲）　適性検査総合ランク別の各次面接評定平均値

□ランク３　■ランク４　■ランク５　■ランク６　■ランク７

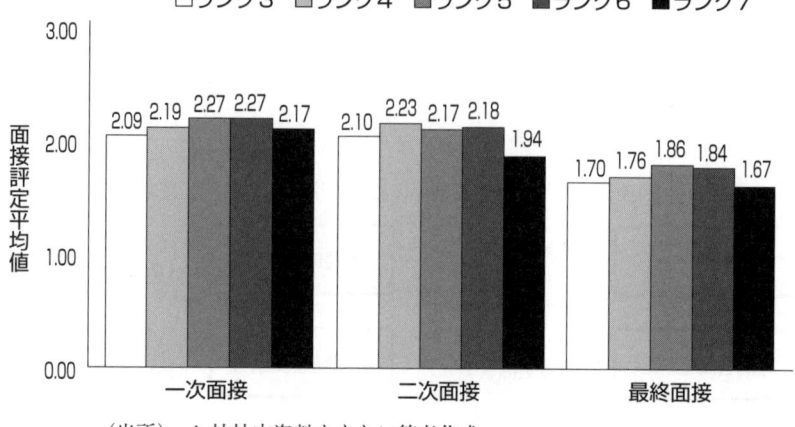

一次面接: 2.09, 2.19, 2.27, 2.27, 2.17
二次面接: 2.10, 2.23, 2.17, 2.18, 1.94
最終面接: 1.70, 1.76, 1.86, 1.84, 1.67

（出所）　A社社内資料をもとに筆者作成。

　この差について，統計的に有意な平均値の差異といえるのかどうかは，分散分析を行わなければならない。適性検査aの総合ランクを条件として，一要因五水準（適性検査aの総合ランクという１つの要因は，ランク３〜７の５つにより構成されることから五水準と呼称する）の一元配置分散分析により，同総合ランク別の面接評定平均値の差異を検定する。一次面接の面接評定平均値について，条件の効果は有意でなかった（$F(4, 145) = 0.66$，$p = 0.62$）。二次面接の面接評定平均値についても，条件の効果は有意でなかった（$F(4, 145) = 1.63$，$p = 0.17$）。最終面接の面接評定平均値については，条件の効果は有意傾向であった（$F(4, 145) = 2.02$，$p = 0.09$）。下位検定の結果，適性検査aの総合ランク５における最終面接評定平均値1.86（$n = 34$）と総合ランク７における同平均値1.67（$n = 21$）との間の平均値の差異について有意傾向なp値に近似した値が見られた（$p = 0.18$）が，有意傾向にまでは至らなかった。なお，上記の一元配置分散分析および下位検定は既述した図表内のデータにより可能である。分散分析の結果の解釈として，適性検査aの総合ランクによって面接結果は変わらないといえる。

　なお，面接評定と適性検査aの総合ランクは元々順序尺度であることを勘案し，適性検査aの総合ランクと各面接評定の順位相関係数（Spearman）を算出することも考えられる。順序尺度とは，面接評定や適性検査aの総合ランク

のように，1，2，3……と順位づけにより測定された変数を指す。なお，それとは異なり体重のように，65.0kg，65.1kg，65.2kg・・・と，前後の値の間隔が等しい変数を間隔尺度と呼ぶ。例えば，面接評定においては，A（最高）を3，Bを2，Cを1，D（最低）を0として数値化されている。この時，最高を示すAと合否ボーダーラインを示すBとの距離（Δ_1）と，Bとそのすぐ下位のランクCとの距離（Δ_2）が等しいといえるかどうかが問題となる。等しいといえなくもなさそうだが，B以上はいわば合格を保証された評定値であり，一方でCは不合格とみなされる評定値である。合格者の中での評定値の差異Δ_1よりも，合格か不合格かを決定づけるBとCとの距離Δ_2の方が長いかもしれない。このように，本来順位づけを目的とする尺度は，そのランク間の等間隔性が保証されていない。これを等間隔とするのは，論理的な考え方というよりももはや信念に近いという指摘も統計学的にはなされている。

　平均値などは測定値の等間隔性が保証されて初めて算出が可能になる値である。そこで，順序尺度については順序尺度のまま適用可能な分析法を用いるべきという場面と，順序尺度を間隔尺度にみなして平均値などの分析法を用いてもよいという場面とが存在することになる。順序尺度のまま適用可能な分析法として順位相関係数などが，間隔尺度にみなした分析法は前述の分散分析などが該当する。

　順位相関係数を算出するには被験者の個人別データが必要になるが，ケース内には守秘義務の関係から公表することができなかった。参考まで，筆者が入手した個人別データから当相関係数を算出した結果，一次面接において0.07（$p=0.39$），二次面接において−0.09（$p=0.30$），最終面接において0.03（$p=0.71$）であり，全ての組み合わせで有意な相関係数は得られなかった。適性検査aの総合ランクと面接結果とは有意な相関がないということである。なお，二次面接において，負の順位相関係数が得られたことも特徴的である。負の相関係数は，適性検査aの総合ランクが上がれば，二次面接の評定値が下がるということを意味している。適性検査に期待する機能とは逆である。

　以上の分析の結果を，図表5−13にまとめる。

第Ⅲ部　雇用を工夫する

図表5-13　適性検査αの総合ランクと面接評定値との関係

一次面接	適性検査αの総合ランクによって一次面接評定平均値は変わらない	順位相関係数 0.07（統計的に無相関）
二次面接	適性検査αの総合ランクによって二次面接評定平均値は変わらない	順位相関係数 -0.09（統計的に無相関）
最終面接	適性検査αの総合ランクによって最終面接評定平均値は変わらない	順位相関係数 0.03（統計的に無相関）

（出所）　A社社内資料をもとに筆者作成。

　面接成績を予測するという観点において，適性検査aはその役割を果たしていないのである。適性検査は，既述の通り，その後の面接成績を予測する機能を期待されている。面接法は時間と費用の制約から全ての受検者に実施することはできない。事前に受検者を絞り込むために，すなわち仮に全受検者に面接を実施した際に不合格者となる人物を見極めるために，適性検査を実施しているとも考えられよう。適性検査aの結果は，そのような観点から求められる役割を全く果たしていない。

　ここで，適性検査結果と面接結果には差異が生じてもよいとする捉え方もあろう。適性検査はいわば一般的な基準で明らかに不合格とすべき受検者を見極めるために実施し，一方で面接結果は自社独自の基準で合格とすべき受検者を見極めるために実施していることから，両者の測定結果には差異が生じてもよいとする考え方である。これによれば，適性検査結果の面接結果に対する予測的妥当性は低くなるべきであるし，そもそも予測的妥当性の検証も不要である。

　しかし，適性検査と面接はともに自社で活躍する，具体的には自社が求める行動様式に則って業績を創出する人物を選抜・評価することを目的としている。両者の測定結果の差異が生じるべきという考え方は，両者で測定される「自社が求める行動様式に則って業績を創出する人物」について，2つの全く関係しない基準が存在するということを含意している。

　例えば，適性検査で高い値を示した受検者であっても，面接結果では低い値を示すことがあり得るとする考え方は，適性検査では面接で測定したいことは何もわからない，言い換えれば，自社で求める人物像か否かについて，適性検

査では何もわからないと考えていることと同義である。その場合，適性検査を実施する意義は無くなる。

　あるいは，適性検査と面接では「自社が求める行動様式に則って業績を創出する人物」のうち，全く独立した構成概念を捉え，測定しているのだという考え方もあるかもしれない。確かに，別個の構成概念であれば両者の関連は得られなくても問題ないことになる。構成概念を整理して，面接では構成概念 γ を，適性検査では構成概念 θ を測定するという明確な線引きがなされていればそれでもよいが，実際上は難しい。γ と θ は通常は関連し合っているはずであるし，適性検査と面接で明確に構成概念を線引きすることは難易度が高く，実施している企業はほぼないであろう。

　採用選考の現場・実務では，しばしば「複眼的視点で受検者を評価する」などの文言で，適性検査と面接結果の測定値の整合性を求めない会社を見かけるが，そこに含意されている測定上の前提における矛盾に目を向けなければならない。

　以上から，A社における適性検査 a の総合ランクについて，面接成績に対する予測的妥当性は極めて低いと結論づけられる。

(3) 入職後人事評価に対する予測的妥当性の評価結果

　入職後人事評価を基準変数として予測的妥当性を分析する。説明をわかりやすくするために，図表5-8と図表5-9，図表5-10を再掲する。

第Ⅲ部　雇用を工夫する

図表5-8（再掲）　適性検査総合ランク別の行動評価平均値（2005年入社）

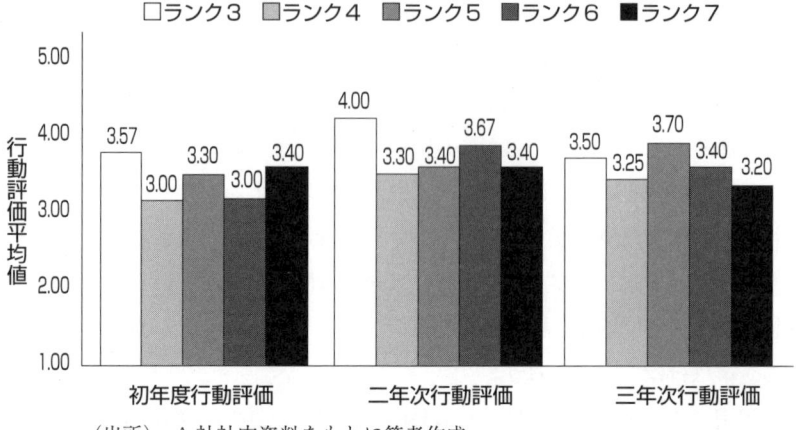

□ランク3　■ランク4　■ランク5　■ランク6　■ランク7

	初年度行動評価	二年次行動評価	三年次行動評価
ランク3	3.57	4.00	3.50
ランク4	3.00	3.30	3.25
ランク5	3.30	3.40	3.70
ランク6	3.00	3.67	3.40
ランク7	3.40	3.40	3.20

（出所）　A社社内資料をもとに筆者作成。

図表5-9（再掲）　適性検査総合ランク別の業績評価平均値（2005年入社）

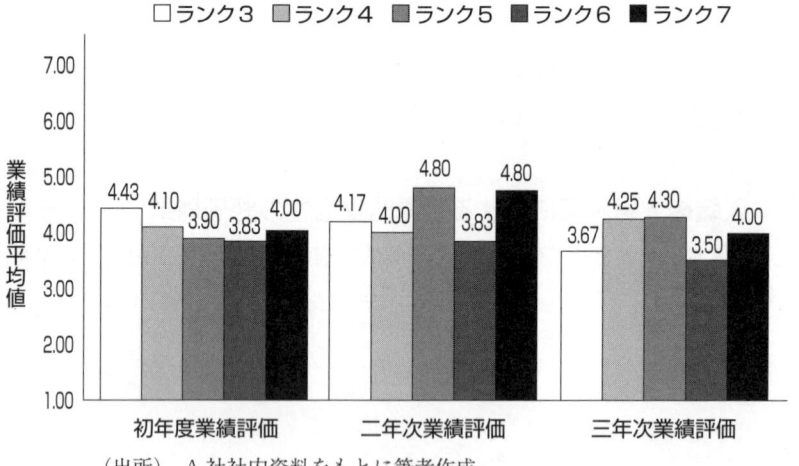

□ランク3　■ランク4　■ランク5　■ランク6　■ランク7

	初年度業績評価	二年次業績評価	三年次業績評価
ランク3	4.43	4.17	3.67
ランク4	4.10	4.00	4.25
ランク5	3.90	4.80	4.30
ランク6	3.83	3.83	3.50
ランク7	4.00	4.80	4.00

（出所）　A社社内資料をもとに筆者作成。

第5章　国内企業A社

図表5－10（再掲）　入社年度別および評価年度別の適性検査α総合ランク別人事評価

（平均値：M，標準偏差：SD）

2005年入社	行動評価 初年度			二年次			三年次		
適性検査α	M	SD	n	M	SD	n	M	SD	n
総合ランク3	3.57	0.53	7	4.00	0.89	6	3.50	0.55	6
総合ランク4	3.00	0.00	11	3.30	0.48	10	3.25	0.46	8
総合ランク5	3.30	0.48	10	3.40	0.52	10	3.70	0.67	10
総合ランク6	3.00	0.00	7	3.67	0.52	6	3.40	0.55	5
総合ランク7	3.40	0.55	5	3.40	0.55	5	3.20	0.45	5

2005年入社	業績評価 初年度			二年次			三年次		
適性検査α	M	SD	n	M	SD	n	M	SD	n
総合ランク3	4.43	0.98	7	4.17	0.98	6	3.67	1.21	6
総合ランク4	4.10	0.99	10	4.00	1.00	9	4.25	1.16	8
総合ランク5	3.90	0.74	10	4.80	0.92	10	4.30	1.16	10
総合ランク6	3.83	0.75	6	3.83	0.75	6	3.50	1.00	4
総合ランク7	4.00	1.00	5	4.80	0.84	5	4.00	1.22	5

2006年入社	行動評価 初年度			二年次			業績評価 初年度			二年次		
適性検査α	M	SD	n	M	SD	n	M	SD	n	M	SD	n
総合ランク3	3.38	0.52	8	3.14	0.69	7	4.13	1.36	8	3.86	1.07	7
総合ランク4	3.33	0.59	18	3.44	0.51	18	3.78	0.81	18	4.35	1.11	17
総合ランク5	3.36	0.50	11	3.30	0.48	10	3.82	0.98	11	3.80	1.03	10
総合ランク6	3.31	0.48	13	3.50	0.52	12	4.38	0.65	13	3.92	0.67	12
総合ランク7	3.43	0.53	7	3.33	0.52	6	4.43	0.53	7	3.83	0.98	6

2007年入社	行動評価 初年度			業績評価 初年度		
適性検査α	M	SD	n	M	SD	n
総合ランク3	3.63	0.52	8	4.63	0.92	8
総合ランク4	3.25	0.45	12	3.92	1.50	13
総合ランク5	3.42	0.51	12	3.83	0.83	12
総合ランク6	3.40	0.52	10	4.30	0.82	10
総合ランク7	3.56	0.53	9	4.44	1.01	9

（出所）　A社社内資料をもとに筆者作成。

行動評価平均値について，2005年入社者を対象とした初年度評価値を用いると，適性検査 a 最高ランク7は3.40であったのに対して，最低ランク3は3.57と最高ランクを上回った。行動評価の他年度データや業績評価においても同様に，適性検査 a の総合ランクと入職後評価結果との逆転現象が生じていることがわかる。

2006年入社者を対象にしてみると，初年度評価値について適性検査 a の最高ランク7で行動評価平均値3.43であったのに対し，最低ランク3は3.38であった。しかし，適性検査 a 総合ランク6より総合ランク5の行動評価平均値の方が高いなどの結果が得られた。2年目評価値を用いても，適性検査 a 総合ランク4と5の間に逆転が生じているなどの結果が得られた。2007年入社者を対象にして初年度行動評価値を用いても同様の傾向が見られた。適性検査 a の総合ランクの高低と行動評価結果の高低は一致しないように見受けられる。業績評価についても前掲の図表から，適性検査 a の総合ランクの高低と業績評価結果の高低が一致していないように見受けられる。

以上の標本データを踏まえて，統計的検定を行う。データは既述した図表内のものを用いることで分析可能である。分散分析結果の要約として図表5－14を示す。

適性検査 a の総合ランクを条件として，一要因五水準の一元配置分散分析により，同総合ランク別の行動評価平均値の差異を検定する。2005年入社の初年度行動評価平均値について，条件の効果は有意であった（$F_{(4, 35)} = 3.42$, $p < 0.05$）。下位検定の結果，適性検査総合ランク3における初年度行動評価平均値3.57（n=7）と同ランク4における同平均値3.00（n=11）との間に5％水準で有意な差異が，また同ランク3における同平均値3.57と同ランク6における同平均値3.00（n=7）との間に有意傾向な差異が見られた。いずれも，適性検査総合ランクの低い方が，行動評価平均値が高いという逆転現象を裏付けるものである。同年入社の二年次行動評価平均値について，条件の効果は有意でなかった（$F_{(4, 32)} = 1.60$, $p = 0.20$）。同年入社の三年次行動評価平均値についても，条件の効果は有意でなかった（$F_{(4, 29)} = 1.02$, $p = 0.41$）。

業績評価平均値についても同様に一元配置分散分析を行う。2005年入社の初年度業績評価の分析結果（$F_{(4, 33)} = 0.48$, $p = 0.75$），二年次業績評価の

図表5−14　適性検査αの総合ランクと人事評価との関係（分散分析）

	行 動 評 価	業 績 評 価
2005年入社 （初年度評価）	適性検査αの総合ランクの低いほうが初年度行動評価平均値が有意に高い	適性検査αの総合ランクによって初年度業績評価平均値は変わらない
2005年入社 （二年次評価）	適性検査αの総合ランクによって二年次行動評価平均値は変わらない	適性検査αの総合ランクによって二年次業績評価平均値は変わらない
2005年入社 （三年次評価）	適性検査αの総合ランクによって三年次行動評価平均値は変わらない	適性検査αの総合ランクによって三年次業績評価平均値は変わらない
2006年入社 （初年度評価）	適性検査αの総合ランクによって初年度行動評価平均値は変わらない	適性検査αの総合ランクによって初年度業績評価平均値は変わらない
2006年入社 （二年次評価）	適性検査αの総合ランクによって二年次行動評価平均値は変わらない	適性検査αの総合ランクによって二年次業績評価平均値は変わらない
2007年入社 （初年度評価）	適性検査αの総合ランクによって初年度行動評価平均値は変わらない	適性検査αの総合ランクによって初年度業績評価平均値は変わらない

（出所）　A社社内資料をもとに筆者作成。

分析結果（$F(4, 31) = 1.76$, $p = 0.16$），三年次業績評価の分析結果（$F(4, 28) = 0.56$, $p = 0.69$）が得られ，業績評価において条件の効果は有意でなかった。

　2006年入社についても同様に分析を行った結果，初年度行動評価の分析結果（$F(4, 52) = 0.07$, $p = 0.99$），二年次行動評価の分析結果（$F(4, 48) = 0.63$, $p = 0.65$），そして初年度業績評価の分析結果（$F(4, 52) = 1.43$, $p = 0.24$），二年次業績評価の分析結果（$F(4, 47) = 0.74$, $p = 0.57$）が得られ，条件の効果は有意でなかった。2007年入社についても同様に分析を行った結果，初年度行動評価の分析結果（$F(4, 46) = 0.83$, $p = 0.51$），初年度業績評価の分析結果（$F(4, 47) = 1.00$, $p = 0.42$）が得られ，条件の効果は有意でなかった。

　以上の結果から，A社における適性検査αの総合ランクについて，入職後人

事評価に対する予測的妥当性は極めて低いと結論づけられる。

なお,面接結果に対する予測的妥当性の評価と同様に,変数の種類を考慮して各人事評価と適性検査 a の総合ランクの順位相関係数(Spearman)を筆者が入手した個人別データ(機密性の観点からケース内には非公開)により算出した結果を参考までに図表5－15に記載する。

図表5－15　適性検査αの総合ランクと人事評価との関係(順位相関係数)

	行　動　評　価	業　績　評　価
2005年入社 (初年度評価)	−0.11 (統計的に無相関)	−0.19 (統計的に無相関)
2005年入社 (二年次評価)	−0.08 (統計的に無相関)	0.18 (統計的に無相関)
2005年入社 (三年次評価)	−0.06 (統計的に無相関)	−0.01 (統計的に無相関)
2006年入社 (初年度評価)	0.00 (統計的に無相関)	0.28 (統計的に有意な相関)
2006年入社 (二年次評価)	0.07 (統計的に無相関)	−0.08 (統計的に無相関)
2007年入社 (初年度評価)	0.03 (統計的に無相関)	0.02 (統計的に無相関)

(出所)　A社社内資料をもとに筆者作成。

2005年入社の初年度行動評価について−0.11 ($p=0.47$),同年入社の二年次行動評価について−0.08 ($p=0.66$),同年入社の三年次行動評価について−0.06 ($p=0.74$),同年入社の初年度業績評価について−0.19 ($p=0.25$),同年入社の二年次業績評価について0.18 ($p=0.30$),同年入社の三年次業績評価について−0.01 ($p=0.97$)であった。2006年入社の初年度行動評価について0.00 ($p=0.99$),同年入社の二年次行動評価について0.07 ($p=0.61$),同年入社の初年度業績評価について0.28 ($p<0.05$),同年入社の二年次業績

評価について−0.08（p＝0.58）であった。2007年入社の初年度行動評価について0.03（p＝0.83），初年度業績評価について0.02（p＝0.90）であった。

　わずかに1つの組み合わせで有意な正の順位相関係数が得られたのみで，そのほかは全てに有意な順位相関係数は見られなかった。有意な組み合わせも水準としては弱い相関にとどまった。また，負の順位相関係数が複数見られた。負の順位相関係数の場合には，適性検査 a の総合ランクが高ければ高いほど，入職後の人事評価は低くなるということを意味する。相関検定の結果，無相関ではあるが特徴的である。A社における適性検査 a の総合ランクについて，入職後人事評価に対する予測的妥当性は極めて低いとする一元配置分散分析の結果は，順位相関係数からも概ねその通り読み取ることができる。

　ここで，面接成績と同様に，適性検査結果と入職後人事評価の結果についても，両者の差異が生じてもよいとする捉え方が採用選考の現場・実務ではあるかもしれない。適性検査を実施しても，入職後の人事評価には様々な要因が寄与するため，両社には全く関係がなくてよいとする場合，適性検査を実施する論理的または心理統計学的な理由はない。限られた経営資源の活用法として疑問が残る。入職後の可変性が極めて高いのであれば，入職前には適性検査に限らず，面接も不要であるか，極めて簡素な検査法で足りることになる。入職後の可変性を高いとする前提と，入職前に投じている経営資源との間に矛盾を生じてはいないだろうか。適性検査は，入職後の社員特性の可変性や諸要因をある程度肯定しながらも，入職前検査によって測定される特性が，将来の自社での行動様式や業績創出に寄与するという前提により実施されているのであり，そこに人事評価に対する予測的妥当性研究の必然性が発生しているのである。

　また，分析においては入職後初年度から三年次の行動評価および業績評価結果を基準変数として用いた。予測変数の測定時からの時間範囲については前述の通りの考え方であるが，初年次または三年次までの人事評価結果を用いてよいのかという点には留意が必要であり，企業の人事方針に依存することになる。A社では前述の通り，若年期から信賞必罰の考え方が徹底されており，1年目から目標をもち，達成することが求められる。人事評価結果にも1年目から差異が生じ，早期から活躍度合が注目される。人事評価データのランク別度数分布を見ても，差異が生じていることがわかる。しかし，他企業ではどの時点で

評価結果に差異を設け，昇進・昇格などに反映するか，必ずしも初年度または三年次ではないであろう。育成期間がより長い企業も少なくない割合で存在すると推察する。ここで重要なのは，他社横並びでn年後の人事評価を基準変数に用いるのでなく，自社の方針に則った分析の設計である。

　人事評価だけでなく面接に関連するデータにも該当するが，分析の対象としたのは入社した者のみであり，採用選考試験で不合格となった者については対象に含まれていない。この場合，適性検査結果と面接または人事評価の分布が狭くなる可能性があり，いわゆる選抜効果が生じる場合がある。A社の場合には，選抜者すなわち面接に合格し，入社した者であっても，適性検査や面接で本来不合格ゾーンの値を示した者もおり，分布の極小化は見られなさそうであるが，確認と必要に応じて補正が必要である。不合格者のデータは社員データとは性質が異なるために，分析時に第三者が入手することは一般的に極めて困難であり，社内でも極めて厳格な個人情報管理がなされていることが多い。今回の分析では不合格者の情報は得られなかった。選抜効果を補正するモデルが既に用意されている（Gulliksen, 1950）が，その統計的仮定に，選抜前後で回帰係数が変化しない，また，直線回帰による予測の標準誤差が変化しないというものがある（池田，1973）。選抜後のデータを用いてA社のように極めて低い予測的妥当性が分析により導かれた場合に，選抜効果を補正して劇的に予測的妥当性が改善するということは考えにくいが，自社で分析する際には分析が可能な場合もあると思われるため，参考にしていただきたい。

　一元配置分散分析および順位相関係数によって予測的妥当性の分析としたが，適性検査結果から面接結果を媒介して入職後人事評価へと繋がる因果モデルを想定し，共分散構造分析を行うことも可能であろう。人事評価は行動評価と業績評価とに分けた上で，面接結果からはまず行動評価にパスを引き，その上で行動評価を媒介して業績評価へのパスを設けることも検討可能である。なぜなら，未入職の新規学卒者の場合，適性検査や面接で測定されているのは業績そのものというより，そこに至るための行動評価に近接した概念であるからである。共分散構造分析以外にも，変数間の一致性を検証する分析手法は様々であり，目的や尺度の種類に応じて分析を行うことも求められる。また，採用選考面接の評定値等は元々順序尺度であるため，間隔尺度としてみなして分散分析

を適用するか，順序尺度として順位相関係数を用いるかなども検討事項になる。

　結果の頑健性についても触れておく。今回の分析に用いた標本は150名であり，面接に対する予測的妥当性分析の結果は概ね問題ないと考えられる。ただし，人事評価に対する予測的妥当性分析については，入社年度別の分析を行ったため，3年度に標本が分かれ，結果の頑健性について留意が必要である。実際に年度別入社者が100名以上，可能であれば200名以上となる会社であればよいが，そうではない会社の方が多いかもしれない。その場合は，年度別入社者の分析は実際の入社者数を標本の大きさとして分析を行う以外に方法がない。本分析で行ったように，複数年度での分析結果を俯瞰して結論を出した方がよいだろう。または，入社初年度評価であれば今回対象にした社員全てにデータが存在するため，それらの初年度行動評価および初年度業績評価に対する適性検査aの総合ランクの予測的妥当性を検証することも可能であろう。

　そして，今回は適性検査aの総合ランクを対象にしたが，適性検査を用いる際，総合ランクのような総合的評価だけでなく，特定の因子や項目に着目して採用合否判定の参考材料としている企業もある。例えば，適性検査に含まれる様々な因子のうち，ストレス耐性などに関連した因子に着目する例が昨今増えてきている。その場合は，当該因子の成績の高低と入職後のメンタル的な問題の発生有無などに着眼して，予測的妥当性を検証すべきである。適性検査において重視する点は企業によって様々かもしれない。その着眼点に即した予測的妥当性の分析方法をデザインし，実行する必要があり，必ずしも総合ランクのような総合的評価のみをもって適性検査の予測的妥当性分析を行うべきと主張するものではない。A社においては，適性検査のうち最も重視している点が総合ランクであったため，既述のような方法で分析を行った。

　これらの分析上の留意点を図表5-16にまとめておく。

図表5－16　適性検査の予測的妥当性分析における留意点例

複眼的視点	測定上の前提における矛盾に留意する
妥当性不要	入職後の可変性が高い前提であれば，投下原資の必然性が曖昧になる
時間範囲	必ずしも3年後の人事評価でなく，自社の方針に則った設計を行う
不合格者データ	実務上取得が難しいが，可能であれば入手して分析する
分析手法	必ずしも分散分析や順位相関でなく，共分散構造分析その他の分析法を目的に応じて検討する
頑健性	標本サイズに留意する（参考：相関係数の算出上の目安は100名以上，できれば200名以上）
適性検査の因子	必ずしも総合ランクに限らず，ストレス耐性その他の因子で企業ごとに重視しているものに着目する

（出所）　A社社内資料をもとに筆者作成。

　最後に，適性検査であっても面接や人事評価に対する予測的妥当性を有する検査は存在することを申し添えておく。あくまでもA社における実証分析結果であり，他の企業や組織においては適性検査における構成概念が，同社・同組織の求める人物像と整合性が高く，予測的妥当性が得られるかもしれない。重要なのは，他社の標本においてよりも，自社においてどうかという点である。

6．結びにかえて－採用戦略が果たす役割

　A社は常に流行の最先端を行くようなヒット商品を生み出さなければいけない。ヒット商品の次の作品が再び流行するとは限らない。もちろん，著しくヒットした商品にはファンとなる顧客層が存在するが，収益に響くのはそのような一部のコアなファン層というよりも平均的な顧客層である。可能な限りの仕組み化・システム化，例えば商品のヒット要因の分析や，設計作業を支援するような情報技術の活用などは進めているものの，人間の才覚にかなり依存せざるを得ない。そして，商品が目まぐるしく変わるために企画以外の人間も柔

軟に対応する能力が求められる。

　A社が抱える経営課題である海外展開，少子化傾向にある国内市場の活性化はいずれもそのような才覚と柔軟性の高い人材が基盤となって取り組まれる。例えば，ソーシャルメディア関連事業は，国内市場の活性化に大いに貢献し，A社全体の収益に多大な正の影響を与えたが，このような事業でさえ常にヒット商品が出るとは限らない。ヒットを生み出せなかった社員は責任をとってポジションから離れ，次なるヒット商品を生み出すべく新たな社員が登用される。

　このような事業を円滑に運営するためには，成果に則って評価され，処遇が決定される人事方針が必要であり，A社は徹底して成果主義的な人事制度を運用してきた。A社における成果主義と人材育成が両立するためには，そのような信賞必罰に耐え得る労働観を含む特性を有した人材を採用し，逆に大手企業の安定などを求める人材を採用選考試験で不合格とするという，採用戦略こそが最も重要であろう。新規学卒者すなわち主には大学生が就業を意識する際，やりがいなどの仕事の内容面に着目するだけでなく，雇用の安定性といった労働条件面にも着目して働くことへの興味を決定することが，国内企業を基にした実証研究により既に報告されている（鈴木，2014a）。そういった特性を示す受験者はA社には向かないであろう。

　適性検査 a を実施していた頃に入社した社員が現在の課長層に多い。会社の目指すべき方向性や求める社員特性に基づいた適性検査が実施されなかったことを一因として，事業成果は創出するものの，部下の人材育成面で問題を抱えた課長層が存在するのではないかと考えられる。課長層に気づきを与えるために多面評価等の施策を大規模に展開しているが，社員特性には気づきによって改善されやすいものと，そうでないものとがある。入社時の見極めが不十分な場合，入社後にいくら気づきを与えても効果は限定的である。

　以前のA社は最重要工程であった採用戦略の一部を，他社事例に倣った検査に担わせていた。もちろん，当該検査とA社が求める人材像が一致する場合には問題がないが，必ずしもそうとは限らない。少なくとも同社の場合には，それが不一致であったことが定量的に明らかになった。汎用的な検査，例えばBig 5に関連する性格検査の妥当性研究は海外を中心に行われており，例えばBarrick & Mount（1991）などがある。しかしながら，企業における採用選考

試験という回答操作の方略が働きやすく，受験者の欺瞞的回答が生じやすい性格適性検査における妥当性研究はほとんどなされていない。また，他社における予測的妥当性が，自社におけるそれを保証するとは限らない。自社ならではの予測的妥当性を分析することが必須になる。

　人材管理の入口であり，最初の工程である採用戦略が果たす役割は非常に大きい。その後の人事方針の成否は，採用される人材の特性に依存する部分がある。A社で厳しい競争に敗れ，敗者復活をしてもなお敗れた社員はオペレーション部隊に回ったり，または退職をして他社での活躍の道を探したりしている。採用が入口だとすると，入口での人材の特性検査が，円滑な出口へのナビゲーションにも繋がるということである。流行に業績が左右されるボラティリティの大きいA社の事業では，ダウンサイドリスクを考慮して人件費管理の硬直化は避けなければならない。信賞必罰や成果主義の考え方に元来馴染みのある者は，競争をし，敗れたとしても，自分でほかの道を探すことに抵抗が比較的少ない。採用戦略は成果主義における入口と出口の両方に極めて密接に関連する。

　社員特性を面接だけで見極めるのは難しく，面接は主観的評価のため，面接者による解釈が大きく変わり得ることが既に複数報告されている（鈴木，2013；鈴木，2014b；鈴木，2014c）。新卒採用における面接法の信頼性（評価者間信頼性）と妥当性（予測的妥当性）の低さが国内企業データで明らかになってきている。それらの実証研究を踏まえると，人物による解釈の影響が少ない適性検査の重要性が高まる。

　今後は，同社の求める社員特性を適性検査のみならず面接基準にも精緻に展開することが課題となろう。さらに，同社が求める人材像について，人事評価，採用面接，採用適性検査の3つの施策間で構成概念を統一し，測定上の役割分担を明確にすることも課題である。採用選考試験における構成概念は，新規学卒者の場合，未入職であることから，売上高などが測定される業績評価というよりも，その過程を記述した行動評価に近い概念となる。ここで，行動評価が業績創出に役立っていない場合，具体的には行動評価と業績評価の関連が認められない場合には，予測的妥当性分析における基準変数側に問題があり，予測的妥当性研究以前の問題となる。

行動評価について，金井・高橋（2004）によると，我が国では人事評価事例集や他社のケースなどを参照して，社内で手作りで考課表を構築する伝統があるとし，高橋（2010）は従来の成績，能力，情意の3つの日本企業の伝統的な人事評価要素について評価次元と基準の適切性を経験的研究に基づいて確証がなされたことはほとんどないと指摘している。国内企業における行動評価が業績評価に対する負の相関を示す実証分析結果が複数報告されている（鈴木，2013；Suzuki, 2014）。すなわち，行動評価が高い社員は業績評価が低い，または行動評価が低い社員は業績評価が高い，という現象が確認されている。通常考えられないかもしれない現象であるが，行動評価の測定尺度としての稚拙さが表れている可能性がある。このような行動評価では人事評価に内在する問題が大きく，適性検査の予測的妥当性研究の基準変数として用いることはできない。

　基準変数となる人事評価における行動評価と業績評価の関係について実証的作業を進め，人事評価におけるあるべき人材像の測定尺度を定めるべきである。その上で，採用選考時すなわち未入職時点で求める部分的なあるべき人材像を測定尺度として定め，面接法と質問紙検査法という各手法に適した測定尺度を割り当てた上で選考を実施することが具体的に必要となる。これらの取組みは国内企業ではほとんどなされていないと考えられるが，採用適性検査を正しく用い，成果主義と人材育成の両立，人材の定着化と流動化の両立を目指すには必須となる人事部門の重要な役割である。

（鈴木　智之）

[第5章　参考文献]
池田　央（1973）「テストⅡ」東京大学出版会．
金井壽宏・高橋　潔（2004）『組織行動の考え方』東洋経済新報社．
鈴木智之（2013）「採用選考面接の予測的妥当性の実証分析－国内A社を事例として」『日本労務学会誌』第14巻第2号, 4-26頁．
―――（2014a）「職業興味検査における興味概念規定に関する実証研究－新規学卒者の就業意識に着眼して」『経営行動科学学会第17回年次大会発表論文集』175-180頁．
―――（2014b）「新規学卒者の採用選考面接の信頼性及び妥当性に関する実証研究」『日本経営工学会春季大会予稿集』150-151頁．
―――（2014c）「新規学卒者採用選考面接の予測的妥当性に関する基礎的検討」『日本労務学会第44回全国大会研究報告論集』275-282頁．

高橋　潔（2010）『人事評価の総合科学－努力と能力と行動の評価－』白桃書房.
適性試験委員会　編（2007）『法科大学院統一適性試験テクニカル・レポート2006』商事法務.
二村英幸・今城志保・内藤　淳（2000）「管理者層を対象とした性格検査・知的能力検査の妥当性のメタ分析と一般化」『経営行動科学』第13巻第3号，159－167頁.
山本洋雄・中川英世・中山　実・清水康敬（1998）「入社時試験と訓練成績による10年後の給与査定の予測性と判別力」『日本教育工学雑誌』第22巻第2号，109－118頁.
Barrick, M. R. and Mount, M. K. (1991) "The big five personality dimensions and job performance : A meta-analysis," *Personnel Psychology*, Vol. 44, No. 1, pp. 1－26.
Gulliksen, H. (1950) *Theory of Mental Test*, Wiley.
Messick, S. (1975) "The Standard Problem : Meaning and Values in Measurement and Evaluation," *American Psychologist*, Vol. 30, No. 10, pp. 955－966.
Messick, S. (1989) "Validity," In R. Linn. (ed.) *Educational measurement*. 3rd Edition, American Council on Education & Macmillan.
Suzuki, T. (2014) "An Experimental Test of Reliability and Validity of Japanese Personnel Systems," *IFSAM (International Federation of Scholarly Associations of Management)*, Proceedings.

第6章 株式会社フレスタ

株式会社フレスタ（2014年3月現在）

本社所在地	広島県広島市西区横川町3−2−36
創　　業	1887年（明治20年）
設　　立	1951年（昭和26年）
代 表 者	代表取締役社長　宗兼邦生
資 本 金	9,300万円
売 上 高	661億円
従業員数	・正社員　　　　　　　599名 ・パートタイマー　2,300名 ・アルバイト　　　1,100名 ・契約社員　　　　　　10名 　合　計　　　　　4,009名
備　　考	店舗数：54店舗 ・広島県49店舗 ・岡山県 4店舗 ・山口県 1店舗

1．株式会社フレスタの概要

　株式会社フレスタ（以下，フレスタ）は，広島市に本社をもつ食品中心のスーパーマーケット・チェーンを展開する企業である。1887年の創業以来，広島県を中心に岡山県，山口県の3県に54店舗を展開している（2014年現在）。2013年度の売上高は661億円であった。当社の経営理念と行動規範は，図表6－1に示す通りである。

　雇用区分は無期雇用の正社員と，有期雇用のパートタイマーとアルバイト，契約社員によって構成される。従業員4,009名のうち正社員は599名，パートタイマーは2,300名，アルバイトは1,100名，契約社員は10名となっている（2014年現在）。当社の非正規比率は約80％となっている。なお，正社員は転居転勤の拘束性に基づき，2つのタイプに区分される。同社が営業展開する全地域で勤務する通常の正社員と，勤務地を限定した地域限定社員である。

図表6－1　フレスタの経営理念・行動規範

経　営　理　念	
私たちは，お客様の笑顔を原点に，信頼される品質と安心を提供し，食から広がる豊かで快適な「暮らし」の創造提案企業をめざします。	
行　動　規　範	
ⒻriendIy	心から親切なサービスを提供します。
ⓇeIation	信頼関係を築くため誠実に行動します。
ⒺcoIogy	人と地球にやさしい地域づくりに貢献します。
Ⓢafety	安全で安心な食生活を約束します。
Ⓣasty	美味しさを追求する食のプロになります。
Ⓐmenity	快適な売り場と職場環境を創ります。

（出所）　同社資料をもとに筆者作成。

2．フレスタにおけるパートタイマーの戦略的人事制度

(1) パートタイマー労働の動向

　日本では非正規雇用のマネジメントが重要になってきている。1990年代以降，非正規雇用が量的に拡大してきたためである。今日ではパートタイマーや契約社員，派遣労働者等の非正規労働者が雇用者全体に占める割合は3割を超えるまでに増加している。

　非正規労働者が増加している背景には，個人の就労意識や価値観が多様化し，正規労働者以外の働き方を選択する人々が増えてきたことが挙げられる。例えば，パートタイマーの多くは勤務時間や勤務地に制約があり，労働時間の柔軟性を重視している。また契約社員や一部の派遣労働者には，自分の専門性や技能を活かして就労したいという意識の強い人も多い。

　また，企業が経営の効率性を高めるために非正規労働者を積極的に活用してきた側面もある。厚生労働省の『平成22年就業形態の多様化に関する総合実態調査』によれば，非正規労働者の活用理由として，「賃金の節約のため」「1日，週の中の仕事の繁閑に対応するため」「賃金以外の労務コストの節約のため」「専門的業務に対応するため」「景気変動に応じて雇用量を調整するため」などが上位となっている。日本の雇用慣行では正規労働者の雇用調整に多くの困難を伴うことから，多くの企業では非正規労働者の活用人数を増やすことにより，雇用の柔軟性を高めてきたといえる。

　こうした非正規雇用において代表的な就業形態となっているのがパートタイマーである。パートタイマーは2013年時点で雇用者の約17.8％，非正規労働者の約48.7％を占めている（総務省「労働力調査」）。このように現状では，パートタイマーは企業の経営において重要な戦力となりつつあるものの，パートタイマーへの人的依存度は産業間で大きなバラつきがみられる。厚生労働省の『平成24年就業構造基本調査』によれば，パートタイマーが全雇用者に占める割合は，宿泊業・飲食サービス業で33.8％と最も高い数値を示しており，次に小売業・卸売業で25.8％となっている。これらの業界は，多くが地域の生活者という一面をもつパートタイマーに支えられているといっても過言ではない。

とりわけスーパーマーケットは，業務やオペレーションの標準化によってパートタイマーの量的拡大に貢献してきた（小玉，2013；本田，1999）。そのためスーパーマーケットは，長らくパートタイマーの戦力化のためのマネジメントを探ってきた業態の1つであるといえよう。

そこで，本章では，スーパーマーケット・チェーンを展開するフレスタにおいて実施されているパートタイマーの積極的活用を目的とした人事制度に焦点を当てる。当社の人事制度を詳細に検討することで，パートタイマーの戦力化に求められるマネジメントのあり方についてのインプリケーションを導き出す。

(2) パートタイマー人事制度改革の経緯

フレスタで「スマイル社員」と呼ばれるパートタイマーは，顧客と最も近いところで顧客満足を実現する現場の主役として位置づけられており，当社の労働力構成において大きな比率を占めている。したがって，当社の商圏の中で顧客からの支持を高めていくためには，多くが地域の生活者でもあるパートタイマーの能力発揮が欠かせない。

フレスタでは，このような基幹労働力としてのパートタイマーの積極的活用を目的とした人事制度改革に数年前から取り組んできた。当社がパートタイマーの大幅な人事制度改革に取り組んだ理由は大きく分けて3つある。

第1に，同社が店舗展開する中国地方は，大手・地域スーパーの出店攻勢によりオーバーストア気味であったことが挙げられる。そのような状況下で，基幹労働力としてのパートタイマーによる付加価値の高い顧客サービスの実現が強く求められていた。

第2に，旧パートタイマー人事制度の機能不全である。これまでの人事制度にもパートタイマーを評価する客観的な指標やルールはあったものの，各店舗ではほとんどそれが参照・運用されておらず，昇格や昇給については現場の管理監督者による恣意的な判断で行われていたのが実情であった。そのため，パートタイマーから「どうしたら昇格・昇給できるのかわからない」「同じ地域であっても，店舗間で時給格差のあることに納得ができない」「頑張っているのに，ほかの人と比較して時給に差がある」といった不満が多く聞かれていた。さらにパートタイマーの就業管理や評価を行う職責のある店舗の管理監督

者からも,「どのように昇給させてよいかわからない」「評価の方法がわからない」といった発言がみられた。そこで,パートタイマーを評価するための客観的な指標を定めて,それに沿った公正な処遇をすることで,こうした旧人事制度に対する社員の不満を解消してモチベーションを向上させることができると考えられていた。

　また,旧パートタイマー人事制度には,人事部門のチェック機能が働いていないという問題も抱えていた。そのため,会社全体の人材レベルを体系的に把握することができていなかった。この問題を解消して,高度なスキルを保持するパートタイマーを発掘し積極的に起用できるような仕組みが求められていたのである。

　第3の理由は,パートタイマーの基幹労働力化である。かつては正社員が担っていた管理業務の役割をパートタイマーが担う店舗が多くなってきていた。つまり,相対的に人件費コストの低いパートタイマーにこれらの業務を代替することで労働生産性を向上させるような方法がとられていた。しかし,闇雲にパートタイマーに正社員業務を代替させることは,責任と権限の問題や正社員と比較した処遇の格差などから,モチベーションの低下や離転職に繋がることが予想されたのである。こうした問題への対応は,同時に2008年に改正施行されたパートタイム労働法への措置という意味合いもあった。この法改正は,後述するように,近年急増しているパートタイマーにとって通常の労働者との均衡のとれた待遇の確保を図り,雇用環境を整備することを目的としたものであり,フレスタでもパートタイマー雇用の環境整備の改善に迫られていた。こうして当社では,このパートタイム労働法の改正を新たな機会と捉え,積極的にパートタイマーの戦力化を狙っていったのである。

　以上の3つの理由から,当社はパートタイマーの積極的活用を目的とした人事制度改革に着手することとなった。

　この新たな人事制度の基本方針を,「パートタイマーの最大限の能力発揮の支援」とし,その実現に向けたキーワードを「働きがいのある職場」に定めた。当社は,パートタイマーの能力発揮を全面的に支援することで人的生産性を高め,それによって顧客満足の獲得につなげることを企図していた。また,パートタイマーの働きがいを向上させるための具体的な方針として「努力に報いる

制度」「納得感のある制度」「能力向上の支援」「能力発揮の場の提供」の4つを設定し，これらに対応して資格等級制度，人事評価制度，賃金制度，能力向上支援制度がそれぞれ改定された。各制度の関連は図表6-2に示す通りである。このうち，ベースとなる制度は資格等級制度，人事評価制度（職務能力評価），賃金制度であり，さらに先の基本方針に見合うものとして種々の能力向上支援制度が新たに設けられた。まず，資格等級制度は，パートタイマーの職務レベルを資格等級によって処遇する制度である。人事評価制度（職務能力評価）は，パートタイマーの働きや貢献を適切に評価し，その結果を資格等級制度や賃金制度に反映させる制度である。賃金制度は，賃金，賞与，手当等の支給基準を明確にする制度である。最後に，能力向上支援制度は，OJTやOff-JT，通信教育などを通じてパートタイマーの職務レベルを向上させるための制度である。

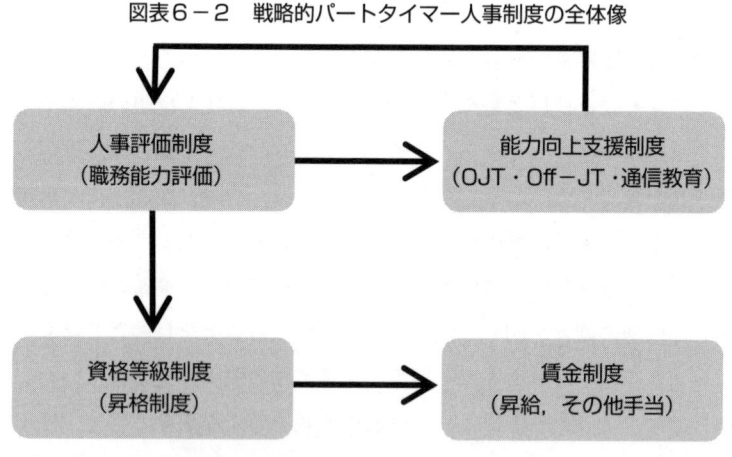

図表6-2　戦略的パートタイマー人事制度の全体像

（出所）　同社資料をもとに筆者作成。

(3)　資格等級制度

　資格等級制度は，パートタイマーの職務レベルを資格等級によって処遇する制度である。図表6-3は，当社における人事制度改革後の全従業員の資格等級制度を示したものである。今回の制度改革で，パートタイマーの資格は初級職，中級職，上級職，ベスト職（パートチーフ職）の4つが設けられた。このうちベスト職は，正社員チーフ職（各店舗の部門責任の名称）と同等の役割を

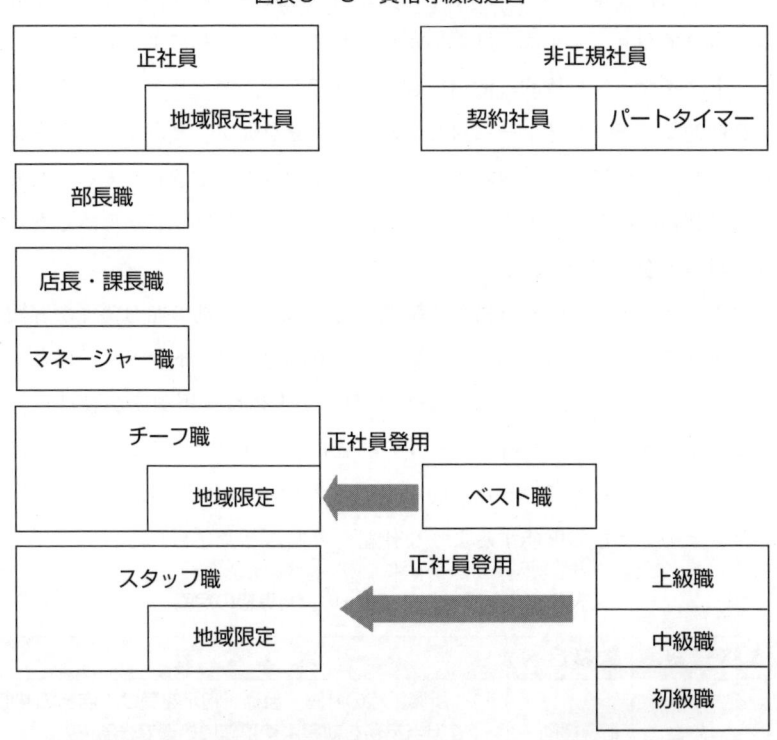

図表6-3　資格等級関連図

```
┌─────────────────────────┐      ┌─────────────────────────┐
│         正社員          │      │        非正規社員       │
│   ┌─────────────────┐   │      │  ┌──────┬───────────┐   │
│   │   地域限定社員  │   │      │  │契約社員│パートタイマー│  │
│   └─────────────────┘   │      │  └──────┴───────────┘   │
└─────────────────────────┘      └─────────────────────────┘
┌─────────────┐
│   部長職    │
└─────────────┘
┌─────────────┐
│店長・課長職 │
└─────────────┘
┌─────────────┐
│マネージャー職│
└─────────────┘
┌─────────────┐       正社員登用
│   チーフ職  │   ┌─────────┐       ┌─────────┐
│ ┌─────────┐ │◀──│         │       │ベスト職 │
│ │地域限定 │ │   └─────────┘       └─────────┘
│ └─────────┘ │
└─────────────┘
┌─────────────┐       正社員登用         ┌─────────┐
│ スタッフ職  │   ┌─────────┐           │ 上級職  │
│ ┌─────────┐ │◀──│         │           ├─────────┤
│ │地域限定 │ │   └─────────┘           │ 中級職  │
│ └─────────┘ │                         ├─────────┤
└─────────────┘                         │ 初級職  │
                                        └─────────┘
```

（出所）　同社資料をもとに筆者作成。

期待され，パートタイマーの中でも管理業務を遂行することのできる一定の条件を満たす者が任用される資格である。

　昇格については，上級職とベスト職への任用はポスト数を条件に，それぞれの資格で定義されている能力要件を備えているかどうか（図表6-4を参照），検定試験に合格できるかどうかによって判断される。例えば，中級職から上級職への昇格は，後述する職務能力評価「レベルⅠ」における評価得点が70点以上，対象者への意思確認と研修，スーパーマーケット検定ベーシックレベル社内検定の合格が必要であった。また上級職からベスト職への昇格は，職務能力評価「レベルⅡ」における評価得点が70点以上，対象者への意思確認と研修，スーパーマーケット検定マネージャー3級，社内試験と本部長面接での合格が求められていた。

さらに，当社では，パートタイマーの資格区分に関わらず，正社員登用制度が設けられており，1年に一度募集が行われていた。これによって，能力の高いパートタイマーを積極的に活用できるだけでなく，キャリアアップを考えている意欲的なパートタイマーに対しては能力開発を促すことができると考えられる。また，当社には地域限定の正社員という働き方が用意されているため，勤務地に制約のあるパートタイマーでも円滑にキャリアアップが可能となるような仕組みとなっていた。

　このように当社における資格等級制度の特徴は，資格別の能力要件が客観的に定められており，昇格において必要とされる能力がパートタイマーにとって明確になっていることと，資格区分に関わらず正社員登用制度が設けられていることである。こうした昇格ルールの明確化と正社員登用のオープン化は，キャリアアップを考えている意欲的なパートタイマーに対して能力開発を促すインセンティブとして機能するような仕組みであると考えられる。

図表6-4　パートタイマーの資格等級の定義

資格等級	業務区分	定　義
ベスト職 （パートチーフ職）	指導援助・定型熟練型業務	1）所属組織の計画・目標・指示を受け，自らの判断で担当業務を効率よく正確に処理できる 2）上司に対し，一定業務の補助，上申ができる 3）部下に対し，担当業務に関する指示，指導，支援ができる
上級職	定型熟練型・経験的業務	1）所属組織の上司の指示を受けて，担当業務を効率よく正確に処理できる 2）上司に対し，一定業務の補佐ができる 3）部下に対し，担当業務に関する指示，支援ができる
中級職	定型業務	1）上司の管理監督の下に，定型業務を正確迅速に処理することができる 2）上司に対し，一定業務の補佐ができる 3）定型業務に関し，経験，技術，知識を有する
初級職	定型，一部補助的業務	1）上司の指導，監督，指示の下に，定型業務や定型補助業務を正確に処理できる 2）定型業務に関し，多少の知識を要する

（出所）　同社資料をもとに筆者作成。

(4) 職務能力評価制度

　職務能力評価制度は，当社のパートタイマー人事制度の中心的な役割を果たす制度である。先に述べたように，これまでの人事制度にもパートタイマーを評価する客観的な指標やルールはあったものの，店舗ではほとんどそれが参照・運用されておらず，昇格や昇給については現場の管理監督者による恣意的な判断で行われていた。そのため，パートタイマーからの不平・不満が多く聞かれていたという。この問題を解消し，顧客に良質なサービスを提供するためには，各部門の従業員に必要な能力や知識・技能に関する項目を定め，それらを一定のルールによって評価することで，パートタイマー全体の職務レベルを向上する必要があった。さらに当社では，この職務能力評価制度で会社全体の人材レベルを把握し，それを職務等級や賃金に反映させたり，社員教育に連動させたりすることで，全社的なサービスレベルの向上が企図されていた。

　このような背景のもとで設計された職務能力の評価項目は，当社の経営理念を加味しつつ厚生労働省の職業能力評価基準を参考に，部門および職位の特性ごとにカスタマイズしていた。ここで重要なポイントは，従業員に求められる職務能力の評価項目が，雇用形態を基準にしていなかったという点である。当社では，スーパーマーケットの店舗業務を雇用形態別に区分することは困難であり，従業員に求められる職務能力は雇用形態が相違していても同じであるという考えに基づいて職務能力基準が作成されていた。その結果，職務能力に関してはパートタイマーでも正社員でも，部門と職位の特性ごとに定められた同じ基準によって評価され，そこでの評価結果が処遇や育成計画に反映される仕組みが構築されていたのである。

　職務能力の評価基準は，初級職および中級職を対象とした「レベルⅠ」と，上級職を対象とした「レベルⅡ」が用意されていた。「レベルⅠ」の評価は，図表6-5に示すように，全ての従業員に共通して当てはまるフレスタの社員としての常識や態度を問う「共通項目」と，部門ごとに定められた知識やスキルを問う「選択項目」の2つの評価軸で構成されていた。「レベルⅡ」も同様の構造となっていた。選択項目においては，当社の技術トレーナーや各店の店長が詳細項目を決定し，各部門の社員に求められる能力が示されていた。

　これら1つ1つの項目をＡＢＣで評価し，評価合計点が算出される。この評

価点によって，パートタイマーの等級や時給が決定される仕組みになっていた。このＡＢＣという三段階の評価基準は，共通項目については順に，「Ａ他の手本になっている」「Ｂ無難に実践している，ふつう」「Ｃ努力が必要なレベル，問題がある」となっていた。選択項目も同様に「Ａ完全に一人でできる，下級者に教えることができる」「Ｂほぼ，一人でできる，一部他の助けが必要な場面がある」「Ｃできない，努力を要する」とされていた。こうした評価基準の設計の背景には，パートタイマーの「できること」と「できないこと」を明確化し，「できないこと」を能力開発支援を通じて「できること」に変えていくことで，会社全体のスキルレベルの向上を目指そうという意図があるという。

　パートタイマーの職務能力評価は年に２回定期的に実施され，セルフチェック，一次評価，二次評価，フィードバック面接の４つの段階で行われていた。一次評価はチーフ・マネージャーと呼ばれる各店の部門責任者が担当していた。チーフ・マネージャーは，このほかに部門のパートタイマーの就業管理や作業管理，ＯＪＴを行う職責があり，日頃からパートタイマーと職務をともにしている存在である。そのため当社では，チーフ・マネージャーが，対象者の一次評価者として望ましいと考えられていた。

　二次評価は，チーフ・マネージャーの上位職にあたる各店の店長が担当していた。各評価項目について，部門責任者と店長の２名の評価者からの視点を加えることで，評価の客観性を担保しようという意図がうかがえる。

　最後のフィードバック面接は，パートタイマーと一次評価者および二次評価者の３名で実施され，不足している知識・技能のフィードバックや育成計画の検討が行われていた。

　評価は最高得点が100点となるように設計されており，共通項目と選択項目が占める割合はそれぞれ30％，70％となっていた。この評価得点が15点を下回る者は次回の雇用契約を更新するか否かの分岐点であるとされ，評価得点が65点の者は，中級職２号に位置づけられるなど，評価の結果と等級・号俸とが連動する仕組みになっていた。

　当社では，これらの一連の評価活動を通じて蓄積されるパートタイマーの評価情報を全てデータ化してシステム運用することで，職務等級や賃金の管理，育成計画との連動など一元管理を可能としていた。また，これによって，会社

全体の人材レベルを把握することが可能となり，高度なスキルを保持するパートタイマーの発掘・起用が容易になっていると考えられる。

　評価結果のフィードバックは，「OJTコミュニケーションシート」が活用されていた。このシートは，評価によって不足がみられた能力や知識・技能が記録されたもので，いつでも印刷することが可能となっており，今後の育成計画の立案に役立てられていた。例えば，フィードバック面接の場面で「OJTコミュニケーションシート」を用いて評価者とパートタイマーが面談を行うことで，対象者は自分に期待されている業務上の行動や職務レベルを知ることができるような仕組みになっていた。こうした評価と処遇および育成計画の連動は，パートタイマーの処遇に対する納得性の向上をもたらすだけでなく，上司と部下のコミュニケーションの機会を増加させることにも役立っているという。

　このように，当社の職務能力評価制度は，パートタイマー人事制度の中心的な役割を果たしている。職務能力評価と処遇および育成計画とが有機的に連動されていることで，パートタイマーに求める行動への期待の表明，納得性の向上，コミュニケーション機会の向上といった点に非常に大きな役割を果たしていた。

　フレスタの職務能力評価制度は大きく4つの特徴にまとめることができる。第1に，評価の基準が成果ではなく，個人が保有する能力に置かれていることである。これは，新たな人事制度の基本方針である「パートタイマーの最大限の能力発揮の支援」と一貫したものであり，パートタイマー全体の職務レベルの向上を期待するものであると考えることができる。第2に，評価の基準が明確にされていることで，パートタイマーにとってはそれが納得感のある処遇に結び付いてモチベーションを向上させやすいだけでなく，会社側にとっても高度なスキルを有する人材を発掘・起用できる仕組みになっていることである。結果として，これまでパートタイマーから聞かれていた恣意的な評価に関する不平・不満が解消し，モチベーションの向上に寄与する可能性が高いと考えられる。第3に，職務能力の評価においては，正社員とパートタイマーといった雇用形態の相違が考慮されていないという点である。フレスタでは，スーパーマーケットの店舗業務は，雇用形態別に区分することは困難であると考え，部門や職位ごとの職務能力基準が設けられていた。職務能力に関してはパートタ

イマーも正社員も同じ基準によって評価されることで，一定の処遇の均衡が図られているのである。第4に，新たに設定された評価項目に，部門ごとで必要な能力や知識・技能に関する内容のみならず，当社の経営理念と行動規範を強く反映した内容が組み込まれていることである。これによって，全社員が会社の価値観に沿った行動をとるよう動機づけられ，組織としての統合レベルを向上させることが可能になると考えられる。

図表6-5　評価項目の一部

ユニット	評価項目
\[「共通項目」評価項目例\]	
信　頼　性	上司，部下，同僚との信頼関係を築くため，誠実で責任ある行動ができる
協　調　性	周囲の人間（部下，上司，同僚）と協力して円滑に業務を進めることができる，またそのための声かけを積極的に行っている
規　律　性	社内ルールや法令などを理解し，店舗の方針や上司の指示を遵守している
自　主　性	率先して業務に取り組み，意見や考えを自主的に提案している
挑　戦　性	向上心をもち，自ら覚える意欲や先輩・上司から学ぶ姿勢がある
ビジネスマナー	あいさつ，身だしなみ，言葉使いなどのビジネスマナーを守っている
職場・環境への適応	環境の変化に素早く適応し，職場において臨機応変な働きができる
顧客満足の提供	企業理念を理解した上で，常にお客様第一の姿勢で行動している
お客様対応	お客様のご要望，クレームに対し，初期対応ができるとともに上長への報告，連絡，相談ができる
⋮	⋮
「選択項目」（青果）評価項目例	
ユニット	評価項目
陳　　　列	陳列台帳をもとに陳列ができ，また商品の先入れ先出し，売場の清掃，前進陳列を毎日実施している
	デジタルプライスとPOPの取付け・取外しが毎日確実にできている
	温度チェックは10時・15時・17時に毎日実施している
	地域性や季節性を考え，フェーズや陳列位置などを工夫している
⋮	⋮

（出所）　同社資料をもとに筆者作成。

(5) 賃金制度

　賃金制度は，職務能力評価制度と連動したものとなっていた。具体的には，職務能力評価による評価得点によって，時給のみならず賞与や各種手当が決められていた。

　パートタイマーの時給については，地域ごとに基準となる賃金を定め，それに基づいて賃金の金額を増減させるという運用方法がとられていた。図表6-6は，初級職1号の賃金額をベースとした場合の等級・号俸別の増加額を示している。初級職では昇給率が相対的に低く設定されているのに対し，中級職・上級職になるにつれ昇給率が勢いよく上昇するように設計されている。こうした賃金表の設計の背後には，昇給・昇格を大きなインセンティブとして機能させることによって，パートタイマーの能力開発を積極的に促そうという意図がうかがえる。また，各資格等級と各号俸は職務能力評価の得点に連動しており，パートタイマー自身がなぜこの処遇なのかについて疑問を感じた時に，管理監督者側が納得できる説明が可能となっていた。

　賞与は中級職以上の資格等級者に対して，号俸ごとに決定されていた。支給額は職務能力評価と連動し，資格等級と号俸により決定されていた。その他，手当には他の部門と比較して作業負荷の大きい水産部門とレジ部門に配属された者に通常の時給に加算して支払う職種手当，土日祝日および繁忙期の出勤に対する日祝日手当などがあった。

　旧パートタイマー人事制度では，職務等級によって時給や賞与の支給基準が定められてはいたものの，実際の決定は各店の責任者に委ねられているのが実情であった。そのため責任者ごとに基準が異なり，パートタイマーにとっては納得感に乏しい賃金制度となっていた。そこで，当社は今回の人事制度改革において，パートタイマーにとって「納得感のある制度」を標榜した。こうした考え方に基づいて，新制度では，公正な支給ルールによって賃金制度が構築されていた。

図表6-6　パートタイマー賃金表

号俸 資格等級	1号	2号	3号	4号	5号	6号	7号	8号	9号	10号
初級職	0	0	0	0	5	5	10	10	15	15
中級職	20	25	30	35	40	45	50	55	60	65
上級職	120	130	140	150	160	170	180	190	200	210

(出所)　同社資料をもとに筆者作成。

(6)　能力向上支援制度

　当社では，パートタイマーの職務レベルを向上させるために，OJT，社内研修，通信教育など正社員と同水準の能力向上支援制度が整備・活用されていた。これらの制度は，旧パートタイマー人事制度では，体系的に整備されていないものであった。パートタイマー教育の最もベースとなる活動として位置づけられているOJTでは，「OJTコミュニケーションシート」が重要な役割を果たしていた。このシートには，各パートタイマーの評価点だけでなく，評価によって不足がみられた能力や知識・技能が記憶されており，これをもとに対象者の今後6か月間の育成課題や，課題への取組み方法が考えられていた。なお，パートタイマーの評価者に対しても，パートタイマー人事制度研修，能力評価制度システム研修，能力評価のための意識合わせ，OJTを進めるための研修，部下に対する積極的傾聴に関する研修などが実施されていた。

　パートタイマーが対象となる社内研修は，新規採用者全員の受講が義務付けられている新規導入研修，資格等級別に受講可能な階層別研修，正社員と同内容のオープン研修によって構成されていた。以前の社内研修は階層別に行うことが通例であったが，人事制度の改正によってオープン研修として参加者を公募する方式に変更し，パートタイマーにも研修機会が与えられていた。

　さらに当社では4年前から通信教育講座を設け，それをパートタイマーにも開放し，修了者には受講料の半額支援を行っていた。この講座は，昇格要件にもなっているスーパーマーケット検定をはじめ，ライセンス取得，仕事の基礎力，サービスに関するものなど100を超える豊富な講座が用意されており，1年に2回の募集が行われていた。

　このように，当社のパートタイマーに対する能力開発支援は，手厚くかつ

オープンである。その結果，各種研修と社内通信教育制度の受講者数は，図表6－7に示すように2007年から2011年にかけておよそ4倍近くにまで増加した。スーパーマーケット業態において顧客からの支持を高めていくためには，種々の能力向上支援を通じて労働の質を向上させることが欠かせない。しかしながら，当社の旧パートタイマー人事制度には，こうした制度が体系的に整備されていなかった。人事部によれば，正社員の育成についてはこれまでも積極的に取組みを進めてきたが，従業員の8割近くを占めるパートタイマーの育成については，現場のマネージャーや店長に任せる部分が大きかったという。また，社員が学び，教えるという風土がなく，各店舗で知識・技能が体系的に蓄積されてこなかった。そこで，当社の中期計画において，「教学する集団への変革」をスローガンに掲げ，「教えながら学び」「学びながら教える」という社内風土の醸成に努めることとなった。これらを実施するために，人事部内に教育チームを設置し，7名のトレーナーを配属していた。パートタイマーに対する教育は，この7名のトレーナーが中心となり，各店舗のチーフ・マネージャーとの連携の下で行われていた。

　なお，今回の人事制度改革においては，能力向上支援制度を他の制度に優先して構築することに注意が払われていた。「パートタイマーの最大限の能力発揮の支援」という今回の人事制度改革の基本方針を，パートタイマーに対して最も直接的に伝達することが可能な制度が，これら一連の能力向上支援制度であるためであろう。

　フレスタの能力向上制度の特徴として，以下の2点を挙げることができる。第1に，パートタイマーに対する能力開発支援が手厚くかつオープンであるという点である。これは，当社における人事制度の基本方針である「パートタイマーの最大限の能力発揮の支援」と一貫したものであり，意欲のあるパートタイマーにとってキャリアアップの大きな機会が与えられていることを意味している。第2に，他の人事制度との強い連動がみられるという点である。つまり，職務能力評価制度において，パートタイマーの「できること」と「できないこと」が明確化するような仕組みになっていた。そして，この「できないこと」を種々の能力向上制度を通じて「できること」に変えていくことができ，最終的にこの「できること」に合わせて資格等級や賃金等の処遇が向上していくと

いう一連の流れになっていた。したがって,当社のパートタイマー人事制度はバンドルとして成立しているものであり,1つでも欠ければ人事制度として機能しえないものであるといえよう。

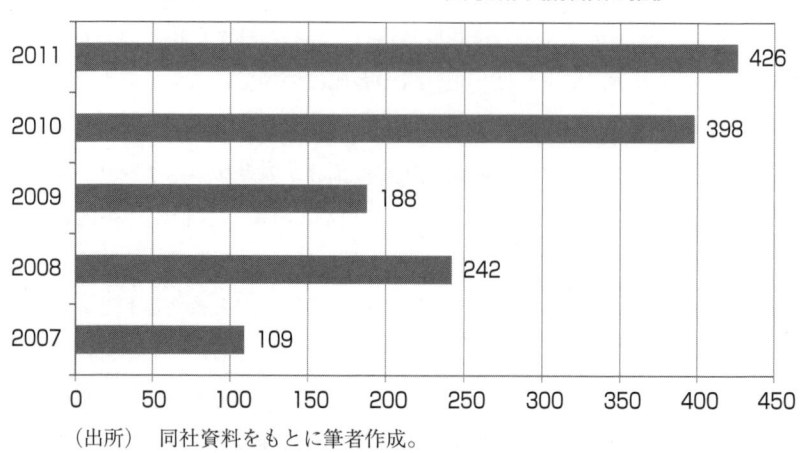

図表6－7　パートタイマーの社内研修受講者数の推移

年	人数
2011	426
2010	398
2009	188
2008	242
2007	109

（出所）　同社資料をもとに筆者作成。

3．パートタイマー人事制度の効果とＨＲ部門の役割

(1)　パートタイマー人事制度の効果

　フレスタでは,このような一連の人事制度改革が行われた後で,パートタイマーを対象とした無記名式のアンケート調査が行われた（回答者687名）。その結果を,図表6－8と図表6－9に示している。図表6－8からわかるように,「できることを増やしてステップアップしたい」と回答した者が約72％であることから,多くのパートタイマーが新しい人事制度に移行したことで,自身のスキルやキャリアを向上させたいと考えるようになったといえる。これは昇格のルールを明確にし,社内での能力開発支援を手厚くかつオープンにしたことなどによる成果であると考えられよう。

　次に,パートタイマー人事制度の中心的な制度である職務能力評価制度については,図表6－9からわかるように「実力で評価され,公平である」と回答した者が約34％,「好き嫌いで評価され不公平である」と回答した者が約9％と少数であったことから,この制度に対しては概ね好意的に捉えていることが

うかがえる。これらの成果は，職務能力評価制度によって各部門のパートタイマーに必要な能力や知識・技能に関する項目を定め，それらを一定のルールによって評価する仕組みが構築されたことが大きいと考えられる。

また，「会社のコスト削減のためにやっている」と回答したパートは約15％と少数であることから，この制度の意図・目的がパートタイマー側にも十分に理解されていることがわかる。このようなパートタイマーの制度に対する理解には，人事制度改革に際して，教育制度を他の制度に優先して構築するようにしていたことや，以下でみるようにHR部門による種々の手段での周知徹底が大きな役割を果たしていたと考えられる。

図表6-8　パートタイマー人事制度に対する意識

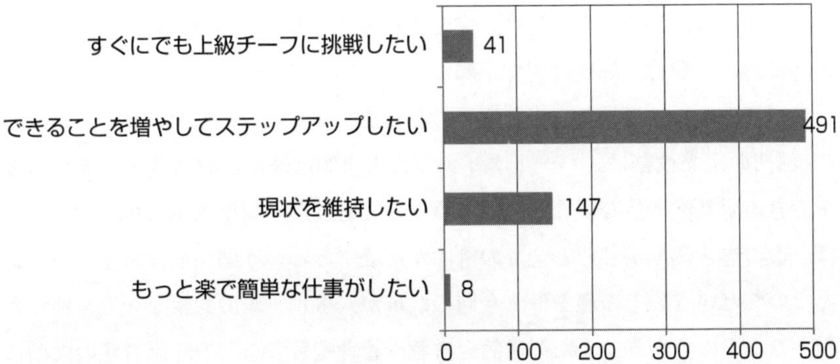

- すぐにでも上級チーフに挑戦したい：41
- できることを増やしてステップアップしたい：491
- 現状を維持したい：147
- もっと楽で簡単な仕事がしたい：8

（出所）　同社資料をもとに筆者作成。

図表6-9　職務能力評価制度に対する意識

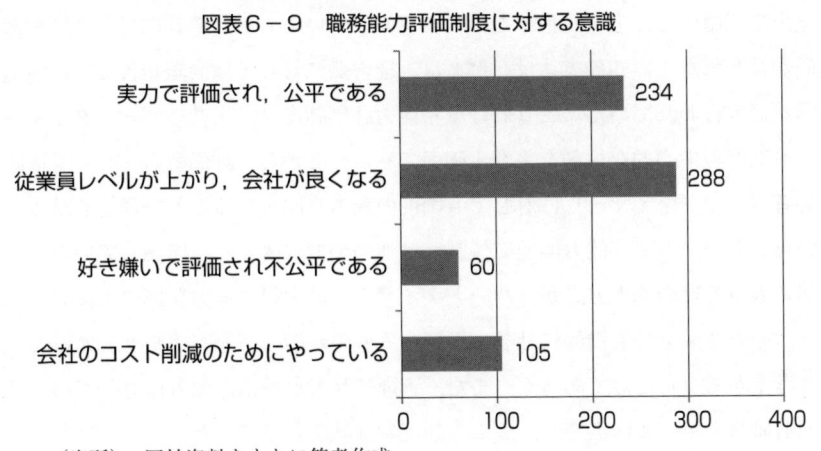

- 実力で評価され，公平である：234
- 従業員レベルが上がり，会社が良くなる：288
- 好き嫌いで評価され不公平である：60
- 会社のコスト削減のためにやっている：105

（出所）　同社資料をもとに筆者作成。

(2) パートタイマー人事制度におけるHR部門の役割

　ここで，フレスタが運用しているパートタイマーの人事制度において主導的な役割を担っているHR部門の役割について考察しておきたい。当社におけるHR部門の役割は，人事制度の導入フェーズによって大きく3つに区分される。

　1つめのフェーズは新たな人事制度の導入期である。ここでのHR部門の主な役割は，新たな人事制度のためのプランの設計である。当社のHR部門は，はじめに旧パートタイマー人事制度の問題点を洗い出した上で，新たな人事制度の基本方針を「パートタイマーの最大限の能力発揮力向上の支援」とし，これを基軸にして各種人事制度の詳細を策定していた。そして，このようなプランの設計の上で，制度移行のためのスケジュールが決められていた。このスケジュールには，例えば，新制度の完全移行までの導入スパン，新人事制度の導入時における順番，制度の周知手順などの多様なものが織り込まれていた。

　2つめのフェーズは新人事制度への移行期である。この期間における当社のHR部門の主な役割は，パートタイマーの人事制度改革に経営陣・営業・店舗をできる限り巻き込むよう働きかけることであった。制度改革の担当者によれば，この巻き込みが甘いと全ての計画が崩壊するという強い危機感をもって臨んでいたという。その理由は，今回の改革が人事ルールの大幅な変更を伴う大掛かりなものであり，また，店舗経営者や管理監督者などの評価者側の役割にも質的に大きな変更を伴うためである。この時にHR部門は，人事制度改革の理由を明確にした上で，何のための改革かについて，それぞれに対して周知徹底が行われた。周知の方法は，例えば，経営側に対しては会議報告での計画提示が適宜行われていた。とりわけ職務能力評価制度は，当社のパートタイマー人事制度の中心的な役割を果たす制度であることから，評価者のみならず被評価者（パートタイマー）に対しても制度の読本を配布することで理解を求めていた。その一方で，能力開発支援制度は他の制度に優先して構築していた。今回の人事管理の基本方針が「パートタイマーの最大限の能力発揮の支援」であり，その意図を最も端的に社員に伝達するものが能力開発支援制度であるという考えがあったためであろう。また，管理監督者と一次評価者に対しては，評価前研修を年に2回実施し，そこで評価者訓練を行っていた。

　3つめのフェーズは，新人事制度の全面稼働後である。フレスタのHR部門

の場合，このフェーズにおける主な役割は，各種人事制度の稼働に対する検証などである。例えば，先にみたパートタイマーへの無記名式による意識調査の実施などがこれにあたる。また，評価項目のメンテナンスや修正点の検討なども随時行われており，新制度が運用に入ってからのフォローや支援がきめ細かに行われていた。

　このように，パートタイマー人事制度の設計・運用におけるHR部門の役割は非常に多岐にわたり，経営目標の達成に大きな役割を果たしていることがわかる。このような役割を果たす上で当社のHR部門が最も重視していたことは，現場とHR部門の距離を埋めるような種々の取組みである。例えば，旧人事制度の問題点を洗い出すためにパートタイマーや現場監督者への聞き取り，制度の意図を関係者に理解してもらうための周知徹底をはじめとする働きかけ，制度に対する意識調査などである。そのため，パートタイマー人事制度では，HR部門がパートタイマーを含む現場関係者の労働ニーズを十分に踏まえ，それを人事制度に反映させていくことが重要であると考えられる。

図表6-10　パートタイマー人事制度におけるHR部門の役割

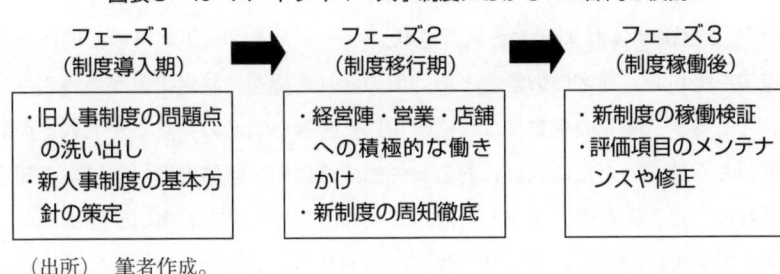

フェーズ1 （制度導入期）	フェーズ2 （制度移行期）	フェーズ3 （制度稼働後）
・旧人事制度の問題点の洗い出し ・新人事制度の基本方針の策定	・経営陣・営業・店舗への積極的な働きかけ ・新制度の周知徹底	・新制度の稼働検証 ・評価項目のメンテナンスや修正

（出所）　筆者作成。

4．分析と考察

(1)　パートタイマーの戦力化に向けたマネジメントの視点

　ここで，フレスタにおけるパートタイマー人事制度の事例を考察する前に，パートタイマーの戦力化に向けたマネジメントにおいて着目すべき視点を確認しておきたい。

　第1に，パートタイマーが正規労働者と同じ仕事に従事するケースが多い場合，正規労働者と同程度の教育訓練の充実や雇用区分の転換制度の設置といっ

た正規労働者との均衡処遇を考慮した人事制度が求められることである。通常，非正規雇用の活用拡大は，量的な増加だけを意味するものではない。非正規労働者の中には定型的・補助的な仕事にとどまらず，正規労働者と同様の組織運営に欠かせない高度な仕事を担っているケースも多い。非正規労働者の量的増加を「量的基幹化」と呼ぶのに対し，こうした仕事の高度化は「質的基幹化」と呼ばれる（武石，2003）。このような非正規労働者の活用拡大は，企業に対して雇用の柔軟性などのメリットをもたらす一方で，デメリットをもたらすこともある。例えば，非正規労働者が通常の労働者と同じ業務に従事する場合，処遇に対する不満が生じ，モチベーションを低下させることがある。日本の労働市場では非正規労働者の賃金は正規労働者よりも低く設定されている場合が多いため，正規労働者と同じ仕事に従事するパートタイマーは賃金に不満が生じやすいことになる（篠崎・石原・塩川・玄田，2003；島貫，2007）そのため，非正規労働者の意欲や貢献を考慮した処遇の改善と同時に，正規労働者との均衡処遇に配慮した人事制度が社会的に要請されてきた。

　例えば，パートタイム労働法（「短時間労働者の雇用管理の改善等に関する法律」）が2008年4月より改正施行され，パートタイマーが納得して働ける就業環境を実現し，通常の労働者との均衡のとれた待遇の確保措置が義務化された。ところが，多くの企業でこの法改正に見合った制度の見直しが大きく進展しているとはいいがたい状況にある。労働政策研究・研修機構（2011）の調査によれば，法改正を機に実施した雇用管理の改善等の見直し事項が「あった」とする事業所は62.6％にのぼり，改正パートタイム労働法への対応に向けた取組みが，徐々に進みつつある様子がうかがえる。他方で，取組みの具体的な内容をみると，「労働条件通知書等で，特定事項（賞与，昇格，退職金）を明示するようにした」が最も多く，「正社員と短時間労働者の職務内容の区分（違い）を明確にした」「短時間労働者も福利厚生施設を利用できるようにした」「短時間労働者から正社員への転換推進措置を設けた」「短時間労働者の賃金等処遇を（正社員との均等・均衡や，意欲・能力等を考慮し）改善した」といった取組みを実施する企業は少数にとどまっている。このように，改正パートタイム労働法を機に取り組まれた内容は，通知書による労働条件の明示などの比較的簡易なものが多く，人事上の大幅なルール変更を要するような取組み

にまで踏み込んでパートタイマーの人事制度を改善しようとする企業は多くはない。このような状況を踏まえて，本節では，フレスタがどのように正規労働者との均衡処遇を考慮しつつパートタイマーの戦力化を図っているのかを考察する。

　第2の視点は，パートタイマーを戦力化して企業の競争力に結び付けるために，パートタイマー人事制度の一貫性が求められるという点である。企業の人的資源管理は，賃金や昇進機会，雇用保障といった報酬の配分を通じて，労働者から経営戦略の達成や長期的な競争力の確保に向けた貢献を引き出す経営活動である。これは，個々の人事制度が統合されたバンドルとして機能することを意味している。そのため，組織の成員は，特定の方針に基づいて設計・運用された一貫性のある人事制度を通じて，日々の業務で期待される役割や行動を認識することができる（Becker and Gerhart, 1996; Delery and Doty 1996）。したがって，パートタイマーの戦力化に向けたマネジメントにおいては，人事制度の一貫性が強く要請されるのである。

　以上の視点を踏まえて，本節では，フレスタにおけるパートタイマーの人事制度を検討していくことにする。

(2) 正規労働者との均衡処遇を考慮した人事制度

　前述のように，パートタイマーの戦力化においては，正規労働者と同程度の教育訓練の充実や雇用区分の転換制度の設置といった正規労働者との均衡処遇を考慮した人事制度が求められる。パートタイマーが正規労働者と同じ仕事に従事するケースが多くなると，正規労働者との処遇格差などから不満が生じ，モチベーションを低下させることがあるためである。

　フレスタにおいても，こうしたパートタイマーの基幹化が進展しており，かつては正社員が担っていた管理業務の役割をパートタイマーが担う店舗が多くなってきていた。つまり，相対的に人件費コストの低いパートタイマーに，これらの業務を代替することで労働生産性を向上させるような方法がとられていたのである。フレスタでは，この問題に対して，従業員に求められる職務能力は雇用形態が相違していても同じであるという考えに基づいて職務能力の基準が作成されていた。つまり，単純に雇用形態によって処遇を決定するのではな

く，職務能力については，部門と職位の特性ごとに定められた基準によってパートタイマーも正規労働者も共通に評価されていたのである。また，能力向上支援制度においても，パートタイマーは，正社員と同じ内容の研修や教育が受けられるオープンなものになっており，これによって，パートタイマーと正規労働者との均衡のとれた処遇が確保されていた。

さらに，当社ではパートタイマーの資格区分に関わらず，正社員登用制度が設けられていた。これによって，能力の高いパートタイマーを積極的に活用できるだけでなく，キャリアアップを考えている意欲的なパートタイマーに対して能力開発を促すことができると考えられる。この際，通常は正社員自体の働き方が問題になる。というのも，パートタイマーの多くは地域の生活者であり，全地域に転勤があるような正社員への転換が困難であるためである。当社では，すでに正社員を全地域で勤務することが可能な社員と，勤務地を限定した地域限定の社員に区分されており，この問題が緩和されていた。これによって，転勤の壁があることで正社員への転換ができないパートタイマーにもキャリアアップの道が開かれている仕組みになっていたのである。

ここ数年，多くの企業がパートタイム労働法の改正を機に，正社員登用制度をはじめとする雇用区分間の均衡処遇を考慮した人事制度の導入に踏み切っている。しかしながら，こうした制度の整備によって，パートタイマーの就業ニーズに応じた柔軟な働き方の選択を可能にし，人材の定着やモチベーションの向上に結び付けられている企業は多くない。その大きな理由として，正社員に転換して職責や勤務地を無制限に拡大してしまうと，そのことを望まないパートタイマーにとっては転換の制約要因になりかねないことなどが考えられる。つまり，正社員登用制度を機能させるためには，転換の受け皿となる正社員自体の働き方も同時に見直す必要があるのである。当社では，資格区分に関わらない登用のルール，そして正社員の働き方自体の多元化を通じて，キャリアアップを考えている意欲的なパートタイマーが円滑に雇用区分を転換できるよう配慮されていた。このように，パートタイマーの戦力化には，正規労働者との均衡処遇を考慮した様々な人事制度の仕組みが必要になると考えられる。

(3) パートタイマー人事制度の一貫性

　パートタイマーを戦力化して企業の競争力に結び付けるために，パートタイマー人事制度の一貫性も重要になってくる。

　この点について，フレスタでは，はじめに人事制度の基本方針を「パートタイマーの最大限の能力発揮の支援」に定めて，この方針に沿って一貫した形で資格等級制度，人事評価制度，賃金制度，能力向上支援制度が設計・運用されていた。その中で，中心的な役割を果たしている制度が職務能力評価制度であった。例えば，昇格については，検定試験の合格だけでなく，職務能力評価制度による評価得点が一定水準以上という基準が設けられていた。また，時給や賞与，その他の手当もこの評価得点と連動した形で決められていた。社員教育についても，評価によって不足がみられた能力や知識・技能がOJTコミュニケーションシートに記憶されており，これをもとに今後6か月間の育成課題や，課題への取組み方法が考えられていた。

　この職務能力評価制度において，従業員の評価情報を全てデータ化してシステム運用することで，他の人事制度との連携を容易化していた。通常，これら全ての従業員の職務能力を記憶し，昇格や賃金に反映させたり，社員教育に連動させたりするためには，紙媒体による記憶では限界があるためである。また，こうした取組みによって，会社全体のパートタイマー人材の職務レベルを体系的に把握することが可能となり，高度なスキルを保持するパートタイマーの発掘・起用が容易になっていた。

　当社では，このような人事制度の一貫性を高めることで，最大限の能力発揮を通じた顧客サービスの提供というパートタイマーらがとるべき行動への期待を明確に表明し，それが当社の競争力に結び付いていると考えられる。パートタイマーの戦力化には，こうした一貫した人事制度の設計・運用による明確な期待表明が重要であると考えられる。

5．結びにかえて－パートタイマー人事制度の展望

　パートタイマーは今後も増加することが避けられず，そのマネジメントの重要性はより一層高まってくることが予想される。また，多くのパートタイマー

が組織運営に欠かせない高度な仕事を担いつつある状況において，これらパートタイマーの能力発揮がなければ，企業の成長に重大な影響を与えかねない。このような観点から，最後に，パートタイマー人事制度の展望について考えてみたい。

第1に，パートタイマーの人事制度は，企業経営の仕組み全体の一部分であるという視点をもつことである。ここ数年，多くの企業で，性別，国籍，年齢，知識・技能などの面での多様な人材の活躍を促すマネジメントのあり方が検討されており，人事制度の多元化が進行している。そのため，パートタイマーの人事制度を検討するにあたっては，企業全体が進みつつある方向とどのように調整をとるのか，また人事制度の他の分野とどのように調和させるのかという「全体の中の一部」という視点をもつ必要があると考えられる。本章では，この観点から，とりわけ正規労働者との均衡処遇に着目しながら事例を考察してきた。

この場合に，パートタイマー労働者が経営にとってどの程度重要な存在であるのか，また，どの程度の規模の集団であるかによって企業のとるべき対応は異なってくるであろう。経営全体からみてパートタイマーの人数が問題にするほどの規模ではない状況では，パートタイマー個々人の事情に合わせて個別的に対応すれば十分であろう。人事制度の設計と運用には大きなコストがかかるし，個々の事情に合わせて対応するという柔軟性が失われる可能性が高いためである。しかし，パートタイマーの規模が大きくなり，経営全体に大きなインパクトをもつようになれば，個別的対応や既存制度を部分的に手直しした制度では対応が難しくなり，パートタイマー間あるいは異なる雇用区分の労働者との間に処遇上の不公平を生む恐れがある。この時には，フレスタのように，他の雇用区分労働者との均衡処遇を考慮に入れた人事制度を根本から作り上げることが必要になろう。

第2に，パートタイマーの労働ニーズを踏まえた人事制度の必要性である。一口にパートタイマーといっても，仕事と家庭の両立を望む者，正規労働者としての働き方を希望する者，仕事の貢献をきっちり評価されたい者，低いレベルの業務を希望する者など多様である。フレスタでは，こうしたパートタイマーの労働ニーズを丁寧に洗い出した上で，それと経営ニーズを擦り合わせた

上で新たな人事制度の基本方針が策定され，その方針に一貫した形の人事制度が設計・運用されていた。このように企業の経営ニーズと，パートタイマーの労働ニーズが有機的に結び付けられることで，はじめて経営成果を実現することができると考えられる。

　第3に，パートタイマーのキャリア開発に対する積極的な支援である。パートタイマーは様々な事情により，勤務時間や勤務地，仕事内容などが限定されることが少なくない。今野（2012）は，こうした勤務に制約のある社員を「制約社員」と呼び，彼（彼女）らの有効活用が今後の日本企業の課題になるとしている。ところが，これまで多くの日本企業は，これらの勤務上の制約を理由に，正規労働者と非正規労働者のキャリア開発を明確に区別してきた。つまり，制約の多い非正規労働者には能力開発の機会が乏しい比較的簡単な仕事を配分するなどして，あまり多くのことを期待していなかったのである。しかし，仕事に対して意欲があり，キャリアアップの意思がある非正規労働者は決して少なくはない。フレスタには，こうした意欲のあるパートタイマーが，自分の意思で能力を高めてキャリアを主体的に開発できる仕組みがあった。具体的には，職務能力訓練の充実，資格区分に関わらない登用のルール，正社員の働き方自体の多元化を通じての雇用区分転換の円滑化である。その意味では，同社の人事制度は，制約社員を有効に活用するための事例でもあると考えられる。

　最後に，本章で検討したフレスタにおけるパートタイマー人事制度を，他業種の企業に適用することの意義について提起したい。もちろん同社の人事制度の仕組みは，小売業に特有の環境の中で機能し得るものであり，全ての制度をそのまま適用することはできない。例えば，当社の職務能力評価の部分などは業界の特殊性が高いものであり，適用には困難を要するであろう。しかし，人事制度間の関連づけや，パートタイマーのキャリア開発支援などの仕組みは，他業種の企業にも十分に応用できるものである。個々の企業に特有の業種や人材の事情を考慮して応用していけば，多くの非正規労働者が働きがいをもてる職場が増加することが期待できると思われる。

[謝　辞]

　本章の作成にあたり，福山平成大学の小玉一樹教授（当時：株式会社フレス

タ人事部長）および株式会社フレスタ人事部の植野文詞氏には，聞き取りへの対応など多大なるご協力をいただきました。心より御礼申し上げます。

（柴田　好則）

[第6章　参考文献]
今野浩一郎（2012）『正社員削減時代の人事改革』日本経済新聞社．
小玉一樹（2013）「パートタイマーの基幹労働力化と人事制度－A社の人事制度に関する事例研究」『広島大学マネジメント研究』14号，55－66頁．
篠崎武久・石原真三子・塩川崇年・玄田有史（2003）「パートが正社員との賃金格差に納得しない理由は何か」『日本労働研究雑誌』45号，58－73頁．
島貫智行（2007）「パートタイマーの基幹労働力化が賃金満足度に与える影響－組織内公正性の考え方をてがかりに」『日本労働研究雑誌』568号，68－76頁．
武石恵美子（2003）「非正規労働者の基幹労働力化と雇用管理」『日本労務学会誌』第5巻第1号，2－11頁．
本田一成（1999）「小売業・飲食店におけるパートタイマーの基幹労働力化」『調査季報』第48号，20－43頁．
労働政策研究・研修機構（2011）「「短時間労働者実態調査」結果－改正パートタイム労働法施行後の現状」JILPT調査シリーズ，No.88．
Becker, B. and Gerhart, B.（1996）"The Impact of Human Resource Management in Organizational Performance : Performance and Prospects," *Academy of Management Journal*, Vol. 39, No. 4, pp. 779－801.
Delery, J. E. and Doty, D. H.（1996）"Modes of Theorizing in Strategic Human Resource Management : Tests of Universalistic, Contingency, and Configurational Performance Predictions," *Academy of Management Journal*, Vol. 39, No. 4, pp. 802－835.

第 IV 部

人財能力を鍛える

人材流出を考える

第7章 株式会社公文教育研究会

株式会社公文教育研究会（2015年4月現在）

本社所在地	大阪府大阪市淀川区西中島5丁目6番6号　公文教育会館
創　　業	1958年（昭和33年）
設　　立	1958年（昭和33年）
代 表 者	代表取締役社長　角田　秋生
資 本 金	44億1,800万円
売 上 高	864億4,600万円（2014年3月決算）
従 業 員 数	4,038人（2014年3月現在）
備　　考	拠点数：国内85か所，海外99か所（2014年3月現在）

　　　　＜国　内＞　教室数：1万6,500教室
　　　　　　　　　　教室指導者数：1万4,600人
　　　　　　　　　　学習者数：146万人
　　　　＜海　外＞　教室数：8,400教室
　　　　　　　　　　教室指導者数：7,400人
　　　　　　　　　　学習者数：281万人
　　　　＜普及地域＞　世界48の国と地域（日本含む）

1. 公文教育研究会の概要[1]

　株式会社公文教育研究会（以下，公文）はその前身である有限会社大阪数学研究会として1962年に設立された。主な事業内容は，算数・数学，英語，国語，フランス語，ドイツ語，日本語，書写といった分野で独自に開発したプログラム教材を用いた，公文式教室と呼ばれる学習教室の設置・運営管理である。公文の経営理念として，「われわれは個々の人間に与えられている可能性を発見し，その能力を最大限に伸ばすことにより，健全にして有能な人材の育成を図り，地域社会に貢献する」という一文が掲げられている。個々の生徒の可能性を発見して伸ばすその教育姿勢は，公文式教育法という独自の方法論に体化されている。

　公文の教室は，「指導者」とそれをサポートする「スタッフ」によって運営されている。公文の教室の運営は週に2回，1日5時間程度であり，その準備の時間を踏まえても，子育てと両立することも十分可能である。教室の開設は自宅を開放する場合もあれば，近くに貸会場を借りる場合もある。指導者の募集と説明会は随時行われている。教室では生徒は，個人別に課される課題に取り組み，指導者がその個人別学習活動を支援する。そして毎回宿題が課され，生徒は家庭に持ち帰って宿題に取り組み，次の教室にそれを持参することになっている。

　上記の経営理念に基づく公文の教育は生徒に「生きる力」を身につけさせるため，「高い基礎学力」「自己肯定感」「自ら学ぶ力」を重視している。それを実現する公文式教育法の特長は，「個人別学習」「自学自習」「スモールステップの教材」「指導者・スタッフの存在」の4点にまとめることができる。

　まず「個人別学習」は，そのときの生徒の学力に対応した教材を用いる「ちょうどの学習」を意味する。年齢や学年に応じた教材を一斉に与えても，同じ学年でも学力に差が生じてしまうこともある。そうではなく一人ひとりの学力に応じた教材を用いることで，確実に学力を伸ばしていく。もう1つのポイントは「確実に100点をとれる段階の教材から出発」することである。しっかり100点をとらせ，指導者・スタッフのほめる指導によって生徒の有能感，

自己肯定感を醸成し，学習意欲を高める。そして学力が向上すれば，年齢や学年にとらわれずさらに高いレベルの教材を用いて勉強を進める。したがって，公文では例えば小学3年生であるのに小学5，6年生の勉強をしているといった，上のレベルでの学習は珍しくない。

　2つめの「自学自習」は，学校教育で行われるような「一斉授業」を行わないことを意味する。教室内では生徒一人ひとりが自分の教材に取り組み，個々に教材を解答して指導者・スタッフの指導を仰ぐ。この方法で確実な学力定着とともに，生徒の自律的な学習が促進され，自発性を養うことができる。

　3つめの「スモールステップの教材」は，簡単な内容から高度な内容へと少しずつレベルが上がっていくことを意味する。教材は公文の長い歴史のノウハウをつぎ込んで作られ，現場の声から日々改善されている。そのことで生徒は自分に「ちょうど」の教材を解くことができ，しかも小刻みなレベルの上昇により，確実に学力を定着できる。

　そして4つめの指導者・スタッフの指導が加わる。生徒一人ひとりの学習状況に目を配り，学習を支援する指導者・スタッフの存在は不可欠なものである。指導者・スタッフは生徒の学力を把握して「ちょうど」の教材を与える。学力が定着していないのに先に進んだり，もっとできる学力と意欲を有しているのに低いレベルの教材を与えたりすることはない。それは客観的に生徒をみることができる指導者・スタッフの重要な役割である。また生徒の努力を認め，ほめて，励ますという働きかけは，生徒の自律的かつ積極的な学習姿勢を醸成する上で欠かせないものである。これら4つの特長はそれぞれが影響を与えあって，相乗効果を生み出す。

　公文の長い歴史の中で磨き上げられた教材を，指導者が的確に理解し，教室運営の中で生徒に適切に用いることにより，先述の4つの特長に基づく指導方法が実践され，「高い基礎学力」「自己肯定感」「自ら学ぶ力」を有する「生きる力」を身につけた生徒を育成することができるのである。このような公文式教育法による教育事業は，日本国内のみならず，海外においても展開されている（趙・向山，2009；井上・真木，2010；藤川・小野，2013）。

2. 学習のコミュニティを活用した企業の学び

　本章では公文の先進的な事例をみていくことで，企業における学習をいかに促進するかという問題について考えていく。組織，あるいはその成員である個人が学習することの重要性は論を俟たないが，その学習がどれだけ効果的にできているかは疑問の余地があるかもしれない。個人の学習でいえば，自己責任の名の下に個人の学習が個人任せになっていたり，個々人が個別に努力を強いられ，集団で学びあい切磋琢磨する相互作用が失われていないだろうか。組織の学習でいえば成員が学習に対して受け身になり自発性が欠けていたり，研修が一方通行，知識を一方的に伝える場になっており，学んだことが実際の現場でいかされていなかったりするようなことはないだろうか。企業を取り巻く環境は常に変化しており，企業は変化に対応し組織適応を推し進めることができる能力をもった人材を，できるだけ短期間に育成する必要に迫られている。それと同時に仕事の内外で常に自身の能力を高め，学び続けられる人材を育てる，いわゆる学ぶための学習（learning to learn）ができる人材も不可欠である。

　そのような人材育成において，既存の人材育成の方法論，すなわちOJT（on-the-job training：職場内訓練），Off-JT（off-the-job training：職場外訓練・研修），自己啓発の3つに大別されるような方法論にこだわっていてはいけない。組織成員個々の自発性と積極性を引き出し，なおかつ成員間の相互作用によって，学習を活性化しなければならない。それを通じて組織レベルの学習を促進する取組みによって個人の学習が促進され，そのような学習する個人が組織の活性化を促進するという好循環を生み出す必要がある。

　そのための処方箋の1つが，組織内外に「学習のためのコミュニティ」を形成することである。「実践共同体（communities of practice）」と専門用語では呼称するこのコミュニティは，組織内でも個人でもない学習の「第3の場所（the third place）」である（Oldenburg, 1989）。実践共同体は学習のために組織内外に形成されるコミュニティであり，そこでメンバーは相互作用を通じて自律的に学ぶ。学習の促進にはメンバーの自発的な参加が求められ，実践共同体は組織が意図的にも，成員が自発的にも構築できるものである。「第3の場

所」である実践共同体では仕事から距離を置いて学習に集中でき，自発的な参加を通じてメンバー間が相互に教え合い学びあう。そこで仕事や自身を客観視したり，人的ネットワークを構築したりできる上，学んだことをすぐ現場での実践に役立て，その結果を実践共同体に持ち帰るという好循環も生み出すことができる（松本，2013）。

　本章で取り上げる公文はまさに実践共同体を活用し，学習を促進している企業である。創業以来の自発的な学習コミュニティ形成を促進・援助し，同時に先進的な取組みとして，企業主導で小集団活動的なコミュニティによる学習活動を実践し，その仕組みを日々改善し続けている。なおかつ実践共同体間の結びつきを促進する，包摂的な実践共同体を運営し，成員の相互作用を活性化するシステムを構築しているのである。組織・個人の学習を考える上で，公文から学べることは多い。

　以下では，3．公文による指導者のサポート体制，4．指導者の学習がもたらす成果とその重要性，5．公文の4つの実践共同体，6．分析と考察，7．結びにかえて，という順番に説明する。

3．公文の指導者サポート

　公文は教室の指導者をどのようにサポートしているのであろうか。教室を管理する組織と，指導を担当する部署について説明する。

　地域の中で開設される教室は，まず地域ごとに「事務局」という組織によって統轄される。兵庫県西宮市を中心にした地域は「西宮事務局」によって統括される。事務局は地域の教室を統括する拠点であり，教室の指導者は毎回の教材を事務局まで受け取りにいく。その際に事務局のスタッフと顔をあわせることになり，相談なども行いやすい場所になっている。そして事務局はより広い地域によって「エリア」としてまとめられる。西宮事務局は近畿エリアの中の事務局の1つである。地域内，事務局内，エリア内という範囲のくくりによって，様々な活動が行われる。

　公文の組織の中には「指導部」と呼ばれる，教材をどのように使うかを伝達する部署がある。そこでは業務知識を伝達する「講座」をやったり，学習を促

進するツールを開発したりする。指導部と並んで存在するのが「指導コンサルティング部」という部署である。指導者の指導力を向上させて教室の発展を促すのが役割であり，指導者の育成を担当する部署である。その他にも指導者への情報伝達誌「やまびこ」の発行や，後述する指導技能発表の全国規模の大会「指導者研究大会」の運営も行う。

事務局に所属する公文社員は主に，「コンサルティング職」と「育成職」がある。「コンサルティング職」は数年前まで「地区担当」と呼ばれていたものであり，自身の担当地域内の教室の運営をサポートする。1人のコンサルティング職が50～60人の指導者を担当する。以前はもっと少なかったが，2013年に始まった「育成職」の制度によって増やすことが可能になった。「育成職」は新しく開設した教室の指導者を専門に，2年間にわたって集中的にサポートするものである。新人の指導者を専門にサポートするコンサルティング職といってよい。以前は地区担当（現在のコンサルティング職）が開設年数に関係なく指導者をサポートしていたが，新人の指導者の教室を軌道に乗せるには，どうしても既存の教室よりも労力を要する。その部分を育成職が専門にサポートすることで，コンサルティング職はより多くの教室をサポートすることができるようになったのである。

コンサルティング職・育成職は教室の指導者とともに，教室をどのように運営するかを指導者と一緒に考える。まさに指導者が生徒に接するように，指導者の得手不得手を把握し，不得手な分野をどう克服して向上させるかを適切にガイドする。そのガイドがコンサルティング職・育成職の重要な仕事であり，教室運営の成否にも影響する。

4．優れた成果の源泉としての指導者の実践共同体における学習[1]

上記のように公文式教育法と公文の組織的サポートについてみてきたが，公文の生み出す優れた成果の最大の源泉となるものが，指導者の育成，および指導者同士の学習活動であることに疑いの余地はない。1955年に大阪に開設された小さな算数教室が，現在では資本金44億1,800万円，2014年3月末現在の連結売上高は864億4,600万円，連結経常利益は107億7,300万円，従業員数はグ

ループ全体で4,038人という規模の企業に成長している。公文教育研究会は日本全国に85か所の拠点をもつほか，北米，南米，アジア・オセアニア，中国，ヨーロッパ・アフリカの地域本社をもち，世界47の国と地域での事業展開も活発である。そして2014年3月末現在で，国内では1万6,500教室で146万人の学習者（全教科合計学習者数）が学んでいる。その教室を1万4,600人の教室指導者を中心に運営している。さらに海外でも8,400教室で281万人（全教科合計学習者数）が学び，7,400人の指導者が運営し，世界共通のビジネスモデルとして国内外から脚光を浴びている（井上，2012）。それだけではない。公文によって教材の質は日々向上を続けているが，全国の公文の指導者もまた日々その指導技能を研鑽し，高い成果を上げている指導者の指導方法を学び，また独創的な指導ノウハウを研究し続けている。その技能，指導のアイディア，現場での指導ノウハウは公文式教室に還元され，日々の学習活動に活用されている。そして見逃してはならないのは，それらの指導者の学習活動が誰に強制されるでもなく，指導者の高い学習意欲をもって，自律的に実践されていることである。この高い成果をもたらす学習活動は，どのようにして実践されているのであろうか。

　公文の指導者は55歳までの女性が募集対象になる。特別な資格や指導経験は不要で，始める前に公文やほかの学習塾の経験がある人もあるが，指導経験がない人は全体の半数にのぼる。指導経験がなくても，公文による事前研修や独自のマニュアル，そして公文社員のサポートによって教室運営が支援される。教室を開設してからも公文からの研修は定期的に行われている。

　しかし，公文における指導者の育成は，まさに公文式教育法の志向するように，指導者自身の自律的な学習によって達成される。そして，それを支えるのが指導者が自発的に，そして公文によって構築される，様々なタイプの「実践共同体（学習のコミュニティ）」を基盤にした学習である。公文には実践共同体の構築とそれに基づく学習を活性化するシステムが内包されており，それが公文式教育法と教材を最大限に活用して生徒の学力を確実に伸ばしていく指導者を育成し続けることができる，最大のポイントであるといえる。

　以下では筆者の調査に基づいて，公文の指導者が形成する実践共同体について，具体的に説明する。

5．事例：公文の実践共同体

　本章で取り上げる公文の実践共同体は，(1)公文指導者が自発的に構築する「自主研」，(2)公文によってコーディネートされる「小集団ゼミ」，(3)熟達した指導者による「メンターゼミ」，(4)全国レベルの「指導者研究大会」の4つである。このほかに行われる学習活動としては地区内で指導者が情報交換をする「地区会」，主に事務局レベルで情報伝達や研修を行う「講座」などがある。公文の中ではこれらの規模・頻度・自発性などが異なる実践共同体が形成・運営されるシステムがあり，かつそれらが相乗効果をもたらしている。それが指導者の指導技能を向上させているのである。

(1)　指導者が自発的に構築する「自主研」

　指導者は生徒の成績を伸ばし自律的な学習者を増やしたいという気持ちから，指導や運営のノウハウを共有したいというニーズを充足するために「自主研究活動（以下「自主研」）」と呼ばれる実践共同体に積極的に参加している。主に指導技能の研究と共有を目的とする自主研は事務局レベルで教室を実施しない日に開催され，5～30人ほどの指導者が参加する。目的によって開設キャリアに関係なく開催されるものもあれば，開設後数年のキャリアの短い指導者が集まって開催されるものもある。指導者が自発的に構築・開催するのが自主研の特徴である。そして指導者によって申請され，公文によって認定された自主研は，そこに参加して参加後のレポートを提出することによって，公文が取得を求める単位が認定される。

　自主研に参加している指導者は豊富な指導事例とその結果としてのデータをもっている。指導事例は指導者によって異なるため，自主研に参加している指導者の数だけ指導事例があるといえる。それはコンサルティング職の知識と併せて，指導者にとっては学ぶ材料になる。もう1つの点として，指導者にとって，自身と同じ立場の指導者から学ぶことは意義があるということである。指導能力だけでなく，自身の教室をどう発展させていくか，指導者としてのキャリアをどうデザインするか，家庭との両立をどう両立させるか，といった問題

を，同じ指導者同士がともに考えることができるというのは，単なる知識の伝達という意味にとどまらない，大きな学びの材料となる。

自主研では日々の教室運営の悩みや効果的な指導方法などについて，個々の指導者の事例を交えて活発な議論が行われる。その理由については，同じ指導者同士で話題が共有できることに加え，共通の公文式の教材を使っていることが大きく影響している。教材への理解を深めることが指導者の能力形成にとって重要なポイントであるので，例えば「国語のB‐1教材の2問目で」などといえば，ほかの指導者は全員がすぐに問題をイメージでき，自身の指導事例を想起することができる。それが指導技能の共有においてより詳細な議論を可能にしているのである。

特にキャリアの浅い指導者にとって，自主研において先輩の指導者にメンターの役割を果たしてもらうことは大きな意味をもつ。悩みや不安を解消する貴重な場所であり，ベテランの指導者は豊富な経験から，指導のノウハウの確認から伸び悩む生徒の問題解決，教室の運営ノウハウ，指導者としてのキャリア，個人的な悩みに至るまで，様々な相談に乗ることができる。キャリアの浅い指導者は自主研での経験から一様に，「なぜもっと早く参加しなかったのか」と悔やむという。

公文のコンサルティング職は，自主研の運営のために，会場を手配したりといった準備を行う。しかし指導者の自発性を重視し，実際の議論にはゼミ・自主研側から要請されなければ積極的に参加しない。それは次にみていく「小集団ゼミ」との違いでもある。

(2) 公文によってコーディネートされる「小集団ゼミ」

「小集団ゼミ」は2013年から始められた，比較的新しい取組みである。それは公文の側によってコーディネートされる実践共同体であり，その学ぶコンテンツも公文の側によって作られている。指導者の自発性に基づいて構築されるゼミ・自主研とは性質を異にするが，指導者の自律的な指導技能の獲得を目指していることに変わりはない。小集団ゼミの制度が作られた背景には，従来の「講座」による学習よりもより公文側と指導者側の双方向的な学習を促進し，なおかつ現場実践との繋がり，すなわち小集団ゼミで学んだことを指導者の教

室で実践することを重視する姿勢がある。公文がそれまで蓄積してきた指導技能，あるいはマニュアルの技能を，確実に指導者に身につけてもらいたいという意図があるのである。

　従来のゼミや指導者主体の自主研と比較した小集団ゼミの特徴は，まず公文のコンサルティング職がその主たる担当者，実践共同体でいえば「コーディネーター」の役割を担う。そして同じコンテンツ，スライド資料であれば同じ資料を用いて説明を行う。これは学習する事項を標準化することに加え，後述するコンサルティング職同士の学び合いを活性化することにも繋がる。

　小集団ゼミ1つあたりの参加する指導者の人数は5人から6人である。この「最大6人」という人数設定は，制度設計にあたって指導コンサルティング部が最も重視した点である。多すぎると発言しない（あるいは遠慮してできない）指導者も出てくるし，少なすぎると指導者同士の相互作用が生まれにくい。効率を重視すればもう少し多くすべきであるが，コンサルティング職1人あたりの人数を明確に設定した効果は，指導者同士の相互作用の促進という点で大きく出ているという。したがって，たとえまったく同じテーマを指導者30人で同時間に学ぶとしても，それに対して1人ではなく，5，6人のコンサルティング職で，5，6のゼミによって学習する。現在は3か月，3回で1つのテーマを学ぶ体制になっている。

　小集団ゼミの会場は主に事務局である。小集団ゼミを実施するためのスペースを事務局内に設置し，普通の会場であれば2から3のゼミが同時に開催できるようになっている。多数の小さな会議室をもっている事務局であっても，1つ1つのゼミを別の会場で開催せず，大きな部屋に複数のゼミを同時に実施する方式をとっている。これは集団間の相互作用，「よそのゼミもがんばってるから私も」という指導者の意識を高める狙いがある。そして指導コンサルティング部の重視した点として，常に小集団ゼミができる会場には，5，6人が議論できる机と椅子，パソコン，そして全員がみることができるディスプレイを事前に配備していることがある。全国どこの事務局でも共通の装備を調えることで，コンサルティング職の無用な手間を省き，すぐに学習を始められる環境を作り出している。学習するコンテンツというソフト面に加え，ハード面でも標準化したことは，公文の小集団ゼミに対する意気込みを感じさせるとともに，

実践共同体の活動において，指導者同士の相互作用に至る道筋を明確にする重要性を見て取ることができる。

　小集団ゼミに参加する指導者は，事務局内，エリア内から申請することによって参加することができる。もちろんコンサルティング職によるガイドはあるが，基本的に自発的参加による。5，6人のメンバーは公文によって割り振られる。そこにはベテランもいれば新人もいる。そこにおいてコンサルティング職のファシリテーションに基づいて学習活動が行われ，指導者は自身の事例を発表したり，議論したりする。5，6人の人数設定からまったく発言せずに終わるということはないし，相互作用も活発に行われる。そこから新人指導者も聞きたいことが聞けるし，ベテラン指導者も新人のことをよく知ることで，新人の育成を積極的に引き受けるようになる。そして小集団ゼミの出会いを通じて，ゼミ・自主研に参加するきっかけをつかむこともしばしばあるという。

　コンサルティング職自身の成長にとっても小集団ゼミは大きな影響を与えている。それ以前はコンサルティング職が自分でコンテンツを考え作成していたが，独自性が出せる反面，コンサルティング職同士の比較がしづらい環境であった。コンテンツを標準化したことで，同じ内容をどのように教えるかという比較がしやすくなった。ベテランと新人で小集団ゼミのファシリテーションがいかに異なるか，何を学べばよいのかが明確になったのである。コンサルティング職同士の学び合いが活性化し，新人もまずはベテランのゼミを見学することで，そのノウハウを効率よく学ぶことができるようになった。そして事務局の境界を越えて，エリア内で複数の事務局が合同で学んだり，エリアの境界を越えて，全国レベルでのベストプラクティスの発表と共有といった，重層的な実践共同体も構築されている。

　小集団ゼミの特徴は標準化されたコンテンツを少人数の相互作用を重視した実践共同体によって学習するというものであるが，指導者の自発的に構築されるゼミ・自主研と比較すると，同じ実践共同体でも性格の異なるものであるということがわかるであろう。公文の実践共同体による指導者の指導技能学習は，このように性質の異なる実践共同体を併存させ，かつ相互作用させるというシステムが備わっていることにある。そしてそれは次に説明する2つの実践共同体を併せることで，より学習が促進されるのである。

(3) 熟達した指導者による「メンターゼミ」

　公文は指導者になってキャリアの短い人たちをサポートする制度をいくつかもっているが、その１つが、先輩の指導者が開設１年めの指導者のメンターとして相談に乗る「インストラクターアドバイザー」制度である。このメンター役を務めている指導者や、ゼミの運営に携わる指導者を集めた，「メンターゼミ」というイベントがある。このイベントの特徴は，参加する指導者が指導技能のみならず教室運営でも高い成果を上げている指導者に限られるという点である。熟達者向けの実践共同体（学習のコミュニティ）である。

　メンターゼミは長年指導者の技能と経営成果の向上にあたってきた，高度に熟達したベテラン指導者と事務局が中心となって不定期に開催する。高度に熟達したベテラン指導者はその地域のみならず，エリアレベル，全国レベルでも知名度の高い人が多い。そのような指導者に会って話を聞くことができる機会は，ある程度熟達したメンターを務めるような指導者にとっても貴重である。

　指導者がメンターゼミに参加する動機は主に３つ考えられる。１つめは企業における選抜型研修への参加のインセンティブと共通する（伊丹・加護野，2003）。メンターゼミに参加できるのは指導技能に熟達し，教室運営において成果を出した指導者である。つまりメンターゼミに参加できることは自身の指導技能や教室運営の成果が認められたということを意味する。したがって，指導者の中にはメンターゼミに参加することを到達点の１つにしている人もいる。２つめは高度に熟達したベテラン指導者の存在である。指導者にとってのよいロールモデルであり，会って話を聞くことができる機会は，指導技能や教室運営にとってプラスであるだけでなく，それ自体が強い参加のインセンティブになり得る。そして３つめは，指導者の熟達度合いに応じたほかの熟達した指導者と交流できることである。指導技能に熟達していくと，指導者の中にはもっと高いレベルの実践共同体で自分をさらに高めたいと考える指導者も出てくる。しかし，特に都市部以外の地域では教室の数も多くはないため，そのような機会を得るのは容易ではない。メンターゼミはある程度熟達した指導者を集める実践共同体であるため，そのような出会いや交流を簡単に得ることができる。それは新たな刺激や知識・技能を得られる実践共同体であることはもちろん，そこから指導者同士のネットワークが拡大し，ゼミ・自主研や小集団ゼミ

での学習活動に繋がっていくのである。

　筆者の参加したメンターゼミでは，エリア内の熟達した指導者200名ほどが集まった。始まる前から近くに座っている指導者同士の対話は盛り上がっている。最初のあいさつの後，まず最近の活動の成果と取組みについて，成果を上げている指導者の事例を発表してもらう場面があった。発表者は事前に依頼されており，そこで発表すること自体が名誉なことになる。発表内容に対して高度に熟達したベテラン指導者から直接寸評がなされ，発表者の努力と工夫をたたえ，参加者全員で拍手する。それがいくつか続いた後，発表内容についてグループ討議が20分ほど行われた。近くに座っている指導者同士で机をあわせ，自身の事例や経験をもとに議論する。指導者の配置は近くの事務局の人で固まらないように配置されており，ここで指導者同士のネットワークの形成が図られる。高度に熟達したベテラン指導者が「指導者の意識の変革」といった議論のトピックを提示しており，活発な議論に影響していた。討議の結果は何人かの指導者が報告した。メンターゼミのレベルの高さを実感し，それに伴う刺激を得たと報告する指導者もいた。

　次に，公文が作成した新しい指導ツールの説明が行われ，グループ内でそれについての評価と議論が行われた。参加した指導者が先んじて最新版の指導ツールにふれ，その使い心地や感想をいい合うとともに，すぐにツールの狙い，すなわち学習者の現状を目標に応じて細かく把握するという考え方の転換と定着を目指すものであるという意見を共有していた。メンターゼミには参加した指導者を担当するコンサルティング職も同時に参加していた。コンサルティング職は指導者の後ろに椅子を置いて座り，指導者の意見を熱心に聞き取っていた。コンサルティング職は担当する指導者のネットワーク構築，刺激を受けて成長させるという明確な狙いをもっており，それを支援するように声をかける。同時に公文はメンターの指導者を起点にして，新しいツールの感触を確かめ，指導者全体への普及を図っていた。

　その後，春の体験キャンペーンの成果報告とその結果についての議論を行った。指導者の熟達レベルが高いので議論にはまったく無駄がなく，すぐに問題の核心について議論を進めることができる。また目標とする成果レベルも非常に高く，一般的な課題よりもその高い成果を実現するために必要なことは何か，

という点で焦点が絞られており，周囲の指導者からアドバイスを受けたり，発表後にベテラン指導者から講評を与えられたりしていた。発表者の中には，教室が少なく仲間も少ないが，自分の住む地域ではこのような話は聞けない，この場に参加していること自体が大きな意義がある，メンターゼミに参加できたこと，ベテラン指導者に会えたことが大きな励みになったと涙ぐみながら報告する人もいた。

　最後の質疑応答の時間では，ベテラン指導者がゼミ・自主研の運営についてアドバイスをしていた。問題は非常に具体的で，それに対してベテラン指導者は，地域レベルでの公文の長期的な発展という視点から，適切なアドバイスを次々と行っていた。指導者を励ましながら，同時にコンサルティング職の役割を明示し，一丸となって努力する重要性を指摘していた。

　メンターゼミは公文の中でも熟達した指導者を対象にした実践共同体である。それは指導者にとっては到達点の1つであるとともに目標であり，参加する熟達した指導者にとっては高いレベルで特有に必要とされる知識・技能・ノウハウを議論し相互作用することで手に入れられる実践共同体である。同時に熟達した指導者とのネットワーク作りを行うこともでき，それはさらなるゼミ・自主研，小集団ゼミでの学びを促進する。不定期ではあっても重要な実践共同体であることがわかる。

(4) 全国レベルの「指導者研究大会」

　公文指導者研究大会（以下「指導者研究大会」）は年に1回，大きな会場に全国から指導者を集めて研究成果を発表・共有する，公文で最も規模の大きい実践共同体である。

　筆者の参加した指導者研究大会では，まず指導方法を発表する分科会が開催されていた。教科別・目的別に分かれ，ゼミ・自主研で研究に取り組んできた有効な指導方法について，指導者によって発表される。高い成果を上げた指導方法で，審査を通過したものしか発表できないので，ここでの発表は指導者にとって，自身の取組みが認められたという意義をもつ。ベテラン指導者の中には運営するゼミ・自主研での目標をこの大会に据え，若手指導者に発表をさせることで能力の伸張と自信をもたせようとしている指導者もいた。

観察した発表では，国語教材の指導方法と学習者の指導方法についての発表が行われていたが，教材のどこで生徒が躓きやすく，それを乗り越えさせるのにどのような方法が有効なのか，具体的な教材の問題を例に挙げ，そのポイントに対して既存の方法をどのように用いるのかについて説明が行われていた。前述の通り指導者は教材の共通した知識をもっているので，どれだけ文脈特殊的な発表をしても理解することができる。指導者は指導方法について熱心に聞き入り，メモをとっていた。

別の会場では，ゼミ・自主研の運営について，指導者同士がお互いにフィードバックしあうことで指導技能の伸張を図る活動が報告されていた。チームで新人を育てる試みや，生徒の能力を測る尺度，生徒への声かけの方法，ベテランの新人指導のエピソードなどが紹介されていた。またベテラン指導者の中には創業者の公文公（くもんとおる）会長の言葉を引用する人もいた。公文公会長の薫陶を直接受けたことのあるベテラン指導者のエピソードは，若手の指導者にとって貴重なものである。

さらに別の会場では，指導キャリアの短い指導者を集め，新人の時期を乗り越えた先輩指導者が，その体験談を発表するという分科会があった。発表者は教室開設に至る経緯，教室開設初期の家庭との両立といった具体的な問題や悩みを克服する方法を，自身の経験談を交えて説明していた。スタッフとの協働のあり方やその育成，講座での先輩の姿に刺激を受け，講座での学習を通じて指導技能を高めた経験，そこからゼミ・自主研に参加し得意な分野を伸ばすことができた経験などが語られた。その後で近くに座っている指導者同士が交流する時間が設けられていた。同じようなキャリアの短い指導者同士のコミュニケーションは悩みも共有できる。そこでも新人指導者は先輩の体験談に熱心に耳を傾けていた。開設後間もない新人指導者は，同期以外の指導者とネットワークを作る機会があまりないので，このような場を設ける意義は大きい。そしてここからゼミ・自主研活動の存在を知り，参加していくことが多いという。

その後，大きな会場で参加した指導者が一堂に会する全体会が開催された。全体会では公文からこれまでの公文の歩みと今後の戦略が説明され，キャリアの長い指導者への表彰が行われていた。ベテラン社員の表彰は指導者にとって目標となるものであり，ベテラン指導者の受賞スピーチに対して熱心に聞き

入っていた。そしてその後の懇親会でも，指導者同士のネットワーク作りが行われるという。

　指導者研究大会はすべての指導者が参加できる実践共同体である。目的に応じた指導方法の発表の場であり，またそれを共有できる場でもある。多様な指導者を一堂に集めることで，多様な考え方にふれる機会を得ることができる。加えて指導者研究大会は，地区，エリア，ゼミ・自主研の境界を越えたネットワーク構築を促進する実践共同体でもある。開催頻度は年に1回でも，このネットワーク構築によって，新たなゼミ・自主研に参加する機会を得，地区内・エリア内での学習はさらに促進されるのである。

6．分析と考察

　前節までみてきたように，公文の指導者は，自身の公文式教室を運営しながら，同時に自主研・ゼミという自発的に構築される実践共同体（学習のコミュニティ）に参加し，指導技能や経営ノウハウを学習していく。そして熟達とともに自身で自主研やゼミを運営するようになる。同時に公文によってコーディネートされる小集団ゼミにも参加し，コンサルティング職のファシリテーションのもと，確実な指導技能の獲得も達成していく。そして高い成果を上げた指導者のためのメンターゼミや，指導者が一堂に会する全国大会といった実践共同体にも参加し，自身のレベルに応じた指導技能の獲得や，指導者同士のネットワーク構築を行う。指導者はその目的，また自身の熟達の度合いによって多様な，そして重層的な実践共同体に重複して参加しているのである。

　このような指導者の参加する実践共同体を図にしてみると，下図のようになる。

第7章 株式会社公文教育研究会

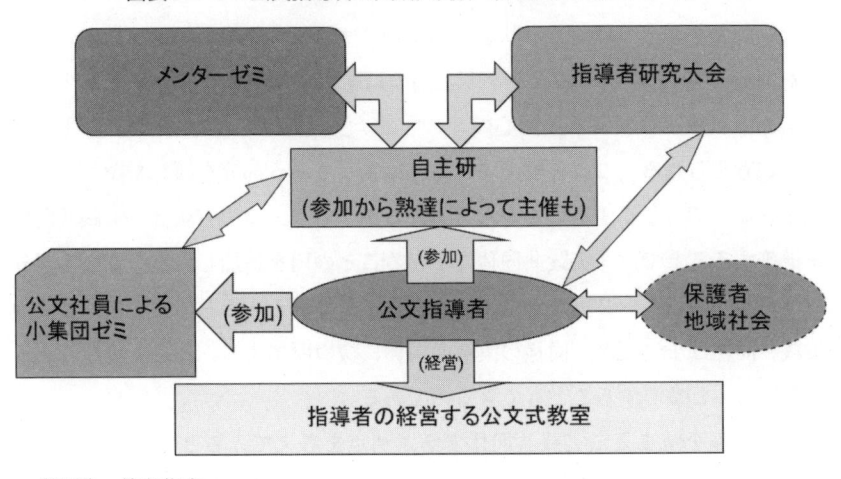

図表7-1 公文指導者の実践共同体（学習のコミュニティ）

```
    ┌─────────────┐           ┌─────────────┐
    │ メンターゼミ │           │ 指導者研究大会 │
    └─────────────┘           └─────────────┘
           ↕              ↕
              ┌─────────────────────┐
              │       自主研        │
              │(参加から熟達によって主催も)│
              └─────────────────────┘
                      ↑(参加)
    ┌──────────┐              ┌──────────┐
    │公文社員による│ ←(参加)─  公文指導者  ─→│ 保護者  │
    │小集団ゼミ  │              │地域社会 │
    └──────────┘              └──────────┘
                      ↓(経営)
              ┌─────────────────────┐
              │ 指導者の経営する公文式教室 │
              └─────────────────────┘
```

（出所） 筆者作成。

本節では，これまで紹介した公文の事例をもとに，実践共同体を基盤にした学習をどのように進めるかを考えていく。

(1) 実践共同体で学ぶ利点

本章で取り上げている学習のコミュニティ「実践共同体」とは，「あるテーマに関する関心や問題，熱意などを共有し，その分野の知識や技能を，持続的な相互交流を通じて深めていく人々の集団」（Wenger, McDermott and Snyder, 2002）と定義されている。この定義からスタートして，以下では実践共同体で学ぶ利点，実践共同体で学ぶやり方，実践共同体の形態と結びつき，の3点について説明する。

実践共同体で学ぶ利点は，図表7-2のベン図を用いて説明するとわかりやすい。これは①組織が学ばせたいこと，②個人が学びたいこと，③実践共同体で学べること，の重なりを示したものである。これら3つの円がぴったり重なりあっている状態が学習にとって理想的な環境である。公文が実践共同体による学習をうまく促進できている理由の1つは，その重なりあっている部分（図表7-2重なりD）が大きいと考えられるからである。①組織が学ばせたいことと②個人が学びたいことの関係を考えてみると，これも2つの円がぴったり

249

重なっていれば（図表7－2，重なりC＋D）個人は組織の支援も得ながら学びたいことが学べる理想的な状態であるが，実際は「組織が学ばせたいのに個人が関心をもたない」「個人が学びたいのに組織では学べない」部分が少なからずある状態，いわゆる「関心のミスマッチ」「意欲のミスマッチ」が生じることが考えられる。これを解消する方法は重なりあう部分を研修やキャリアデザインなどで大きくすることが考えられるが，もう1つの方法は，実践共同体を構築することで，③実践共同体で学べることの円を追加し，重なりあう部分を増やす（図表7－2重なりA，B，D）ことである。そして図表7－2では実践共同体は1つだが，同様の実践共同体に複数所属することで，重なりあう部分はもっと多くすることもできるのである。

この関係を踏まえて実践共同体で学ぶ利点を考えてみると，まず1つめは「集団で学ぶ利点をいかして学べる」ことである。1人で学ぶよりも複数人と一緒に学ぶことは，単純にもっている知識のプールを増やすことができ，多様な視点から問題にアプローチすることを可能にする（伊丹・加護野，2003）。また知っている人から知らない人に知識を移転することもできる。そして複

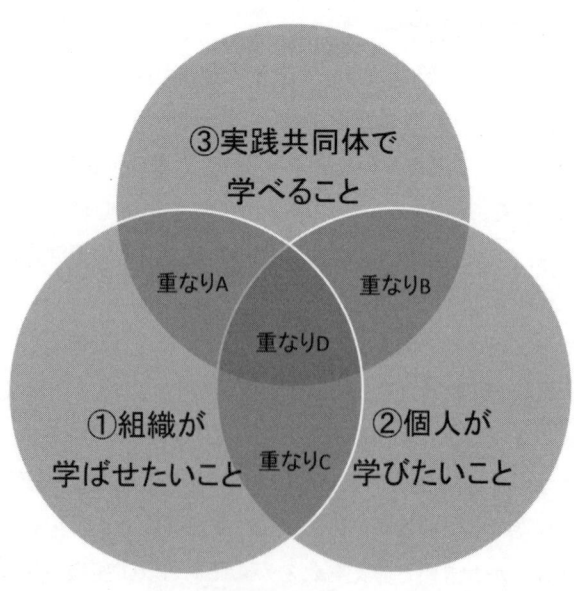

図表7－2　組織・個人・実践共同体の学び

（出所）　筆者作成。

数人の相互作用により，新しい知識を創造することもできる（Nonaka and Takeuchi, 1995）。実践共同体は集団で学ぶ利点をいかすために，学習者が構築するコミュニティである（図表7－2，重なりB＋D）。

2つめは「学びたいことを学べる」ことである。「個人が学びたいのに組織では学べない」ことは，その学びたいことを学べる実践共同体を作るか，探して参加することで解決する。例えば，OJTでは現在担当している仕事で必要なことは学べるが，直接必要のないことは学びづらい。現在の仕事には直結しないが自身のキャリアを見据えて学んでおきたいこと（図表7－2，重なりB）を学ぶことができる。

3つめは「学ぶ動機を得られる」ことである。1人で学ぶことはその動機の面で困難を伴う。誰もが自分で自分を方向付け，強い動機をもって学習を進められるわけではない。まして自身が（少なくとも学ぶ前には）興味をもてないことであればなおさらである。他方で学習動機は単に学習自体が楽しいというだけでなく，仕事にいかせる，知力を鍛える，給料を上げる，ライバルに負けたくないなどの多様なものがある（市川，2001）。実践共同体は成員間の相互作用によって関係志向的学習動機，簡単にいえば「みんながやっているからつられて学ぶ」を作り出す。それは消極的なものばかりでなく，同じ関心をもつ仲間とともに学ぶという積極的なものもある。そしてそこから多様な学習動機につながる相互作用を生み出すことで，学ぶ動機を得ることができる（図表7－2重なりA，B，D）。

4つめは「仕事から離れて学べる」ことである。研修も仕事から離れてはいるがあくまで業務の一環である。実践共同体は仕事の現場からある程度距離を置いている。明確に離れている実践共同体であれば仕事と切り離して学習に集中できるし，組織内の実践共同体であっても，上下関係を気にせず議論したり，自由に発言する雰囲気を作り出すこともできる。仕事や企業から距離を置くことで，仕事や企業，自分自身を客観的にみることもできるのである。

そして5つめは「自分のペースで自律的に学べる」ことである。自分の関心に合わない実践共同体に無理に参加する必要はない。実践共同体で重視するのは成員の主体性と自律性である。その参加の度合いは学習者自身が決めればよい。高い学習意欲をもって時間を作って頻繁に参加することはもちろん可能だ

図表7－3　実践共同体の学びの利点

集団で学ぶ利点をいかして学べる
- 知識のプールを増やす、多様な視点から問題にアプローチ、知識を移転、複数人の相互作用により新しい知識を創造

学びたいことを学べる
- 学びたいことを学べる学習のコミュニティを作るか、探して参加する

学ぶ動機を得られる
- 関係志向的学習動機、多様な学習動機につながる相互作用を生み出す

仕事から離れて学べる
- 学習に集中できる、自由に発言する雰囲気を作り出す、仕事や企業、自分自身を客観的に見る

自分のペースで自律的に学べる
- 参加の度合いは学習者自身が決める、複数のコミュニティに所属し、関心に応じて使い分けたり、メリハリをつけたりもできる

(出所)　筆者作成。

が、学習者を拘束することはないのである。また複数の実践共同体に所属し、関心に応じて使い分けたり、メリハリをつけたりすることもできるのである。

(2) 実践共同体でできる学習のやり方

前項で述べた実践共同体の利点を踏まえて、次に実践共同体ではどのような学習ができるのか、という点についてまとめていきたい。ここでは参加による技能伝承、ネットワークの構築、循環的学習、複眼的学習の4つについてみていく。

1つめの参加による技能伝承は、学術的には「正統的周辺参加」と呼ばれるものであるが、実践共同体に参加することで、先輩から技能や知識を伝えてもらうということである。実践共同体では知っている人から知らない人へ一方的に知識が伝えられるという悪い意味での学校教育のような学習は行われない。学習者はなんらかの実践、例えば学習活動で発表・報告を行ったり、それに対して質問したり、あるいは単に話を聞いたりといったことを主体的に行うこと

で，実践共同体に参加を深めていく。そのことを通じて先輩の参加者から知識を教えてもらったり，技能をみて学んだりする。実践共同体がもっている知識や技能は，そこに主体的に参加することで得られるのである。

2つめのネットワークの構築は，人的交流を通じて人脈を広げることである。学校教育とは異なり，仕事の現場では「自分が知らないことを誰が知っていそうか知っている」ことは，「知っている」ことに近い意味をもつ。わからないことを聞く人を知っていたり，同じ関心をもつ人に出会ったりすることで，知識のプールを増やしたり，新しい知識を創造したりすることに繋がるという意味で，ネットワークの構築も実践共同体における学習である。

3つめの循環的学習は，公式組織の仕事経験と，実践共同体における学習活動のループによって学習することである。組織における仕事の実践から得られた経験や問題意識を実践共同体に持ち込み，議論したりアドバイスをもらったりしたことを，また組織に持ち込んで試行する。その経験をまた実践共同体に持ち帰るという循環から学ぶことである。この循環構造を構築することは，学習をより効果的にする。

図表7-4　公式組織と実践共同体の循環的学習

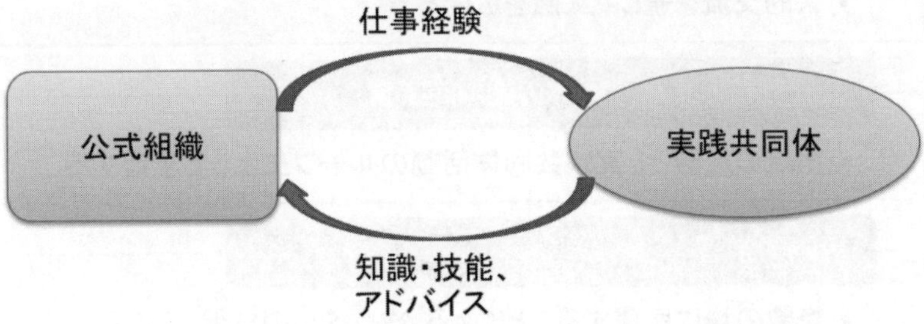

（出所）　筆者作成。

4つめの「複眼的学習」は，複数の実践共同体，あるいは実践共同体と公式組織といった複数の場に所属することによるメタレベルの学習である。「仕事から離れる」という実践共同体の働きによって，多様な知識や技能をみる視点を取り入れることができる。仕事の中ではみえづらいことも仕事を離れるとみえやすくなるし，アドバイスも受け入れやすくなる。実践共同体での議論から自己や仕事のやり方を客観視したり，組織では常識的なことを外からの視点か

第Ⅳ部　人財能力を鍛える

図表7-5　実践共同体の複眼的学習

```
              実践共同体C
                 │
         仕事の理解・
         イノベーション
                 ↓
実践共同体A ──客観視──→ 自己、仕事、 ←──批判的──  実践共同体B
                        仕事のやり方    検討
```

（出所）筆者作成。

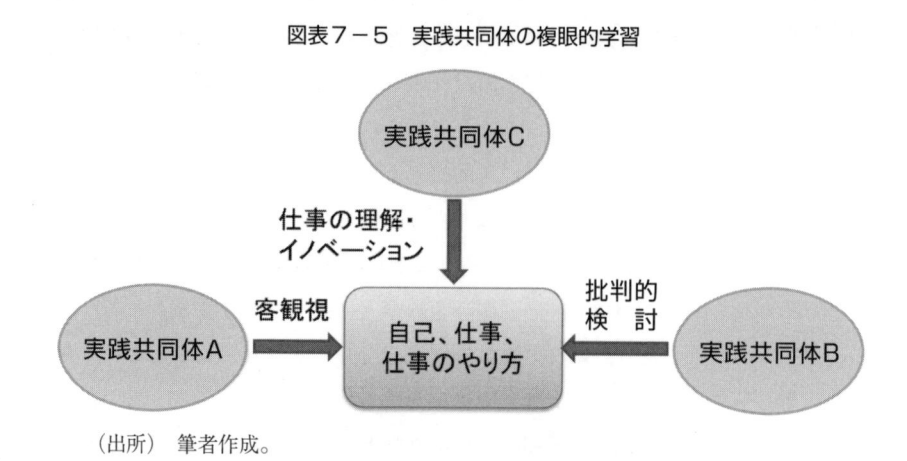

図表7-6　実践共同体の学習のやり方

参加による技能伝承(正統的周辺参加)
- コミュニティに参加し、先輩から技能や知識を伝えてもらう

人的ネットワークの構築
- 人的交流を通じて人脈を広げる

公式組織と実践共同体の循環的学習
- 組織の経験と、実践共同体活動のループによって学習する

複眼的学習
- 複数の場に所属することによるメタレベルの学習

（出所）筆者作成。

ら批判的に検討したりするようなことである。それは学習のみならず、仕事の理解やイノベーションにも資するといわれている。

　これら4つの学習のやり方は、組織内よりも、個人よりも、実践共同体が適しているものである。公文は実践共同体を構築・運営するシステムを通じて、指導者に対してこれらの学習を促進している。

しかし，どんな実践共同体もこれら4つの学習を十分促進できるとは限らない。実践共同体は複数のタイプに分けられ，得意とする学習のやり方も異なると考えられる。その点について以下で説明する。

(3) 実践共同体の形態と結びつき

一口に実践共同体といっても，その形態は様々であり，いくつかの特性で分類することができる（Wenger, et al., 2002）。それは実践共同体を作る上でのメリット・デメリットを生じさせる。また実践共同体は複数のコミュニティに同時に所属することで学習をより促進させることができる。その結びつきもいくつかのタイプがある。まずその特性である。ここでは規模，寿命，活動頻度，同質性，境界を越える，自発性，制度化という分類軸を紹介する。

規模は正に実践共同体に参加する人数である。規模が大きければ多くの参加者と結びつくことができるが，1人あたりの発言数は限られる。規模が小さければ参加者間の相互作用はより濃密になるが，多くの人と知り合うには限界がある。

次に寿命，すなわち一時的なものかある程度固定的かというものである。固定的な実践共同体であれば参加者間の関係は深まりより高いレベルの学習ができるが，一時的な集まりは参加しやすく集まりやすい。

活動頻度はどのくらいの頻度で活動するかというものである。定期的に頻繁に集まると学習は促進されるが，それが可能かどうかは規模や参加者の状況など様々な要素が関わる。しかし数千人規模の大きな実践共同体でも年に1回なら実現可能である。

同質性は参加者の特性やバックグラウンドが同質的か異質的かというものである。同質的，例えば同じ専門分野の実践共同体であればその分野でより深く掘り下げることができるが，異なる分野の知見を取り入れるのは難しい。異質的，例えば多様な専門分野の参加者が集まる実践共同体であれば多様な視点で問題を検討することができるが，議論をまとめるのは難しい。

境界を越えるというのは実践共同体の境界を越えてほかのコミュニティと結びつくかというコミュニティの境界のほかに，組織の中でとどまるか外に出るかという組織の境界，地域の境界，国籍の境界など様々なものがある。境界を

越えた結びつきは新たな知識や知見をもたらすが，実践共同体内部の結束が揺らいでしまうこともある。そのマネジメントは実践共同体の世話役，コーディネーターやコア・メンバーにかかっている。

自発性はその実践共同体が成員によって自発的に作られるか，外部からの力で構築されるかというものである。自発的に作られた実践共同体は自律的な運営と学習が可能になるが，外部からの力がない分運営は難しく，学習がうまく進められないというリスクもある。外部からの力で意図的に作られている場合はその強制力によって学習や運営が効率的に行われるが，参加者の自発性を疎外してしまうリスクもある。

制度化はその実践共同体が企業によって公認されているかどうかということである。公認されていると企業から様々な支援を得ることができる。例えば，毎回の集まりに企業の施設を利用することができる。しかし，同時に企業から制約を課せられる可能性もある。公認されていない場合は自発的で自由な運営と学習が可能であるが，企業からの支援を取り付けることができない。

図表7－7　実践共同体の特性

＜規模＞ ・参加者の人数	＜寿命＞ ・一時的か、固定的か	＜活動頻度＞ ・定期的か、年に数回か
＜同質性＞ ・参加者が同質的か、異質的か	＜境界を越える＞ 実践が種々の境界を越えるか	＜自発性＞ 形成や活動が自発的か、意図的か
	＜制度化＞ ・活動が企業によって認知されているか	

（出所）　筆者作成。

このように実践共同体の特性はそれ自体トレードオフを内包しているものである。だからこそマネジメントが介在する余地があるのであるが，このトレー

ドオフを解消する方法の1つは，様々な特性をもつ実践共同体を多数形成することである。そしてこの点こそが，公文が実践共同体を学習にいかせている大きな理由の1つでもある。

次に実践共同体同士の結びつきである。上述の「境界を越える」特性でふれたように，実践共同体は他の実践共同体，あるいは組織と結びつくことで学習が促進される。その結びつきの構造には，水平的構造と垂直的構造の2つが考えられる。

水平的構造は，同様の活動をしている同様のタイプの実践共同体が結びつくことである。同じような分野について学習活動をしている実践共同体が合同勉強会を行ったり，異なる分野の実践共同体が同様のテーマについて議論する場を設けたり，お互いの実践を見学したりするような活動である。基本は1対1の結びつきであり，調整の手間が少なく，頻繁な活動ができるが，ネットワークの広がりは小規模にとどまる。

それに対して垂直的構造は，複数の実践共同体を包摂するような，上位レベルの実践共同体が形成されることで結びつくことである。例えば，地域の複数の実践共同体の参加者が一堂に会するような地域レベルの実践共同体が作られたり，特定の専門分野を学習する実践共同体が作られたり，同様の関心をもつ参加者を全国レベルで集まる大会を開いたりすることである。実践共同体の境界を越えた人的結びつきやネットワーク形成を一気に達成することができるが，頻繁には開催しづらい。

図表7-8　実践共同体の結びつき

■ 水平的構造
同じような実践共同体が水平に結びついて相互作用する

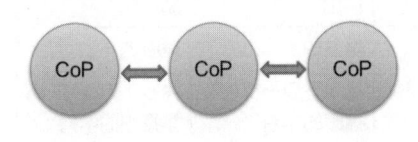

CoP ⇔ CoP ⇔ CoP

■ 垂直的構造
上位の実践共同体が垂直に結びついて相互作用する

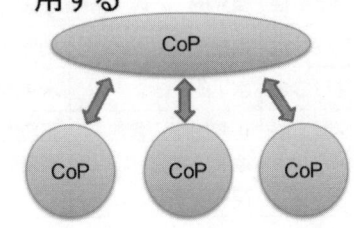

CoP
↕ ↕ ↕
CoP　CoP　CoP

（出所）　筆者作成。

この水平的・垂直的構造の両方のメリットを享受する上でも,実践共同体は2つの結びつきを両方構築することが望ましい。そして公文は水平的な結びつきに加えて,上位の実践共同体をうまく作り出しているのも特徴である。

(4) 公文における複数の実践共同体を構築・運営するシステム

　実践共同体による学習にはいくつかの利点があり,また実践共同体が得意とする4つの学習のやり方について説明した。また実践共同体はいくつかの特性をもとにした形態があり,その結びつきも水平的・垂直的という2つのタイプがあった。そこから,4つの学習のやり方を最大限に促進するためには,複数の実践共同体をうまく組み合わせて構築・運営する必要があることがわかる。そして公文はまさに,複数の実践共同体をうまく組み合わせて構築・運営し,それらの相互作用を促進するシステムをもっているのである。これこそが公文の最大の強みであるといえる。

　まず,本章で紹介した4つの実践共同体,すなわちゼミ・自主研,小集団ゼミ,メンターゼミ,指導者研究大会を,実践共同体の特性ごとに分類してみると,うまくタイプが異なっており,それによって得意とする学習のやり方も異なっていることがわかる。

図表7-9　公文の4つの実践共同体の特徴

分類項目	自主研	小集団ゼミ	メンターゼミ	指導者研究大会
規　模	小（20〜30人）	小（5,6人）	中（200人程度）	大（3,000人程度）
寿　命	長い（期限なし）	短い（3か月）	一時的	期限はない
活動頻度	頻度（週1〜月1）	頻度（月1回）	年1回程度	年1回
同質性	同質的	同質的	異質的	異質的
境界横断	境界内	境界内	境界を越える	境界を越える
自発性	自発的	意図的	自発的	意図的
制度化	自由	制度化	自由	制度化
結びつき	水平的	水平的	垂直的	垂直的
学習方略	正統的周辺参加 循環的学習 複眼的学習	正統的周辺参加 循環的学習	ネットワーク構築 複眼的学習	ネットワーク構築複眼的学習

（出所）　筆者作成。

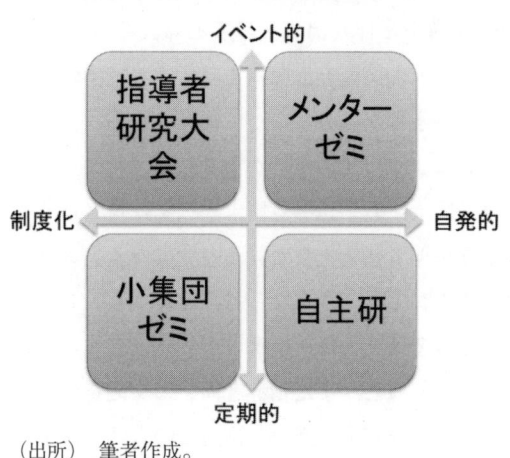

図表7-10　公文の実践共同体の分類

	イベント的	
制度化	指導者研究大会 / メンターゼミ	自発的
	小集団ゼミ / 自主研	
	定期的	

（出所）　筆者作成。

　より簡便に分類してみると，公文の実践共同体は，「定期的－イベント的」と「自発的－制度化されている」の2軸による多様な実践共同体からなるシステムによって構成されているといえる。そして定期的な学習活動を行いながら，イベント的な実践共同体によってネットワークを拡大させる使い分けを行っているのである。

　まずは定期的に学習活動を行う実践共同体は「ゼミ・自主研」と「小集団ゼミ」である。この「定期・熟達型」と呼ぶことができる2つの実践共同体が，公文の指導技能学習の中心となる。少人数で議論することで相互作用を活発にし，学習の方法として，参加による技能伝承（正統的周辺参加）とループ学習が中心となって促進される。2つの実践共同体は自律的運営を基本とするゼミ・自主研と，公文によってコーディネートされる小集団ゼミという点で異なる。ゼミ・自主研の自律的運営は指導者同士の自由な議論と学習を可能にし，先輩から後輩へ技能が伝承され，他方では指導者のキャリアや悩みといった問題に答える場になっている。他方で小集団ゼミは学ぶべき内容を確実に伝え，指導者とコンサルティング職の相互作用による学びと実践のループ学習を促進する。両者はお互いの短所を補いあい，長所を伸ばしあうという関係にある。

　年に数回とイベント的に開催される実践共同体は「メンターゼミ」と「指導者研究大会」である。「イベント・交流型」と呼ぶことができる2つの実践共

同体は，ゼミ・自主研と小集団ゼミの上位に位置するコミュニティで，それらを包摂し，重層的な構造を作り出すものである。それは指導者同士のネットワーク構築を促進し，人的交流を活発にする。そして学習の方法として，ネットワーク構築と複眼的学習が中心となって促進される。2つの実践共同体は指導に熟達した指導者による自発的構築がなされるメンターゼミと，公文によって運営され，指導者同士，若手指導者同士，公文社員と指導者といった多様な人的交流を促進する指導者研究大会という点で異なる。メンターゼミは熟達した指導者の到達点の1つとしてさらなる目標を提示し，レベルにあった人的交流を可能にする。指導者研究大会は指導者が一堂に会するというイベントにより，公文の指導方針を共有し，また指導者同士の交流を活発にする。両者は包摂的な実践共同体でありながら，異なる次元での人的交流を促進しているのである。

図表7-11　「定期・熟達型」「イベント・交流型」の実践共同体

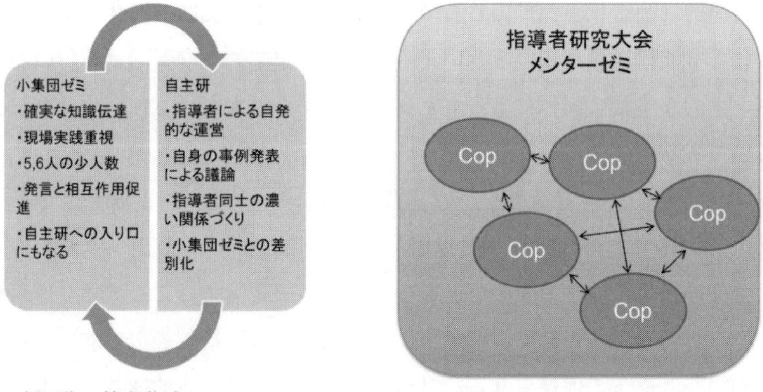

（出所）筆者作成。

7．結びにかえて－多様な実践共同体への参加

本章では実践共同体（学習のコミュニティ）を活用した企業における学習の促進について，公文の事例をもとに紹介してきた。同じ実践共同体を構築するとしても，先進事例である公文は，「定期的－イベント的」「自発的－意図的」の2軸で分類される4つの特性の異なる実践共同体を構築し，それらが相互作

用するシステムをもっている。それが公文の指導者の指導技能を自発的に，継続的に学習する原動力になっているのである。

　とはいえ，どの企業，どの組織，そしてどの個人にとっても，実践共同体はすぐにでも構築できる。組織内外で関心を共有する人々によって小さな勉強会を開くことから始めることができる。その一歩が実践共同体によって学ぶ個人・組織を作り出していくのである。もちろん関心にあった実践共同体を探して参加するのもよい。

　また，すでに実践共同体に参加している個人，実践共同体を社内外にもっている組織は，さらに異なる実践共同体に参加したり，異なる実践共同体と結びつくことを考えるべきである。重複して参加したり，水平的に結びついたりすることが，学習のやり方をより多様にし，学びを促進する。

　そして，すでに複数の実践共同体に参加している個人，同様の実践共同体と交流しているコミュニティは，さらに上位の包摂型実践共同体を構築することを考えるべきである。地域を越えたレベルの実践共同体はさらなる人的交流を可能にし，ひいては自身の所属する実践共同体を活性化するであろう。参加する実践共同体の特性，結びつきと学習のやり方を関連させ，多様な実践共同体への参加をデザインすることこそが，個人・組織の学習をより豊かで実りあるものにするのである。

(松本　雄一)

[第7章 注]
1) 主に公文教育研究会ウェブサイトより。

[第7章 参考文献]
伊丹敬之・加護野忠男 (2003)『ゼミナール経営学入門 (第3版)』日本経済新聞社．
市川伸一 (2001)『学ぶ意欲の心理学』PHP研究所．
井上達彦・真木圭亮 (2010)「サービスエンカウンタを支えるビジネスシステム－公文教育研究会の事例」『早稲田商学』，第426号，175-221頁．
井上達彦 (2012)『模倣の経営学』日経BP社．
趙　命来・向山雅夫 (2009)「KUMON」大石芳裕　編『日本企業のグローバル・マーケティング』白桃書房，13-39頁．
藤川佳則・小野譲司 (2013)「サービス・グローバリゼーション－脱コンテクスト化と再コンテクスト化による知識移転プロセス」『マーケティング・ジャーナル』第33巻第3号，72-92頁．

松本雄一（2013）「実践共同体における学習と熟達化」『日本労働研究雑誌』第639号，15-26頁．

Oldenberg, R. (1989) *The great good place : Cafes, coffee shops, bookstores, bars, hair salons and other hangouts at the heart of a community*, Da Capo Press（忠平美幸訳『サードプレイス-コミュニティの核になる「とびきり居心地良い場所」』みすず書房，2013年）．

Nonaka, I. and Takeuchi, H. (1995) *The knowledge-creating company : How Japanese companies create the dynamics of innovation*, Oxford University Press（梅本勝博訳『知識創造企業』東洋経済新報社，1996年）．

Wenger, E., McDermott, R. and Snyder, W.M. (2002) *Cultivating communities of practice*, Boston, Harvard Business School Press（野村恭彦　監修・櫻井祐子　訳『コミュニティ・オブ・プラクティス-ナレッジ社会の新たな知識形態の実践』翔泳社，2002年）．

第8章　マツダ株式会社

マツダ株式会社（英訳名：Mazda Motor Corporation）（2014年3月現在）

本社所在地　〒730-8670　広島県安芸郡府中町新地3番1号
創　　　業　1920年（大正9年）
設　　　立　1920年（大正9年）
代　表　者　代表取締役　社長兼CEO　小飼　雅道
資　本　金　2,589億5,709万円
売　上　高　26,922億円（連結：2014年3月期）
従 業 員 数　・単体　男性：19,424名　女性：1,854名　合計21,278名
　　　　　　　　　　　　　　　　　　　　　　　　　（出向者含む）

　　　　　　・連結　合計　40,892名
備　　　考　（生産拠点）
　　　　　　　国内：本社工場，防府工場，三次事業所
　　　　　　　海外：中国，タイ，メキシコ，米国，コロンビア，ジンバブエ，
　　　　　　　　　　南アフリカ，エクアドル，台湾，ベトナム，マレーシア，
　　　　　　　　　　ロシア
　　　　　　（販売会社）
　　　　　　　国内：251社
　　　　　　　海外：141社（2013年12月31日現在）

1．マツダ株式会社の概要

　マツダ株式会社（英語名：Mazda Motor Corporation）は広島県に本社を置く日本の自動車企業である。1920年に東洋コルク工業として設立され，1927年に東洋工業と社名を改称した後に工作機や３輪トラック，削岩機の製造を開始する。1940年には小型乗用車の試作を完成させ，第二次大戦後に乗用車の製造へ着手した。1967年には初のロータリーエンジン搭載車である「コスモスポーツ」を発売し，1970年には対米輸出を開始するなど着実な成長を重ねてきた。1984年には現在の社名であるマツダ株式会社へと改称している。現在は，スポーツカー，セダン，商用車など幅広い４輪車を製造・販売している。研究開発拠点は国内に２か所，海外に３か所設置され，国内２か所の主要拠点に加え10か所に海外生産拠点を有する。2013年時点での従業員は連結ベースで約38,000人であり，2014年３月期の売上高は約2.7兆円（連結），営業利益は約1,821億円と過去最高を記録している。

　世界の自動車メーカーの中では中規模企業の位置づけで，同社ではブランドの位置づけにおいて「際立つデザイン」「抜群の機能性」「反応の優れたハンドリングと性能」の３点を掲げ，運転の楽しさを重視した個性的な車づくりを目指した商品ラインナップを揃えている。

　近年の利益の推移をみてみると，2000年度に赤字を計上して以降，2007年度まで徐々に回復傾向がみられていたが，2008年度のアメリカにおけるリーマンショックの影響に伴い自動車需要が世界的に減少したことに加え，円高が進行したことにより営業利益は再び赤字となったものの，2010年度においては営業黒字へと業績の回復がみられ，先に示したように2014年３月期には過去最高の営業利益を計上している。

　2008年度のリーマンショック以外の時期で同社の経営が苦境に立たされた時期がバブル崩壊後の1990年代初頭であった。同社に限ったことではないが，バブル経済崩壊後の消費の冷え込みに伴い財政状況は悪化し，抜本的な経営改革が求められるようになっていた。当時の同社の経営改革の特徴として挙げられるのが，古くは1979年から提携関係を有してきた米国フォード社との提携関係

の強化であった。1993年12月には，両社において「戦略的協力関係の構築」の合意がなされ，翌年の1994年2月にはフォードから役員が派遣され，1996年5月にはフォードの出資比率が25％から33.4％に引き上げられ，実質的に経営権がマツダからフォードへ委譲されることとなった。1996年に当時の副社長であったH. ウォレスが社長に就任して以降，その後3代続けてフォード出身者が社長を務める時期があった。その後マツダの業績が回復していくにつれて，徐々に経営権が委譲されながらフォードとの提携は発展的に解消されていくことになる。

マツダでは，このフォードとの提携関係が緩やかに解消されていくころから，モノづくり革新の取組みが始まり，現在同社の車両開発のコンセプトとして掲げられている「一括企画」のコンセプトが提唱されはじめたのもこの時期にあたる。

この，「一括企画」によるものづくり革新の取組みが近年のマツダにおける1つの特徴であり，同社の統一的なブランドコンセプト（マツダの車づくりにおける基本的な考え方）に基づく個性的な車づくりの核の1つとなるものである。

このようなマツダのモノづくり革新や一括企画といった取組みは，同社のみならず自動車／自動車産業全般の置かれている状況がその背景にある。次項ではまずは，自動車の製品特性を踏まえて自動車メーカーを取り巻く環境の変化について考察してみよう。

2．自動車の製品特性と自動車メーカーを取り巻く環境の変化

自動車は，走る，曲がる，止まる，といった基本機能に加えて空調やオーディオ，デザイン等々非常に多くの機能が要求される製品である。また，これらを実現する部品点数も膨大なものになっている。このような自動車の製品特性は，部品間のインターフェースがPC製品のようにあまり標準化されておらず，典型的なインテグラル（統合）型の製品アーキテクチャ[1]であるとされる（藤本，2001）。

製品アーキテクチャは組織アーキテクチャ[2]と同型化する傾向にあり

(Baldwin and Clark, 2000；藤本・武石・青島編, 2001), 自動車をはじめとする日本の製造業は組織内におけるタスク間のコーディネーション能力（擦合わせ能力）の高さ, 長期的な組織学習による能力構築によって製品の高品質化を実現し, 競争優位を有してきたといわれる（藤本・クラーク, 2009, 5頁）。

1990年代以降, 日本において少なくない数の製造業の業績悪化が目立ち, 一方でシリコンバレーを代表とする米国のIT産業や金融業の隆盛がみられるようになってきた。IT製品の特性はインテグラル型に対してモジュラー型とよばれ, 製品機能要素（要求機能）と製品構造要素（部品）の対応関係が1対1対応に近く, またそのインターフェース自体が業界標準化（オープン化）されているものが多い（藤本, 2009, 5～6頁）。1990年代以降の多くの日本企業の業績悪化とそれに相対する米国企業を中心とするモジュラー型製品企業の躍進に伴い, ものづくりにおける「モジュラー化」が注目され, 実際に電子・家電製品においてはこの20年間で急速にモジュラー化が進展した。

典型的なインテグラル型の製品特性をもつとされる自動車企業においても, こうしたモジュラー化が進んでいくかのようにも思われたが, 現実にはとりわけ日本の小型自動車においては21世紀に入ってむしろ部品共通化率は低下する傾向がみられたという調査結果もある（藤本, 2009, 7頁）。換言すれば21世紀に入って, 小型自動車においてはインテグラル化が従前よりも進展したということになる。

この理由について藤本（2009, 2013）は, 自動車産業は他産業と比べた際の制約条件がより厳しい中でのグローバル競争を強いられているという状況が, 自動車製品の複雑性[3]を増大させていると指摘する。藤本はこのことを「制約の厳しいグローバル化」とよんでいる。その要因として, ①経済活動のグローバル化, ②組織能力の地理的偏在, ③設計の比較優位, ④制約条件の強化, の4点が挙げられるという（藤本, 2013, 7～9頁）。

①経済活動のグローバル化とは, 冷戦の終結, 新興経済国の台頭, 情報技術・輸送技術の発達, 貿易規制の緩和などの複合的な作用に基づく。②組織能力の地理的偏在とは, グローバル化の流れにもかかわらず国境を越えて動きにくい要素があり, それは組織能力であるとされ, 個々の人間以上に土地にへばりつく傾向が強いのが, 現場のものづくり組織能力, すなわち「設計情報の流

れを制御する組織ルーチンの体系」であるという。③設計の比較優位とは，21世紀の現在において，労働よりもその土地その現場に固着的なものづくり組織能力であるために，ある種の設計的な組織能力が偏在する地域や国は，その組織能力と設計特性的にフィットのよい製品で競争優位を発揮するという考え方である。④制約条件の強化とは，多くの産業，とりわけ重量・体積を伴う製品において，環境保全・エネルギー節減・安全性などに関する各国規制が厳しくなり続けている。また，企業の法令遵守に対する社会の目や，製品の機能・形状・意味に対する顧客の鑑識眼も進化し，顧客の要求がより洗練化されていくために，これ自体が製品設計者にとっては厳しい達成条件になるとされる。

　こういった環境変化の中で，インテグラル製品に必要とされる"組織内におけるタスク間のコーディネーション能力（擦合わせ能力）"はどのように複雑化に対処しているのだろうか。本ケースでは，マツダにある「企画設計部」というユニークな部門の業務を通じて自動車開発における複雑性に対する統合の取組み事例を取り上げる。

3．企画設計部の特徴と役割，人事管理上の課題

(1) マツダ企画設計部の特徴

　すでに示した通り，マツダはバブル崩壊後に業績が悪化し，一時外資の傘下に入ったが，2010年には再び独立している。個性的な車づくりを標榜し，個別車種を超えた統一的なブランドコンセプトを確立し，プレミアムブランドを目指すべく様々なものづくり改革に取り組んでいる。そのモノづくり改革の1つが，「コモン・アーキテクチャ構想（CA構想）」である。CA構想とは，個別車種や車種群を超えて共有された設計思想に基づき，統一的な設計コンセプトのもとで多様な車種を開発するコンセプトである。CA構想では，車両を構成する主な領域ごとに，車種を超えて共有する設計思想を設定し，これを全ての個別車種に展開することで効率的な車両開発をはかることを目指している。設計思想は，エンジンシリーズ，変速機シリーズ，ボディ構造シリーズ，シャシーシリーズなど大きな領域でも設定されるが，さらに細かいコモディティ（開発が自己完結する機能単位）でも設定される。

こうして設定される標準構造は車種群一括で計画され，車種を超えて共通する固定要素と車種ごとに固有な変動要素に分けられる。CA構想は，部品そのものの共通化よりも，むしろ設計思想を共通化することに力点が置かれている（目代・岩城，2013，630〜631頁）。すなわち，自動車およびそのシステムにおける，「理想特性とそれを実現する設計の考え方」を共通化し，その結果これらを実現するシステム，部品レベルの標準構造を決めていくことで，商品性と開発効率を高いレベルで両立することを目指した取組みである。

このように，マツダではこれまでの個別の車種開発に重点を置いた開発から，よりマツダのブランドコンセプトを一貫した車種群一括の統合的な車づくりを目指している。

車種を超えた統一的設計思想で各部品を標準化する，というと，自動車づくりにおけるモジュラー化の進展を意味すると考えられがちである。確かに完成した個別部品レベルでいえば，モジュラー化が進展したといえるかもしれない。しかし，このことが，そのまま各機能，構造間の問題の単純化に繋がるとはいえない。異なる車種でアーキテクチャを共通化するという作業は，物理的な大きさ・重量，または車種ごとに求められる機能要件の二律背反（例えば燃費性能重視かドライビングフィール（操舵性，運転する上での快適さ）重視か）[4]の捉え方を超えた最適解を求め，かつブランドコンセプトを支持する統一のデザインを実現し，各車種に必要な空間を考慮した上で，所定のサイズで収めるという作業を意味しており，むしろ従前の自動車づくりよりも車として統合するための複雑性が高いといえる。特に，マツダのように，際立つ個性を商品に込める車づくりにおいては，その難度はさらに高くなる。加えて顧客要求の多様化，さらに前節で示した"制約の厳しいグローバル化"などを踏まえると，これまで以上に複雑になった相互依存関係においても最適な解を導出する必要が生じる。

マツダでは，CA構想，それによる複雑な相互依存に対応するものづくりの実現の一翼を「企画設計部」が果たしている。現在のマツダは一括企画の方針のもと，個別車種開発に先だって，車種群一括開発が実施される。企画設計部は，複雑な相互依存の統合機能のうち，主に車のパッケージング（空間系）に関わる領域を中心に，個別車種開発，車種群一括開発双方において顧客価値を

体現するアーキテクチャを具現化する役割を担っている．具体的にはパッケージングにおいて複雑な機能／構造の関係を整理，統合することで，機能設計部門が何にどういう方向で挑戦すべきかを明快に示すことが同部に求められる．

　企画設計部は基本的に，単一機能，単一部品の技術最適を追い求める責は負っていない．すなわち単純な二律背反の中で問題解決することは主たる役割とはいい難い．企画設計部が複雑性を扱う理由は，"賢い組み合わせ"により最適解を導くためである．すなわち，同部にとっての複雑性とは，解決対象であるとともに，解を導くための源泉ともいえる．扱える複雑性が高ければ高いほど解を導くチャンスも広がっていくため，いかに複雑な対象を扱えるか，すなわち認知限界を高めていくことが全体的な商品性の向上にとって重要であると認識している．

　例えば，ある自動車の天井部分を下方に下げてよりスタイリッシュにしたいとする．天井部分を下げると直接的には乗員の頭上空間が減少する．この場合，デザイン（天井を下げる）と頭上空間は二律背反の関係になるが，こういった単純な二律背反を捉えて問題解決を実施することは稀である．企画設計部は問題をより複雑な因果関係で捉え，その中から解を導こうとする．例えば，先の例においても，単純な頭上空間との二者択一ではなく，乗員の着座位置そのものを下方に下げて対応できないかと考える．もちろんこれによってシート／サスペンション／排気管／ボディフレームといった様々な要素と，それらのコンポーネントがもつ，乗り心地，出力，衝突性能といった機能への影響といったものが連鎖していくが，これらの影響を寸法要件として理解，考慮しつつ車両全体で最も適する解を導き出そうとする．

　このアプローチは扱う対象の因果関係が複雑で認知が困難という問題がある一方で，認知さえできれば対象が広がる分，解決の可能性も広がるというメリットがある．さらに複数の問題を一度に解決できる方策が見つかる可能性があることが本アプローチの最大の効用といえよう．

　企画設計部は上記のような活動を通じて同社の中核技術や各機能設計の狙いを商品に統合するためのパッケージの方向性を提供する．すなわち，企画設計部が扱う複雑性の中には，各機能設計部門の「やりたいこと」も含まれており，これらを車に折り込むことが同部の使命となっている．したがって，企画設計

部と各機能設計部門は，開発初期の活動においては相互補完の関係にあり，同時並列的に開発にあたることになる。

このような企画設計部と各機能設計部門との振舞いは「人工物が複雑化するとその設計者と利用者の間に分業が生じやすい」（藤本，2013，390頁）ことの明示的な事例と考えられる。仮に企画設計部が存在しなかった場合には事後的に処理すべき複雑性が増すことになり，問題発生時に事後的に，また対処療法的に処置する可能性がある。すなわち，相互依存の解決を各部品の機能設計部門同士の調整に任せると部分最適的な視点での調整を余儀なくされ，その結果車両全体で最適な対処となっているのかが認知できないという危険性があることは想像に難くない。

マツダでは各専門家が，自領域が他領域にどのように影響を及ぼすかを理解しつつ，自部門の利害に囚われず総合的な視点で活動できる"骨太エンジニア"の育成を目指している。これにより，「どちらが譲歩し，設計変更すべきか」といったいわば限られた車両スペースにおける陣取り合戦になってしまう危険性はある程度回避できると推定される。しかし，対象が車両全体となると自ずと限界も発生する。

とりわけ近年のマツダは前述のように個別の車種ごとの個別最適的自動車開発ではなく，車種群一括開発で商品ラインナップを企画することを標榜している。このために，これまで以上に，ブランド価値を体現する特徴をもった車種群構成，一貫した商品特性といった，より全体最適的な視点の重要性が増していると考えられる。したがって，企画設計部のように，個別の機能設計部門の利害を超えた，車種および車種群全体をより中立的な立場で検討する部門が，各領域の骨太エンジニアと協業することがより重要となってくる。

このように，企画設計部は自動車開発の早い段階で，開発時に生じ得る複雑性を検証し，全体が最適になる解を導く取組み，換言すれば自動車のパッケージングに関わる種々の前提をコントロールする活動を通じて車両開発の方向性の決定に貢献する役割を担っている部署である。

企画設計部が主に車のパッケージングに関わる理由は，パッケージ領域が特に，機能，構造の因果関係や，それによる利害が干渉する領域であるためである。したがって，同種の課題が生じる他の領域，例えば車両全体の質量，およ

び関連するスペック，装備の管理などについても，企画設計部が一部関与する領域になっている。

このように企画設計部は機能設計部門とは異なる役割を担っているのだが，この役割が開発の組織の中でどのように機能しているのかについて次項で触れる。

(2) 企画設計部における業務の特殊性－企画設計部を取り巻く組織
① 自動車開発における複雑性の解決に関する捉え方

企画設計部自体は，長い歴史がある部門であり，CA構想以前より，マツダの開発の中での一機能を有してきた組織である。しかし，前節で示した通りマツダにおける車づくりが，車種群一括開発，コモン・アーキテクチャの発想にシフトしていく中で，企画設計部の果たす役割や業務の力点，業務遂行プロセスも変化してきていることがうかがえる。

例えば，車種群一括開発が始まる前に主査を経験した人材へのヒアリングによると，以前の企画設計部は，主に個別車種開発のリーダーである主査のもとで機能していたという。「以前はもっと個別のプロジェクトや車種に寄り添った形で，主査の知恵袋として，「こうやればうまくいくのではないか」といった構想を立案し，機能設計部門と一緒に仕事をしたり，時々は主査と共にプログラムの方針を修正するといった仕事をしていました。」

この証言をもとに，企画設計部の統合のあり方を自動車開発のキーマンである主査（プロダクトマネジャー）との関係で考察してみよう。

自動車の開発に特有なその複雑性の解決において，一般的にこれまでの日本の自動車企業においては，高度な問題解決能力を有するいわゆる重量級プロダクトマネジャー：Heavy Weight Product Manager（HWPM）のリーダーシップの下で行われてきた問題解決のパターンがある。

HWPMは開発における諸問題に対して，これまでの経験や勘といったある種の属人的な情報処理に基づく統合を試みながら，開発スタート後に不可避的に発生する各機能間の相互依存的な問題に対して，強力なリーダーシップ，高度な問題解決能力を用いて解することを得意とするとされる。

事後的問題解決を重視したこのアプローチは，自動車はその複雑さ故に，そ

の全ての因果関係を論理的に把握することは困難である，という前提のもとにHWPMといった「傑出した個人の対処能力」に解を求めるスタイルであるといえる。

　一般的に日本の自動車企業においては，こうしたHWPMの事後的問題解決能力の高さと強力なリーダーシップが他国の自動車企業と比べた際の競争優位の源泉の1つであるといわれることがあるが，マツダでは他の自動車企業と比較した場合，それとは少し異なったアプローチがみられる。

　企画設計部長や同社のもとエンジニアの言及から筆者が推定するに，他社と比べるとマツダでは歴史的に強力な権限をもつ主査（HWPM）による属人的判断に比較的依らず，主査のリーダーシップのもと，チームによるもう少し論理的な解釈と合意に基づく開発体制であったのではないかと考えられる。

　すなわちマツダにおいては一般的に日本企業，特に現場組織が得意としてきた事後的問題解決能力に加えて，どちらかというと組織力で事前的に問題解決をはかるような業務プロセスを遂行する能力が歴史的に求められ，これによって事後に起こりうる予期せぬ問題を未然防止しようとする発想が強かったと解釈できる。

　換言すると，マツダの場合，他の日本の自動車企業とは対照的に，自動車はその複雑性が故に，全ての因果関係を論理的に把握することは困難である，という前提には立ちながらも，その中においてもある種の合理的な解決策を事前的に求めていくスタイルを模索していたと推定される。

　その中において企画設計部は，事前のタイミングで主査に対して表になり陰になり，ある意味主査と追補的な立場で自動車開発における構想立案に関与してきた部門のようである。

　問題の事前認知，事前処理による車両全体の最適化をはかる能力に長けた企画設計部が同社においては主査の開発プログラム運営の中で大きな役割を果たしてきたことは想像に難くない。

② マツダにおける自動車開発スタイルと企画設計部門の関係性

　さて，現在のマツダが，他社に先駆けていち早く車種群一括の企画を成し遂げられた背景にこのような歴史的な開発スタイルと関連が深いと考えられる。

　すなわち，複雑な相互依存の解決において合理的な事前解決をはかっていく

スタイルが，個別車種開発よりもはるかに複雑な車種群一括開発を個別車種開発に先だって実行する上で必須だった。すなわち，同社の現在の統一的なブランド戦略を実現するものづくりの原動力となっているのではないかと推察される。

こうした流れの中で，以前の個別車種開発を主体とした開発のあり方が変容するとともに，企画設計部と主査の関係も変化しているという。先の一括開発以前の主査経験者はこう続ける。

「以前に比べて，企画設計部の業務の力点が個別車種における関連性よりも，次第に一括の中でアーキテクチャ，つまり，より大きな経営に近いところの構想づくりに少しずつ移っていると思いますね。」

車種群一括開発が始まることに伴い，企画設計部もこれに関与することになった。現在の企画設計部が関わる領域は，車種開発が始まる前の車種群一括開発の段階，個別車種開発がスタートする前の商品の前提条件を決める段階，および個別車種開発における目標設定，整合の段階の3つがある。

事前統合が主たる機能の企画設計部は必然的に開発の前段階，すなわち，車種群一括開発における活動の比重が高くなる。これにより従来，個別車種開発において，主に主査をリーダーとして機能してきた企画設計部は，より前段階の車種群一括開発の構想立案の場で，経営者と直接関わる機会が増すことになり，相対的に主査との関わりあいが以前よりも減少する傾向になっている。

また，主査と企画設計部との関わりが変化していく理由には，主査側の役割の変容という側面もみられる。例えば，社内における車種開発の要としての主査，すなわち，開発部門だけではなく，コスト管理を含めた収益評価や，購買折衝，生産との調整，スケジュール管理は現在も主査の重要な役割であり続けるとともに，これまで以上に外部との繋がり，例えば市場導入時のジャーナリストへのコンセプトの展開，あるいはディーラーとの関わりや顧客とのコミュニケーション，これらを踏まえた導入後の商品の育成といったマツダの意思を外部にアピールする領域に，よりその活動の力点が広がりつつあるという。

すなわち，以前は主査を主体にしたチームが開発の事前統合の主たる現場であったが，ブランド戦略の強化による車種群一括開発が進むにつれ，事前統合が，経営者を主体とした場に移行していった。その一方で，主査は，車種開発

のリーダーでありつつもブランド戦略の強化のための別の機能も重点的に担う，つまり，従来以上に社外との繋がりを主査が担うことで同社の商品およびブランドコンセプトをより強くアピールする立場に変容していったと推定される。

こういった変化は，同社の「ブランド戦略の強化」という方針とも親和的であると考えられる。

関係者によると，一括を前提とした開発体制への変更は，経営側の強力なリーダーシップはあったものの，大きな混乱を招くことなく，比較的スムーズに移行することができたとのことであり，企業の変革に際して，組織，風土といったその企業独自の資産や特徴をうまく企業方針に活用，転用することができた事例であると推定される。

このような状況に際して特に企画設計部は，パッケージ領域の要の部門としてこれまで以上に，複雑な相互依存の事前的問題解決機能がより鮮明化され，強調されることとなった。

また，とりわけ経営者に対して複雑な相互依存をわかりやすく「イシュー（解決すべき事案）として示し，的確な意思決定を仰ぐこと」がより重要になってきたと認識されている。

次項では，こうした能力をはじめとする企画設計部における独自の業務遂行に求められる能力の獲得についてみてみよう。

(3) 企画設計部における業務の特殊性と求められる技能（スキル）

前述の通り，企画設計部自体の歴史は古く，その原点となる組織は1960年代からすでに存在しており，時代によってその組織の位置づけや所属ユニット，業務の重点に多少の相違はありつつも現在まで一貫して同社の自動車開発において一定の役割を果たしてきた。

しかしながらそこで必要とされる企画設計部の「技能（スキル）」の中には，長い歴史があっても未だ体系的，客観的に定義できていないところがあると企画設計部長は認識している。

そこでまず，「技能（スキル）」の定義に先だって自らの機能／役割を明確にするところから始めた。「わしらは何者か活動」という呼称で，これまでの上司や先輩の典型的な言動，行動を客観的に捉え直し，製品開発／アーキテク

チャの研究者との共同研究を実施した。前述してきた複雑な相互依存の事前統合など同部特有の機能についての言及は，この活動の結果，解釈，定義されたものである。

現在はその次の取組みとして，この機能／役割を実現するために必要な「技能（スキル）」の定義を実施中である。本項ではこれまで判明してきた機能設計部門と異なる「技能（スキル）」について，その一例を挙げることとする。

まず，技能（スキル）の位置づけを明確化するために図表8－1に示すような体系図が策定された。「成果物」を生産する要素を，「技術」（品質を担保した「やり方」）と（人間の）「実行」に分け，さらにこの技術を保証するものとして，客観的に共有できる「手順／情報／道具」と個人に宿る「技能」に分けている。技能はその特性から，習得や他者への移転に時間を要する（技能によっては不可能な）ものであり，客観化が困難であると捉えられている。

さらにこの「技能」を「個人に蓄えられた『知識／経験』と『能力』」の2つに分類している。

企画設計部では「技能」に対して2つの施策を実施している。1つは「技能」を支える「能力」の定義とその向上，もう1つは個人に蓄えられた「技能」を客観化，共有化するために，「手順／情報／道具」に変換する「無価値

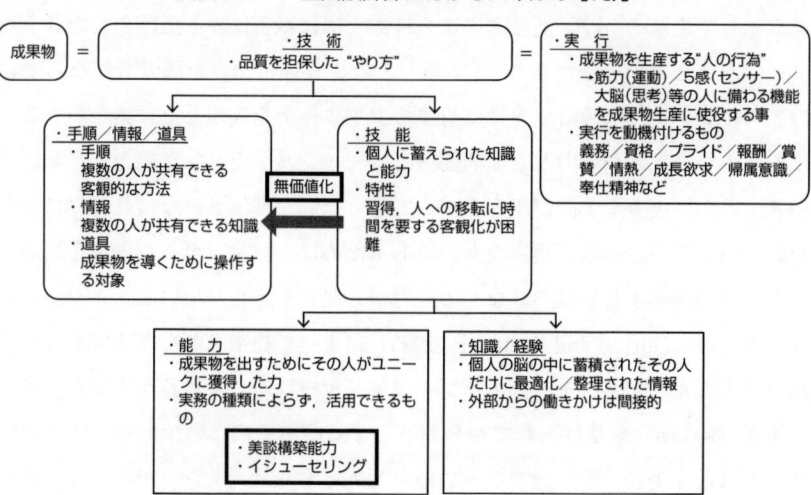

図表8－1　企画設計部におけるスキルの考え方

成果物 ＝ ・技術
・品質を担保した"やり方"
＝ ・実行
・成果物を生産する"人の行為"
→筋力（運動）／5感（センサー）／大脳（思考）等の人に備わる機能を成果物生産に使役する事
・実行を動機付けるもの
義務／資格／プライド／報酬／賞賛／情熱／成長欲求／帰属意識／奉仕精神など

・手順／情報／道具
・手順
　複数の人が共有できる客観的な方法
・情報
　複数の人が共有できる知識
・道具
　成果物を導くために操作する対象

← 無価値化

・技能
・個人に蓄えられた知識と能力
・特性
　習得，人への移転に時間を要する客観化が困難

・能力
・成果物を出すためにその人がユニークに獲得した力
・実務の種類によらず，活用できるもの
　・美談構築能力
　・イシューセリング

・知識／経験
・個人の脳中に蓄積されたその人だけに最適化／整理された情報
・外部からの働きかけは間接的

（出所）　マツダ社内資料より。

化」とよばれる取組みである。

　まず，能力定義についてみていこう。同部門では，業務遂行における根幹の能力として，まずは複雑な相互依存，すなわち，因果関係の連鎖の中から解決策を導き出す能力が不可欠であるとされている。この能力を「美談構築能力」と定義している。

　事前統合は，事後検証に先だって実施されるため，「結果としてOKだった」というわかりやすい結論付けは困難である。目的を明確に定め，置かれた状況を勘案し「最適な方策」を導くと同時に，「なぜそれが最適なのか」という根拠を客観的，論理的に証明する作業が必要である。これはアーキテクチャ（設計思想）に繋がるアプローチである。

　加えて，企画設計部が扱う対象には複雑な因果関係があるため，上記で示した「根拠を踏まえた最適解の導出」においては，「このように関係性を整理すれば種々の問題が解決され，うまくいく」といった，ある種の解に至る美談を紡ぎだすような能力が必要となるわけである。

　この「美談」は，聞き手（例えば経営トップ層などの意思決定者）からみて論理的に構築されたストーリーであることはもちろん，マツダのブランド価値を実現する商品要件，各機能設計がやりたいこと，場合によっては厳しい経営環境や，技術的な限界といったネガティブ要素ですらうまく整理して1つの自動車としてまとめ上げ，進むべき道を導くために緻密に練り上げられたストーリーであることが特徴である。「美談」とはこういった，企画設計部ならではのアーキテクチャ（設計思想）に対するアプローチを表現した言葉といえる。

　もう1つの重要な能力として同部門では「イシューセリング能力」を挙げている。いかに優秀な美談が組み上がっても，それが理解されなければ役に立たない。扱っている対象が複雑なものであるために，結論に至った理由を簡潔かつ合理的に説明するにはそれなりの能力が必要と考えられている。イシューセリングとは，Dutton and Ashford（1993）によって提唱された概念であり，それは「ミドル・マネジャーがトップ・マネジャーに対して自身が重要だと考える事案（issues）を受け入れてもらおうとする試み」のことである。すなわち構築された「美談」を，経営トップ層を始めとする社内メンバーにうまく納得させ受け入れてもらうために必要な能力であるといえる。

つまり，先に示した，設計における最適解を実現するための論理的なストーリーをイシューとして納得し，そして受け入れてもらうための活動を行うための能力として，美談構築能力とイシューセリング能力は企画設計部における重要な2つの能力として捉えられている。

こうした能力は，いわゆる一般的なエンジニアに求められるより工学技術的な技能（スキル）とはかなりタイプの異なる特殊技能といえる。加えて工学的技術知識に比べて客観化・体系化してその技能を伝えていくことが難しい。例えば，イシューセリングを通じて事前的統合をはかる場合，イシューを受け入れてもらう相手，イシューの内容，イシューの受け入れを仕掛けるタイミングなどは実に状況依存的でなかなか一概に規定できない。したがって，「こうすればうまくいく」と方法論で体系化しても，役に立つとはいい難い。

また，もう1つの重要な能力である「美談構築能力」は，複雑な相互依存を扱うために車両開発における様々な幅広い知識の獲得が必要となるのはもちろんだが，ただ単に知識がたくさんあれば美談が構築できるわけではない。やはり物事を抽象化，一般化したり，体系的に考えることが必要となり，こちらも客観化が困難な能力といえる。

同部では，こうした形で業務遂行に要請される重要な能力要件をもう少し行動指針に繋がるように定義しようとしている最中である。例えば，1つの取組みとして，美談構築能力，イシューセリング能力それぞれにおいて，必要な能力を発揮するための着眼点をできるだけわかりやすい一言で定義し，この一言の意味を解説した能力要件定義書の作成することなどがこれに相当する。

図表8－2　能力要件の一例

一言定義	「そもそもの目的は何か？」
解　釈	置かれた状況に応じて，前提条件を固定せず常にその目的に対して適切かどうかを評価できること ＝前提条件をコントロール＆設定するのに不可欠な能力の1つ

この要件書に記述されている内容は定量化しにくい概念が多くなってしまう。目にみえない機微を察知するような微妙なもの，あるいはコミュニケーション，ネットワークに関わるもの，事象を一般化したり，逆に特異化したりして解釈するなど確実に伝えることが難しいが，少なくとも実際の現場で困難に直面し

た時に"腑に落ちる"レベルにはメンバーに理解してもらうことを目指している。

さて，もう1つの施策である，個人に蓄えられた「技能」を客観化，共有化するために，「手順／情報／道具」に変換する「無価値化」について記述する。

企画設計部では日々の業務の中で，定型化，手順化できるもの，すなわち「人間の知恵，意志が働かないところ」，については，例えばITなどを活用した自動化ツールなどを用いて，部門の共有資産として誰でも活用できることを模索している。ポイントは，定型化，手順化できるものといっても，実際には定型化，手順化できるようにみえない，というところである。「一見個人の技能のようだが，要素分解し客観的なロジックで再構成し，現代のIT技術を駆使すれば実は定型化ができるもの」をいかに発見し，客観的に共有できる形に落としていくのか，ということが重要であり，そのためにも，やはり抽象化，体系化といったアプローチが必要となってくる。

こういったアプローチを企画設計部では個人に宿る技能こそが最も価値があるものと捉え「無価値化」とよんでいる。

「企画設計部の仕事は，よくわからない難しいものであり，漠然とした定義，あるいは人によって解釈や表現が異なっていました。これでは，部門としての進むべき方向性を明示することはできません。一方で，その難しさを言い訳にして，自分たちの仕事をプロセス化，効率化することに消極的ではなかったか，と内省する必要もあります。『無価値化』とは慣れ親しんだ仕事のやり方や既得権と決別し，常に難しいものにチャレンジする我々のプライドを表現した言葉といえます。」（企画設計部長）

これらの，「定義しにくいが本質的な能力の記述」と「無価値化」を同時に行うことにより「自分たちが本当にやらねばならないことは何か，そのためにどんな能力を有する必要があるのか？」を鮮明化させていくアプローチを同部門はとっている。

(4) 企画設計部における3つの人材機能タイプ

企画設計部では上記の能力に加えて，それらを発揮する人材機能タイプを定義している。開発工程の早い段階で事前的統合を組織的にはかり，集団の力で

全体最適を実現しようとするためにメンバー各人がどんな振舞いをするべきか。同部では3つの人材機能タイプ「タレント」が必要と定義している。

　3つの人材機能タイプ「タレント」とは，①リーダー，②タクティシャン，③マイスター，とよばれ，それぞれの機能に照らした役割が定義されている。

　まずリーダーはイシューセリングに重点が置かれ，経営トップに課題を提案し，経営の意思決定の一助となることが求められる。また，車両アーキテクチャの観点で，車両開発やプラットフォーム開発部門のリーダー，あるいは主査と対峙し，車両全体，車種群全体視点での方向付けが求められる。

　マイスターという用語はもともとドイツ語で「巨匠」や「名人」，あるいは徒弟制度による職人の最上位，親方，師匠を意味するが，企画設計部でマイスターとよばれる人材は，「構造，機能，顧客価値の相互依存専門家」として位置づけられる。マイスターと各機能開発部門との違いは，マイスターは，個別の機能保障，構造保障の責任を負っておらず，あくまでも全体最適を実施することが目的となるところである。パッケージ開発に関わる前提条件を固定せず原理に基づいた発想で，マツダの技術，機能／構造を幅広くニュートラルに見極めること，そのために，専門知識を広く深く獲得することが求められる。したがって，こうした幅広い専門知識の獲得，それら専門知識の深掘りを進めていく人材はマイスターの語源通り，「巨匠」として成長していくこととなる。

　マイスターとリーダーの間に立つタクティシャンは，環境，経営，エンジニアリングなどを多角的に捉え，イシューセリングの算段も踏まえて美談構築をリードする役割を担う。タクティシャンとは英語で「戦術化」や「策士」を意味し，マイスターとともに複雑な相互依存を解決し，リーダーとともにイシューセリングを行うためのロジックを構築する。つまり，リーダーの「懐刀」としてその能力を発揮していくことになる。タクティシャンがリーダー，マイスターの間に立つ理由は，複雑な相互依存を解決した美談が，そのままイシューセリングのロジックになるためであり，これらが常に連携していなければならないからである。

　こういった人材機能タイプは，いわば，HWPMに代表されるような個人の傑出した能力に対して，組織として個人の力を結集させ論理的な手法で対処するためにはどんな人材の協業が必要なのかを表したものともいえる。

第Ⅳ部　人材能力を鍛える

図表8-3　企画設計部における3つの人材タイプとそれぞれの役割のイメージ

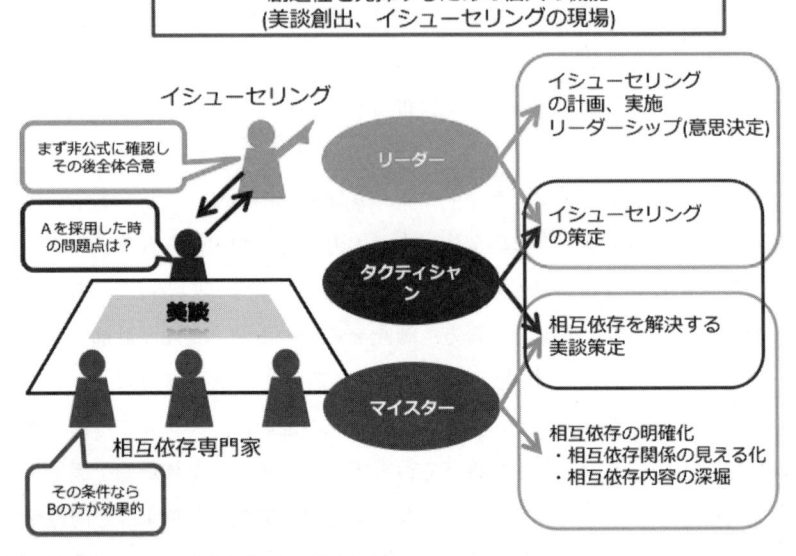

（出所）マツダ社内資料を一部変更。

　この3つの「タレント」は，明確な役割分担があるわけではなく，いずれも企画設計部員にとっては必要な機能である。したがって，1つのタレント能力だけ特化している人材を育成していくことを必ずしも目指しているわけではない。そこには「全体を統合する企画設計部には分業は存在し得ない」という根本的な考え方がある。

　すなわち，この3つのタレント要素は企画設計部の誰にでも必要なものであり，その3つのうち，「どこに長けているか」が業務における役割と適合すると考えられている。

　したがって，マイスターからスタートする人材が必ずしも直線的にマイスター→タクティシャン→リーダーとしてキャリアを発達させていくわけではなく，例えばリーダーがタクティシャンよりも上位の職位であるといった明確な区分があるわけではない。その上で，図表8-3に示されるように，マイスターはより相互依存解決のためのストーリー構築，つまり美談構築に関わる程度が大きく，リーダーやタクティシャンはより「イシューセリング」に関わる

程度が大きくなることがイメージされている。

このような事情から，このタレント分類を例えばキャリアパスなどに明確に落とし込むなどの，活用，運用方法は模索している段階である。

(5) 企画設計部における人材育成
① 企画設計部における人材育成と３つの人材機能タイプとの関連

前節で示した通り，企画設計部におけるキャリアパスとしては，必ずしも明確にこの３つの人材機能タイプに依拠するわけではないが，同部門に一般的なキャリアアップのイメージとしては以下のようになる。

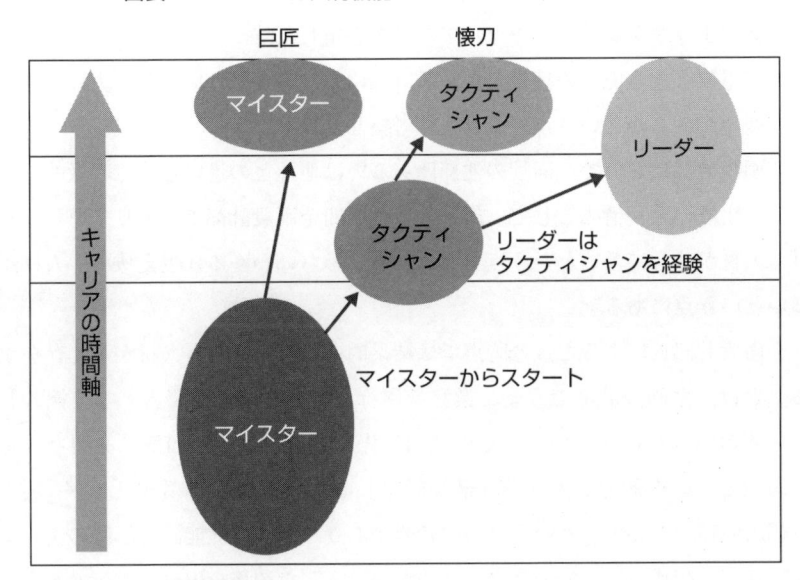

図表8-4　３つの人材機能タイプのキャリア移行イメージ

（出所）マツダ社内資料をもとに筆者作成。

図表8-4からもわかるように，企画設計部ではマイスターからそのキャリアをスタートさせる。その後のキャリアパスとしては，さらに高レベルのマイスター（ここでは巨匠と表現されている）を目指す方向と，タクティシャンの方向（その究極の姿として懐刀と表現）と，タクティシャンを経てリーダーを目指す方向に大別されている。

このキャリアパスには２つの注目すべき点がある。１つめは，たとえ，タク

ティシャン，リーダーになるとしても，まずはマイスターからスタートする。また，それを敢えて明記しているところである。このことは，一定以上のマイスターの知識が必要であることを強く意識していることを示しており，リーダーのような，たとえ管理的業務の色合いが強い役割だとしても複雑な相互依存の統合化に立脚している表れと理解できる。

2つめは，マイスターでスタートし，マイスターを最終的なゴール（巨匠）とするキャリアパスがあることである。これは，先に述べたように，認知できる複雑性が高ければ高いほど（知識が多いほど）解決策を導く可能性が広がるということと，美談構築にその知識を役立てるには，たとえ専門領域に長けているといえどもやはり抽象化能力が必要になることによると考えられる。

上記のようなタレントとキャリアパスを想定した時に，各タレントの役割において重要となる能力の獲得と企画設計部における人材育成のあり方はどのような関連があるかという点に着目して考察してみよう。

企画設計部において，同社の他部門あるいは他社との違いとして特徴的なものは，組織の人員構成として，新卒から長期間企画設計部でキャリアを積み上げる人材が非常に多いという点である。すなわちいわゆる「生え抜き」人材が多いという点にある。

企画設計部長によると，今時点では結果的にこの生え抜き人材が多く存在することは，企画設計部でうまく業務を遂行していくための要素として機能しているのではないかという。その理由は先に述べた通り，同部に必要な「イシューセリング能力」と「美談構築能力」はそれぞれ，「体系化しにくい」，「幅広い知識が必要」という2つの特徴があり，例えば機能設計部門のエンジニアリング業務と比べて非常に特殊的かつそうした業務を円滑に遂行できるようになるための能力形成には非常に時間がかかるからだという。これは，前述の3つの人材タイプに基づくキャリアパスにおいても，「マイスターの下積み」がいずれの人材タイプにも必要と認識しているところなどからも容易に想像できる。

企画設計部長によると，こういった習得に非常に時間がかかる能力であるからこそ，（たとえ部分的，不十分であったとしても）客観化，体系化した育成プログラムが必要であると考えているとのことである。

これまでは，こういった能力の獲得は，ある種の暗黙知として実際の業務遂行を通じてOJTで体得がなされてきたという。しかし今後は，OJTは大事にしながらも，これまでの上司や先輩による経験と勘によるマネジメントのうち体系化できる部分とそうでないものに分けながら，人材育成を改革することを目指している。

　またこのことは，「生え抜き，企画設計部一筋」の人材育成からの脱却を意味しており，今後は，例えばローテーションなどの施策を考慮しているといえる。

　では，企画設計部の人材育成に求められるローテーションとはどのようなものだろうか。先にも示した通り，企画設計部においては，特定の開発領域における利害やそこでの価値前提に引っ張られない中立的立場で全体を最適化することが重要な要件となる。また，業務遂行の前提となる考え方や立ち位置が機能設計エンジニアの人材とは異なるため，一般的に職能を超える幅広いローテーションの機能として挙げられる「多様な知識・技能の獲得」という目的だけでは十分とはいい難い。これをより一歩進めて，「獲得された多様な知識・技能以上のさらに多様な知識，技能にまで及ぶ概念化，抽象化」というところまで深めていく必要があると考えられているからである。この場合，より強く求められるのは，"概念化，抽象化"の方であり，ローテーションを能力育成に効果的に繋げることに不可欠であると考えられている。また，企画設計部におけるスキル獲得にはより長期の時間を必要とするという点も，どの程度頻繁に，あるいはどの程度の期間，ローテーションを実施するかを検討する上で重要となり得る。

　例えば，近年同社で推進されている「骨太エンジニア育成」の一環として，初任配属で企画設計部となった新入社員が，他部門の知識の獲得のために一時的に異動する制度は同部門でもその効果を期待されている。

② 「骨太エンジニア育成」制度と企画設計部における人材育成

　「骨太エンジニア育成」とは，ものづくり革新の一環として，全社的なエンジニア育成の強化の具体的取組みである。骨太エンジニアとは「自分の担当領域の機能・構造などを熟知しているのはいうまでもありませんが，担当領域の周辺，自動車全般，技術全般，また企画から製造・検査の現場までもよく知り，

解析，CAD，コスト計算，品質予測も自分でできるし，現場・現物・現実・原理・原則の5ゲン主義を実践し，事あるごとに「なぜ」を5回以上繰り返し，自分なりのビジョンをもち，自信と謙虚をあわせ持ち，どんな困難にもへこたれない…そんなエンジニアです」5) と表現されている。

その具体的な施策の1つが新卒人材の本配属前に一定期間（3年程度。ただし企画部門，生産部門の新人が対象）配属予定部署ではない開発本部での仕事を経験させる試みである。企画設計部においてもこの試みは，車両全体を俯瞰的にみて，全体最適的思考を身に付けるための1つのアプローチとして有益となるのではないかと考えられる。

また，同部の3つのタレントとそのキャリアパスイメージとも整合性があると考えられる。同部門では新人はマイスター人材としてそのキャリアをスタートさせることはすでに述べた。そこでの主な役割として求められる，幅広い専門的知識の獲得は直接的に機能設計部門を経験することにより促進されると推察できる。

一方で，企画設計部長によると，「この取組みをより効果的にする方策が必要」と考えているようである。

例えば，この骨太エンジニア育成制度のもと，3年間機能設計部門で経験を積んだ後に企画設計部に配属された若手人材2名へのヒアリングによると，この経験は確かにエンジニアリング知識を身に付ける上で効果があった一方で，「機能設計部門と企画設計部における仕事の一番大きな違いは前提が決まっている（機能設計部門）かそうでないか（企画設計部）ですね」との認識であり，これまですでに述べてきた両者の違いは理解できているようだった。

さらに，3年間の機能設計部門での仕事が今の仕事に活かされているかとの問に対しては，「思考・業務遂行のプロセスが大きく違うので直接的に前の職場での経験が活かされているかといわれると難しいが，少なくとも機能設計部門と企画設計部で求められていることは違うということは理解することができる経験となった」ということであり，両者の違いをそもそもの思考プロセスの違いという点で捉えている点が興味深い。すなわち，若手人材が「マツダにおける企画設計とは何か」を理解する上で，外部からの客観視という点で効果を発揮していることがうかがえる。

その一方でこのことは，思考，業務遂行のプロセスが大きく異なる企画設計部での仕事の経験を入社して3年間は経験できないことを指している。つまり，この制度だけでは企画設計部の人材育成においては十分とはいえず，同部ならではの特殊性，すなわち前に触れた「獲得された多様な知識・技能以上のさらに多様な知識，技能にまで及ぶ概念化，抽象化」の「概念化，抽象化」にまで及ぶ施策が必要であることを示唆している。
　若手人材のインタビューにおいても，彼らが思考プロセスの違いに言及しているように，企画設計部に特殊的な能力は，ものの考え方，捉え方そのもの，すなわちマインドにも繋がると推定される。したがって，3年間機能設計部門を経験する時に企画設計部としてのマインドがあるかないかによって後の仕事への効果が大きく異なる可能性があり，効果的なジョブローテーションを行う上でも企画設計部のマインド醸成をどのように行うかが重要となりそうである。
　上記をまとめると以下のような育成デザインが浮かび上がってくる。
　まず，企画設計部のマインドも含めた特殊能力を獲得する。これまでの経験と勘によるOJT中心の育成計画をより体系的なものに変えていくことで効率化とレベルアップをはかる。これにより少なくともどのような見方，考え方をすべきかを早いうちに身に付ける。
　次に，効率化できたことで，ジョブローテーション機会を増やし，より広く深い知識を習得する機会を得る。マインド醸成は，得られた知識が企画設計部の業務に効果的に機能することにも繋げていく。
　こうした育成デザインをいかに具体化していくのかが今後の大きな課題といえよう。その意味では今後の人材育成において，「部門内での特殊性」と「部門外での多様性」をどのように織り交ぜて相乗効果をはかっていくかをさらに検討していく必要があるだろう。

4．分析と考察

　本ケースでは，近年ますますグローバル競争が激化し，また製品を取り巻く技術要件，環境要件などの制約条件がより厳しくなってきていること等に伴い，製品開発における複雑な相互依存が量・質ともに増大化している現代の自動車

業界において，そうした複雑な相互依存の解決に向けた取組みを組織的に行っている部門として，マツダの企画設計部を取り上げた。

　本ケースから導かれるインプリケーションは大きく2点ある。1つは，前述の通り製品開発を取り巻く複雑性が増大していく中，日本の自動車企業が従来得意としてきたHWPMの属人的な高い能力に依拠した事後的な問題解決とは異なる事前統合的な問題解決を組織的に取り組むアプローチが有効となり得る可能性を示したこと。そしてもう1つはそうした事前統合的な問題解決を行うために必要な能力と人材育成の1つの実例が示されたことである。この2つのポイントに紐付けて本ケースを振り返ってみよう。

　複雑な相互依存の解決のアプローチとして，これまで日本の自動車産業は，現場組織における水平的調整，高い事後的問題解決能力を有するプロダクトマネジャーによる問題解決を得意としてきた。一方マツダの場合はこれに加えて，主査のリードのもと，事前段階でより合理的な問題解決アプローチが組織的に行われてきた経緯がみられる。

　近年マツダが推進するモノづくり革新の1つの施策である一括企画は，この事前統合のアプローチと親和性が高く，ブランド戦略を具体化する上で同社が競合優位に立つ原動力の1つといえる。

　こういった状況の中，複雑が故に各機能設計部門では特に全体俯瞰が困難なパッケージング領域の統合機能においては，企画設計部というあまり類をみないユニークな組織がその役割を担ってきた。

　企画設計部で業務を遂行する上で求められる特殊的能力は，機能設計部門に求められるエンジニアリング能力，すなわちある程度規定された前提条件の中での技術的二律背反を克服する能力とは異なり，前提自体がそもそも存在しない中で，前提自体を構築したり，再構成するといった，全く異質の能力が必要であることがわかった。特に自動車開発における複雑な相互依存問題を，より開発の初期段階で解決しようとする場合にこうした「前提を疑う」「前提を再構築」するといった能力が特に求められることになる。これは所与の前提の中で開発を進めていき，開発途上で「問題が発生した時点で解決をはかる」能力とは異なるものであると捉えられる。この「複雑な相互依存問題を解決する」という重要な課題に対して，マツダではより開発の前段階においてそうした複

雑な相互依存の解消を志向し，そのために企画設計部の取組みを通じた事前的統合的問題解決に向けた組織的にアプローチをすることで自動車開発全体のパフォーマンスを高めようとしているところに特徴があることが示された。

　また，企画設計部で必要とされる体系化しにくい能力をいかに明確化し，部門メンバーの人材育成に繋げていくかの取組みの一部が本ケースでは示された。

　これは，他社における例えばHWPMとよばれる高い事後的問題解決能力が，一握りの特定人材によりある意味先天的にもたらされるのとは対照的に，事前的統合能力を組織の中で長い時間をかけて後天的に獲得，伝承していくアプローチといえる。

　また，そうした時間のかかる人材育成に関して，必ずしも意図的ではないが新卒から長期間企画設計部で経験を積む人材が多く，そのことに一定の理解があったために，メンバーのキャリアパスとこうした能力の獲得が親和的となっていたともいえる。

　一方同社のブランド戦略，一括企画のコンセプトがより競争力あるものとなっていくためにはこの事前統合的アプローチをさらに効率化しレベルアップさせることが不可欠であり，同部ではこれに応えるため無価値化により技能の先鋭化をはかり，育成プロセスを効率化しレベルの高い人材を早期に輩出することがカギを握ると考えられている。

　事前統合機能をさらに強化していくためには，これまで以上に全体最適的な視点，部門横断的な多様な視点が必要にもなってくる。したがって，企画設計部で求められる「特殊性」と「多様性」のバランスをいかに保つか，そのためにどのようにメンバーのキャリアパスをいかに設計すればよいか（異動する領域，タイミング，期間，頻度など）をより整合的に考える必要性があることが示された。

5．結びにかえて－相乗効果が得られる人材育成プログラム

　本ケースは，各部門に求められる能力を効果的に獲得するためには，その部門の業務特殊性の程度をできるだけ明確に定義し，能力像を具体化すること。そして，一般的にいわれる幅広いローテーションから得られる多様性と，特定

第Ⅳ部　人材能力を鍛える

領域における業務経験から得られる特殊性との相乗効果が得られるような人材育成プログラムを体系化していくことが，プロダクト全体最適の視点から複雑な相互依存問題を解決することを要請される人材を効果的に育成し，組織全体のパフォーマンスをより高めていくための1つの有益なアプローチとなり得ることを示した例といえるだろう。

（千田　直毅）

[第8章 注]
1) アーキテクチャとは，一般用語としては「建築様式」や「構造」を意味することが多いが，ここでは「システム設計の基本思想」を意味する用語として使用される。
2) 組織アーキテクチャとは，企業が行うアクティビティを決定し，それらを人々が責任を持つタスクへと分解し，そしてタスク間のコーディネーションを実現できるように組織に構造を与えていくことである（谷口，2006）。
3) 一般システム論において，システムとは「相互に作用し合う要素の集合体」である（Bertalanffy, 1968）が，このとき，システムを構成する要素の数が多く，なおかつ，要素間の相互作用が強いとき，そのシステムは「より複雑だ」といわれる（藤本，2013，4頁）。
4) 例えば，これまでは「低燃費」と「パワフルな走り」は一定の二律背反が存在し，開発側としてはどちらを重視するかということが検討されてきたが，顧客ニーズの多様化，鑑識眼の進化がみられる現在においては，低燃費とパワフルな走りのどちらも実現するにはどのような設計をすればよいかという発想が求められるようになり，そのことはこれまで以上に厳しい制約条件のもとでの複雑性を解消する作業になる。
5) 特定非営利活動法人日本自動車殿堂による金井誠太氏（現マツダ株式会社代表取締役会長）へのインタビュー記事より（http://www.jahfa.jp/jahfa6/tokushu/rondan/03_kanai/kanai.htm）。

[第8章 参考文献]
青島矢一・武石　彰（2001）「アーキテクチャという考え方」藤本隆宏・武石　彰・青島矢一　編著『ビジネス・アーキテクチャ』有斐閣．
谷口和弘（2006）『企業の境界と組織アーキテクチャ－企業制度論序説』NTT出版．
藤本隆宏（2013）『「人工物」複雑化の時代』有斐閣．
藤本隆宏・キム．B. クラーク（2009）『製品開発力（増補版）』ダイヤモンド社．
藤本隆宏（2001）「アーキテクチャの産業論」藤本隆宏，武石　彰，青島矢一編著『ビジネス・アーキテクチャ』有斐閣．
目代武史・岩城富士大（2013）「新たな車両開発アプローチの模索－VW MQB，日産CMF，マツダCA，トヨタTNGA」『赤門マネジメント・レビュー』第12巻第9号，613－652頁．
Bertalanffy, L. v. (1968) *General System Theory : Foundations, Development,*

Applications, George Braziller.
Baldwin, C. Y. and K. B. Clark (2000) *Design Rules : The Power of Modularity*, MIT Press.(安藤晴彦 訳『デザイン・ルール』東洋経済新報社, 2004年).
Dutton. J. E. and S. J. Ashford (1993) "Selling Issues to Top Management," *The Academy of Management Review*, Vol. 18, No. 3, pp. 397-428.

結章 人的資源管理のこれからを考える

1．企業経営と人的資源管理

(1) 経営理念・ビジョン・戦略と人的資源管理

　本書の最後に，これまでみてきた企業事例をもとに，これからの日本企業の人的資源管理について展望しておきたい。

　まず，取り上げたい点は，人的資源管理を企業経営全体の中で議論する必要性が高まったことである。もちろん，もとより人的資源管理は企業経営の一職能であるから，経営との結びつきがあるのは当然である。しかしながら近年の企業動向をみると，人的資源管理が経営との整合性をもち，それに貢献するような活動をしていくことが，より強く求められていると考えられる。

　本書で扱った事例の中には，特に経営理念やビジョンと人的資源管理の整合性，あるいは一貫性を重視しているものがあった。例えば**第１章**のインテリジェンスの事例である。インテリジェンスは「はたらくを楽しむ」という企業理念を実現するために，積極的に人的資源管理を改革してきている。単に成果を上げた従業員に大きく報いるだけでなく，長期的な人材育成のための施策を大幅に増加させている。それだけでなく，埋もれた人材を発掘し，チャンスを与えるための施策や，自ら発案して挑戦する従業員を励まし，支援するための機会や制度を充実させている。これらはインテリジェンスが求める「尖った人材」を最大限に活用するための取組みであり，まさに経営理念に叶ったものである。

　また**第２章**で扱ったワン・ダイニングの事例においても同様の点がうかがえる。ワン・ダイニングは，『いちばんの「満足」を。』というスローガンを掲げ，

経営理念として『価値ある経営。』を掲げている。これは,「お客様への約束（より良い料理とおもてなしで，お客様に愛され必要とされる価値)」を重視することを意味している。そして，それをわかりやすく伝え，実践するための施策や仕組みが充実している。新店のアルバイト研修を，競合店よりも長期間実施するのは，スローガンや経営理念，あるいは接客とは何か，といったことを理解してもらうという意味合いが強い。また正規従業員だけではなく，現場の隅々まで，会社の方針を理解してもらうために，アルバイトミーティングやアルバイト報の発行を実施していることもその例だといえる。

　人的資源管理は多数の個別施策から構成され，それぞれが複雑な仕組みを有しているために，それ自体が経営から切り離されたような形で，単独で議論されることもこれまでは多かったように思われる。特に日本の人的資源管理には独特の仕組みや慣行が多くみられたため，それらの特徴の分析や意義の考察に関心が向けられていた傾向が強い。しかしながら，日本経済が成熟し，企業経営がますます難しくなる中で，人的資源管理は企業活動の目的や方針に叶うものでなくてはならなくなった。企業の人事部が取り組むべき課題も，適正な賃金管理や人事諸制度の公正な運用だけではなくなってきたといえる。経営やビジネスに貢献できる人材をいかに増やすか，従業員に戦略やビジョンを理解させ，いかにそれに適合した行動をとらせるかといったことが大きな課題になってきたのである。換言すれば，序章第3節でみた人的資源管理の3機能のうち，「企業戦略と適合させる」機能の重要性が特に高まってきているということができるであろう。

　戦略的人的資源管理（strategic human resource management：SHRM）という研究領域においては，こうしたことが研究されてきた。そこでは経営戦略と人的資源管理の整合性が企業業績を高めると考えられている。その上で，いくつかの経営戦略にあった人的資源管理の類型が提示されている。SHRMはまだ発展段階にある研究だといえ，完成されたものとはいい難い。しかし徐々にではあるが，実証研究も増加しており，戦略や理念と人的資源管理の整合性も検証されつつある（竹内，2005；三崎，2007）。実務においても研究においても，経営理念や戦略，ビジョンとの関わりの中で，それに貢献する人的資源管理を考えることが重要になってきていると考えられる。

(2) グローバル経営と人的資源管理

　企業経営と人的資源管理との結びつきを議論する中では，グローバル経営の進展を避けて通ることはできないだろう。多くの日本企業がグローバル経営に取り組み，その中で様々な難題に直面している。

　第3章で紹介した参天製薬では，グローバル競争に対応するために，まず日本本社の人事制度を職能をベースにしたものから，職務をベースにしたものへと改革した。それに続いてM&Aなども利用しながら世界各国に現地法人を設立し，現在はその適切な人的資源管理を確立することが経営の大きな課題になっている。各現地法人の人的資源管理には，日本本社の諸制度と整合したものが求められる反面，現地の法律や経営環境に配慮することも必要となる。さらに個々の法人の歴史や現地市場でのポジションによっても，とるべき施策は変わってくるものと思われる。

　これとは対照的に，**第4章**で取り上げたギャップジャパンはアメリカ企業が日本に進出した事例である。日本で活動を開始して以来，その人的資源管理には試行錯誤が続けられてきたといえる。中でも，本社では米国型，店舗では日本型，と人的資源管理を意識して切り替え，異なるマネジメントを同一社内で両立させていたことは注目に値する。また，職務主義でありながらチームワークも良好なものにする努力が行われている。これは，アメリカと日本の人的資源管理の利点を統合しようとした企業努力として捉えることができるであろう。

　今後のグローバル社会では，世界的に統一された経営やマネジメントを行い，そこで国籍にかかわらず人材を活用するべきだという主張がよくなされる。しかし他方では，それぞれの国の文脈的要因（コンテキスト），すなわち政治や法律，教育，ガバナンス方法などによって，経営や人的資源管理は国ごとの多様性が維持されやすいことを指摘する研究もある（Jacoby，2005；須田，2010；山内，2013）。おそらくはその両方，グローバルな統合と現地化を考慮しながら，自社のグローバル経営のあり方をよく理解した上で，それに合った人的資源管理を探索することが，今後の企業の課題になるのであろう。

　Bartlett and Ghoshal（1989）はグローバル経営を，世界の国々の企業活動を1つの形に統合するのか，あるいは各国の自律性を重視するのかという2つの軸によって分類して考察している。おそらく，高度にグローバル統合された

企業では，主に本社から選ばれた優秀な人材が将来の幹部候補として，世界中で活躍することになるだろう。それらの人材は企業のビジョンや戦略に精通し，それを世界中で浸透させる役割を担うものと思われる。一方，各国の自律性を重視する企業では，各国独自の経営や人的資源管理が許容され，国ごとに人材育成が行われるものと思われる。そのような企業では，その国の文化や市場をよく知る現地人材の有効活用が大事になる。そして，グローバル統合と各国の自律性を同時に追求するトランスナショナル企業も考えられる。これからの企業は自社がどのようなグローバル経営を目指しているのかを吟味した上で，それに寄与できる人的資源管理を行わなければならない。何を統合し，何を現地化するのか。また自社のグローバル経営で活躍する人材にはどんな特性があるのか，あるいはそうした人材をどこで，どのように育てていくのか。そうしたことが十分に検討されなくてはいけない。

　経営理念や戦略にしろ，グローバル経営にしろ，今後の人的資源管理はこうした経営全体，ビジネス全体への貢献を，より強く意識していなければならなくなるだろう。人事部門や，そこで働く人事スタッフに求められるものも大きく変わってくると思われる。今後の人事スタッフは人事分野の専門家にとどまっていては，その責任は果たせないだろう。より企業家的視野をもち，戦略的に考えることが必要になる。経営に強い関心をもち，主体的にそれを学ぶ姿勢が望まれる。

2．人材の獲得と育成

　もう1つ，今後の人的資源管理を考える上で重要なテーマとなるのが人材の獲得と育成である。これも元々重要なテーマであるが，近年それに関する制度や取組みが多様化し，さらに高度化していることが特徴的である。

　先に少し触れたSHRMは人的資源，あるいは人的資源管理を企業の競争力の源泉とみなすところに特徴がある。経営戦略論における資源ベースビュー（resource-based view）に基づき，人的資源を希少で模倣困難な経営資源とみなすのである。どのような人材を保有し，その知識やスキルの蓄積を図るかが企業の競争力を分けることになる。

結章　人的資源管理のこれからを考える

　SHRMでは優れた人的資源を得るための方法として，Make or Buy（育成か獲得か）という議論がよくなされる。前者を重視するならば企業内での教育訓練施策が重視されることになるし，後者を重視するならば外部労働市場への積極的な働きかけが重要になる。また，ヒューマン・キャピタル・アドバンテージ（human capital advantage）を追求するか，ヒューマン・プロセス・アドバンテージ（human process advantage）を追求するかといった議論もある（Boxall, 1996）。ヒューマン・キャピタル・アドバンテージとは，卓越した人的資源による組織の優位性のことを意味しており，それを追求する人的資源管理は，特に有能な人材を採用し，それを保持（リテンション）するために，魅力的な報酬やキャリアを用意することを重視するものである。一方，ヒューマン・プロセス・アドバンテージとは，模倣困難なレベルに達した人的資源管理のプロセスが生み出す優位性を意味しており，それを追求する人的資源管理では，強いチームや良好な人間関係，あるいは組織文化の創造を重視する。前者では人材の獲得が相対的により大きな課題になり，後者では人材の育成とチームづくりが大きな課題になる。

　そのいずれを重視するにしても，あるいは双方の活動を重視するにしても，そのための人的資源管理施策や取組みは，より多様化し，また充実したものになるものと考えられる。例えば人材の獲得である。日本企業の人材の獲得，すなわち採用活動に関する定説は，新卒人材の定期採用が中心であるといったことであった。中途採用や非正規社員の採用はそれを補完するものと考えられてきたのである。ところがバブル経済が崩壊した1990年代を境に，そうした状況は大きく変化してきた。中途採用の増加はもちろんのこと，非正規社員も多くなり，そこから優秀な人材を正規社員に登用するといった動きもみられるようになってきた。本書の**第6章**で紹介したフレスタの事例もそれに該当する。いつでも正社員登用に挑戦することができ，その前後の育成と審査の仕組みが明確になっていることが同社の特徴といえるだろう。また第2章でみたワン・ダイニングにおいても多くのアルバイトが雇用され，重要な戦力として活用されている。こうした事例をみても，企業の採用の対象となる人材は多様化し，そのための施策も多岐にわたるようになってきたことがうかがえるであろう。従来の新卒を採用し，内部育成する方法は，人材育成にある程度の時間とコスト

がかかるのであるが，環境の変化が激しく，より迅速で柔軟な人材の獲得が求められる現代においては，採用方法も多様化してきたものと理解することができる。

また第5章でみたA社では，採用活動に科学的な方法を導入して，有能な人材を確実に採用する努力がなされている。入社後に活躍することができる有能な人材を，事前に予測する能力を高めようとしている姿勢がうかがえる。これは成熟した社会において，創造性や提案力のある人材が求められる中で，採用・選考方法が高度化している事例として理解することができるだろう。従来の日本企業では，面接審査を中心に人物重視の採用選考がなされてきた。かつての工業化社会では，勤勉さと地道な実務能力を備えた人材が多数必要とされていた。高度の知識や専門性，あるいは突出した個性がなくても，読み書きや計算といった基礎的な能力が高く，真面目で協調性がある人材を豊富に揃えることによって，企業は組織活動を円滑にすることができた。そうであるならば，例えば有名大学の学生を対象に，人物重視の面接で人材を選ぶことにもそれなりの合理性があった。しかしながら，高度な専門性や創造性，提案力などを求めるならば，そうした選考方法には限界があるといわざるを得ない。知識社会化の進展とともに，採用活動，選考方法も変化してくることが予測される。

一方，人材の育成についても変化の兆候がみられる。従来の日本企業の人材育成の特徴は，小池（1991，1993）などに詳しく表わされている。例えば工場の作業現場などでは，ジョブ・ローテーションやチーム作業を通じて作業者の多能工化が推進される。また彼（彼女）らは多様な仕事を経験する中で変化と異常に対応し，知的熟練を遂げていく。現場での充実したOJTと，チームや職場集団の中での人的な相互作用が，知的で優秀な作業者を育てるのである。ホワイトカラーにも似たようなことがいえる。ホワイトカラーの育成にもOJTが重要であり，Off-JTはあくまでそれを補完するものである。またOff-JTで重要なのは公式なものより，むしろ非公式なもの，すなわち会議や日常のチーム活動の前後に行われる対話や，意見交換によるものだとされている。さらにホワイトカラーの育成と選抜は長期間かけて行われることが一般的であり，その中で複数の職場を経験し実務能力に優れた人材が育成されるのである。現場や実務を重視して時間をかけて行われる人材育成，そしてチームや集団にお

結章　人的資源管理のこれからを考える

ける人的相互作用による人材育成が，日本企業の特徴であったといえる。

　ただし，本書で取り上げた事例をみると，そこにも変化の兆候がある。**第7章**でみた公文教育研究会の事例は，実践コミュニティによる従業員の学習であり，それを有効活用した人材育成であるといえる。現場の実践を重視し，コミュニティ，あるいは集団での相互作用を活用していることは，従来の日本企業と共通した特徴として理解できる。伊丹（2005）によれば，日本的経営は「場」という概念にベースを置いたマネジメントのあり方であるとされているが，相互作用による情報共有は「場」の重要な要素である。しかしながら，本事例でも取り上げられている近年の実践コミュニティ等の研究をみてみると，そうした相互作用の場がより自発的に，そして動態的につくられていることがわかる。共通の問題意識をもった人たちが自然と集まり，議論や共同作業をする場が増えているのである。変化が激しく，創造性が求められる時代においては，そのような場を使っての自発的，動態的な学習が必要になるのだろう。また，学習は企業内で行われるとは限らない。石山（2013）によると，多くの技術者や企業内専門職は企業外部にも実践コミュニティを形成しており，そこで学んだものを組織内に持ち込んでいる。そうした組織を超えた学習や，それによる人材の成長が企業にとって重要なものになってきている。

　さらに**第8章**のマツダの事例をみると，昨今では，新しいタイプの知識労働者，あるいは多様な知識労働者が必要になってきていることがうかがえる。同社の企画設計部では，リーダー，タクティシャン，マイスターという3つの人材像が提示されており，今後の車づくりに重要な役割を担うことが示されている。リーダーやタクティシャンは単なる専門家ではない。高度な熟練に裏打ちされながらも，複数の職能を結びつけるインターフェース人材でもある。また言語や概念，シンボルなどを操り，同時に創造する人材でもある。このような新しい人材が次々に現れ活躍することが，今後，多くの企業において予測される。働く人々のキャリアは画一的なものではなく，多様でユニークなものへと変化しているのである。こうした新しいキャリアに対応し，それに挑戦する人々を支援することが，今後の人的資源管理には求められるだろう。

　以上でみてきたように，これからの人材の育成には，働く人々の自律的な学習を尊重し，それを促進すること，またユニークなキャリア発達を支援するこ

とが重要になると思われる。おそらく，それを効果的に行うためには，人事部門だけでなくライン部門の尽力も必要になるだろう。むしろ後者が主役であると考えた方がいい。参天製薬のグローバル人材やインテリジェンスの起業家的人材も，人事部門が行う教育訓練のみでは育成できるものではない。今後の人材の確保や育成は，全社をあげて取り組むものと理解されなくてはならないだろう。

3．優良・成長企業の人的資源管理

　以上，本書で取り上げた各事例に沿って，これからの人的資源管理のあり方について展望した。簡潔に要約するなら，今後は人的資源管理の諸制度を企業経営の理念やビジョン，戦略と一貫性をもたせたものにしていくことがますます重要になること，とりわけグローバル市場を見据えた人的資源管理の仕組みを考えていくことが必要となってきていること，さらに，人材の獲得と育成の方法については，従前の日本企業における一律的な手法から変化させ，環境変化に柔軟に対応可能で，かつ多様化・充実化させていくこと，とりわけ個々の従業員の個性や仕事ぶりに焦点を当てた施策が必要であるということになるであろう。

　この点を，序章でみた人的資源管理の3つの機能（①能率向上機能，②組織統合機能，③戦略適合機能）の観点から付言するとすれば，人的資源管理のあり方が全社の理念やビジョン，戦略と合致していることが昨今ではますます求められてきていることからして，③の戦略適合機能の相対的重要度がかつてよりも大きくなってきていると判断できるであろう（上林編著，2015）。経営理念をベースに人材獲得や育成に活かしている姿勢は，本書の各事例に共通してみられる点である。

　こうした戦略適合を基礎に置きつつ，各社ともそれぞれの従業員の能率向上が図られるわけであるが（①の能率向上機能），その際に本書の各事例が明らかにしている興味深い点は，成長・優良企業においては，能率向上を図る一方で，②の組織統合機能の様々な配慮や工夫が凝らされているという点である。加えて，その組織統合機能が，かつてのように組織全体一括としてではな

く，個々の従業員にフォーカスが当てられながら行われているという点も，本書の事例によって明らかになった特筆すべき点の1つである。ワン・ダイニングの事例でも，アルバイトに対してまでも理念を浸透させ，モチベーションを向上させる手法を編み出していたり，公文教育研究会の事例に典型的にみられるように，人材育成においても個人の自律性や主体性を基礎に置き自由なネットワークを重視したりしているなど，単に組織に引き留めて組織一体感を高めるといった従来型の組織統合機能ではなくなっていることがうかがえるであろう。フレスタの事例にみられるように，パートタイマーでも能力を発揮した者はいつでも正社員登用が可能になる仕組みを明示的に整備していることも，こうした文脈で理解できるであろう。

　日本企業の人的資源管理は，かつての人事労務管理のあり方から大きく修正を余儀なくされているが，これからの方向性として本書が示唆している点は，概ね以下のように要約できる。

(1) グローバルを見据え，企業の理念・ビジョンや戦略と人的資源管理との一貫性をさらに追求していく必要がある。

(2) 人材のあり方に関して，有能な人材の獲得や育成に各社各様の工夫を凝らし，他社から差別化する必要がある。

(3) その際に，人材のモチベーション向上や自律性・主体性を喚起する仕組みを，個々の従業員の個性や能力に鑑みつつ各社なりに工夫し，編み出していくことが必要となる。

(4) 総じてこれからの人的資源管理活動は，人事部の教育訓練施策に任せるのではなく，現場により近いラインが主導し，トップや他部門も含めた全社が一丸となって取り組んでいく必要がある。

（三輪　卓己・上林　憲雄）

[結章　参考文献]
石山恒貴（2013）『組織内専門人材のキャリアと学習－組織を越境する新しい人材像』日本生産性本部生産性労働情報センター．
伊丹敬之（2005）『場の論理とマネジメント』東洋経済新報社．
上林憲雄　編著（2015）『人的資源管理』中央経済社（近刊）．
小池和男（1991）『大卒ホワイトカラーの人材開発』東洋経済新報社．
―――（1993）「日本企業と知的熟練」，伊丹敬之・加護野忠男・伊藤元重編著『日本

の企業システム　第 3 巻・人的資源』有斐閣，53-76頁.
須田敏子（2010）『戦略人事論』日本経済新聞出版社.
竹内規彦（2005）「我が国製造業における事業戦略，人的資源管理施策，及び企業業績－コンティンジェンシー・アプローチ」『日本労務学会誌』第 7 巻第 1 号，12-27頁.
三崎秀央（2007）「組織的公正に影響を与える要因に関する実証研究－組織的公正理論の発展に向けて」『商大論集』第59巻第 2・3 号，1-23頁.
三輪卓己（2011）『知識労働者のキャリア発達－キャリア志向・自律的学習・組織間移動』中央経済社.
山内麻理（2013）『雇用システムの多様化と国際的収斂－グローバル化への変容プロセス』慶應義塾大学出版会.
Bartlett, C. A. and Ghoshal, S.（1989）*Managing Across Borders : The Transnational Solution*, Harvard Business School Press.
Boxall, P.（1996）"The strategic HRM debate and the resource-based view of the firm," *Human Resource Management Journal*, July 1996, Vol. 6, No. 3, pp. 59-75.
Jacoby, S. A.（2005）*The Embedded Corporation : Corporate Governance and Employment Relations in Japan and the United States*, Princeton University Press（鈴木良始・伊藤健市・堀　龍二訳『日本の人事部・アメリカの人事部―日本企業のコーポレート・ガバナンスと雇用関係』東洋経済新報社，2005年）.

索　引

アルファベット

Behavior Observation Scale ············· 168
Big 5 ·· 201
BSE 問題 ··· 59
CLP(Change Leader Program) ········· 48
Cronbach's α ·· 181
CTP(Change Talent Program) ········· 48
HR 部門 ··· 220
KPI(key performance indicators) ····· 37
MR 資格認定 ·· 101
Off-JT ·· 236, 296
OJT ····················· 12, 129, 214, 236, 283, 296
P(Performance)評価 ···························· 35
resource-based view ·························· 294
RJP ··· 153
SHRM ··· 292
SPA ··· 123
V(Value)評価 ······································· 35
who・what・how ································· 61

あ行

あぶりや ··· 55
アプローズガード ······························· 137
アルバイト研修 ····································· 69
アルバイトミーティング ····················· 72
安定性 ··· 181
アンメット・メディカル・ニーズ ······ 90
イシューセリング ······························· 276
一元配置分散分析 ······························· 188
一律昇進モデル ····································· 34
一括企画 ··· 265
医療用医薬品 ··· 89
インセンティブ ····································· 29
インセンティブ報酬 ····························· 99
インターナショナル ··························· 108

インテリジェンス ·········· 18, 23, 24, 291, 298
ウェア ユア パッション ···················· 136
衛生要因 ··· 104
エグゼンプト ······································· 143
越境学習 ··· 148
エンゲージメント ······························· 127
エンプロイヤビリティ ························· 15

か行

海外展開 ··· 163
下位概念 ··· 181
下位検定 ··· 188
外部変量 ··· 182
学習 ·· 236, 297
学習効果 ··· 184
学習する組織 ······································· 103
間隔尺度 ··· 189
頑健性 ··· 186
基幹労働力 ··· 208
企業家 ··· 294
企業戦略 ··· 6
企業文化 ··· 136
企業別労働組合 ····································· 13
企業理念 ··· 136
技術革新 ··· 16
基準関連妥当性 ··································· 182
基準変数 ··· 185
基準変量 ··· 182
気づきメモ ··· 74
技能(スキル) ·· 274
欺瞞的回答 ··· 202
ギャップジャパン ················ 18, 121, 293
キャリア開発 ······································· 137
キャリア支援制度 ··································· 3
キャリアチャレンジ制度 ······················ 46

301

キャリアデー	133	行動科学	11
キャリアパス	281	行動評価	168
キャリア発達	44, 297	ゴーイング・コンサーン	4
教育訓練制度	3	小飼雅道	263
強制免許制度		国際ビジネスコミュニケーション	101
（コンパルサソリー・ライセンス）	93	個人別能力開発計画	148
業績評価	168	コスモポリタン	105
競争戦略論	11	コトラー（Kotler, P.）	86
競争優位	2	コミットメント	10
協働	30	コミットメント増大効果	154
共分散構造分析	198	コモン・アーキテクチャ構想	
均衡処遇	224	（CA構想）	267
きんのぶた	55, 56	雇用管理	3, 18
金融化	16	雇用の安定性	201
公文教育研究会	18, 233, 297	雇用の柔軟性	207
グローバリゼーション	2, 16, 17, 18	コンサルティング・ファーム	29
グローバル	108	コンテキスト	15, 293
グローバル・スタンダード	18		
グローバル・マネジメント	90, 93	**さ行**	
グローバル化	268	再生医療	91
グローバル経営	86, 293	採用・選考方法	296
グローバル人的資源管理	108	採用戦略	201
グローバル統合	108, 293	サマーアワーズ	143
黒川　明	85	三種の神器	13
経営ビジョン	89	参天製薬	18, 85, 293, 298
経営理念	17, 63, 291	シェアドサービス	150
研究開発	91	資源ベースビュー	294
研究開発費／売上高	88	自己管理	28
研修	236	自己啓発	236
現地（ローカル）適応		自主研	240
――グローバル統合	94	市場主義原理	1
現地化	293	システム理論	11
現地人材	294	施設内	92
コアスキル	97	持続的競争優位	11
構成概念	186	実践共同体	236
構成概念妥当性	182	実践コミュニティ	297
構造化面接法	170	質的基幹化	224

索　引

指導者研究大会 …………………… 240	人事制度 ……………………………… 3
車種群一括開発双方 ………………… 268	人事制度の一貫性 ………………… 227
社内公募制 …………………………… 7	人事制度の多元化 ………………… 228
社内ベンチャーチーム …………… 29	人事評価 ……………………… 103,168
終身雇用 ……………………………… 13	人事部 ………………………………… 2
重量級プロダクトマネジャー	人事労務管理 ………………………… 7
：Heavy Weight Product Manager	新卒一括採用 ……………………… 132
（HWPM） …………………… 271	新卒採用 …………………………… 167
収斂 ………………………………… 14	人的資源管理 …………………… 7,291
主査 ………………………………… 271	人的資本理論 ……………………… 11
順位相関係数 ……………………… 188	信頼性 ……………………………… 181
循環的学習 ………………………… 252	心理的契約 ……………………… 8,12
順序尺度 …………………………… 188	水平的調整 ………………………… 286
賞賛される企業 …………………… 124	スクリーニング効果 ……………… 154
少子化 ……………………………… 164	スタンダード ……………………… 71
小集団ゼミ ………………………… 240	ストーレイ（Storey, J.）………… 8
昇進スピード競争モデル ………… 34	ストレス耐性 ……………………… 199
職場外訓練 ………………………… 236	スピリッツ ………………………… 71
職場学習 …………………………… 10	擦合わせ能力 ……………………… 267
職場内訓練 ………………………… 236	スローガン ………………………… 291
職務(仕事)主義 …………………… 98	成果給 ……………………………… 98
職務記述書 …………………… 106,128	性格検査 …………………………… 171
職務行動プロセス評価 …………… 96	成果主義 ……………… 1,15,163,165
職務主義 ………………… 15,132,293	成果主義人事 ……………………… 95
職務等級制度 …………………… 95,103	正社員 ……………………………… 125
職務能力評価 ……………………… 210	正社員登用制度 …………………… 212
ジョブ・ローテーション ………… 296	正統的周辺参加 …………………… 252
ジョブ型 …………………………… 152	製品アーキテクチャ ……………… 265
自律性 ……………………………… 28	制約社員 …………………………… 229
自律的な学習 ……………………… 235	全体最適 …………………………… 279
自律的な人材 ……………………… 27	セントラル・キッチン …………… 59
新規学卒者 ………………………… 167	選抜効果 …………………………… 198
人件費 ……………………………… 10	専門家 ……………………………… 294
人件費／売上高 …………………… 88	専門人材 …………………………… 115
人材育成 …………………………… 283	戦略 …………………………16,92,291
人財育成 …………………………… 100	戦略計画 …………………………… 8
人材セグメント …………………… 113	戦略適合機能 …………………… 6,298

戦略的人的資源管理 ……… 7, 16, 292	トップダウン ……………………… 13
相互依存 …………………………… 270	ドラッカー（Drucker, P. F.）…… 28
組織一体感 ………………………… 299	トランスナショナル ……………… 108
組織統合機能 …………………… 5, 298	とんかつとんとん ……………… 55, 56
組織内専門人材 …………………… 155	
組織文化 …………………………… 295	**な行**
組織を超えた学習 ………………… 297	内的一貫信頼性 …………………… 181
	内部人材登用 ……………………… 134
た行	内容的妥当性 ……………………… 182
退職インタビュー ………………… 131	ニッチャー戦略 …………………… 86
ダイバーシティ・マネジメント … 17	日本型人材マネジメント …… 126, 136
ダイリキ …………………………… 57	日本型モデル ……………………… 16
髙橋　淳 …………………………… 55	日本的経営 …………………… 12, 13, 297
髙橋広敏 …………………………… 23	人間関係 …………………………… 295
タクティシャン …………………… 279	年功型人事管理 …………………… 1
妥当性 ……………………………… 181	年功序列 …………………………… 13
多能工化 …………………………… 296	ノーラン（Nolan, E.）…………… 121
多面評価 …………………………… 167	能率 ………………………………… 4
団体交渉 …………………………… 6	能率向上機能 …………………… 4, 298
地域限定社員 ……………………… 206	能力開発 …………………………… 18
チーム ………………………… 272, 295	能力向上支援制度 ………………… 227
チーム作業 …………………… 12, 296	ノンエグゼンプト ………………… 144
チームワーク ………………… 30, 293	
知識社会化 ………………………… 296	**は行**
知識労働者 ………… 2, 27, 102, 143, 297	場 …………………………………… 297
知的熟練 …………………………… 296	ハーズバーグ（Herzberg, F.）… 104, 118
チャレンジファンド ……………… 42	パートタイマーの戦略化 ………… 225
チャレンジャー戦略 ……………… 94	パートタイム労働法 ……………… 209
中途採用 ……………………… 134, 167	ハイブリッド型 …………………… 111
角田秋生 …………………………… 233	ハイポテンシャル ………………… 139
テイラー（Tayor, F. W.）………… 5	生え抜き …………………………… 282
テーブルオーダー ……………… 56, 57, 60	パフォーマンスマネジメント …… 138
適性検査 …………………………… 163	バブル崩壊 ………………………… 1
店舗管理可能営業利益 …………… 125	バリューチェーン ………………… 130
同型化 ……………………………… 14	バンドル …………………………… 220
トーナメント型の競争モデル …… 34	ビジネスパートナー ……………… 156
尖った人材 …………………… 26, 291	ビジネスプレイヤー ……………… 156

ビジュアルマーチャンダイジング ····· 144
ビジョン ································ 63,291
非正規雇用 ···························· 207
非正規社員 ····················· 125,295
美談 ···································· 276
人のマネジメント ······················· 2
ヒューマン・キャピタル・
　アドバンテージ ···················· 295
ヒューマン・プロセス・
　アドバンテージ ···················· 295
評価者間信頼性 ······················ 181
表彰制度 ································ 41
フォロアー戦略 ······················ 109
複眼の学習 ···························· 252
複雑性 ·································· 269
ブランドコンセプト ················ 268
ブランド内部の人事部 ············· 150
フレスタ ··················· 18,205,295,299
分散分析 ······························· 179
米国型人材マネジメント ······ 126,136
併存的妥当性 ························ 182
ペイフォーパフォーマンス ······· 141
ベスト・ソリューション ············ 15
ポスト成果主義 ························ 15
骨太エンジニア ······················ 270

ま行

マイスター ···························· 279
マツダ ·························· 18,263,297
マルチナショナル ··················· 108
ミステリーショッパー ··············· 66
ミッション経営 ························ 87
無価値化 ······························· 275
宗兼邦生 ······························· 205
メンターゼミ ························ 240
メンタル ······························· 165

メンバーシップ型 ··················· 152
目標管理 ································ 96
モジュラー化 ························ 266
モチベーション ··············· 2,3,299
モチベーション理論 ··············· 104
モノづくり革新 ······················ 265

や行

役割主義 ································ 15
予測的妥当性 ························ 182
予測変数 ······························· 185

ら行

ライン部門 ···························· 297
リーダー ······························· 279
リーダーシップ ······················ 272
リーダーシップ開発 ··············· 137
リーダーシップパイプライン ··· 139
リクルーティングディレクター ··· 39
リテンション ························ 295
レイズ・ユア・ハンド ············· 132
労使関係 ································· 5
労使協議制 ······························ 6
労働組合 ································ 10
ローカル ······························· 112
ローカル対応 ·························· 18
ローカル適応 ························ 108
ローテーション ······················ 283

わ行

ワクチン効果 ························ 154
ワン・ダイニング ········· 18,55,56,291,
　　　　　　　　　　　　 295,299
ワンカル食堂 ·························· 55
ワンカルビ ························ 55,56

編著者紹介

上林　憲雄（かんばやし　のりお）（序章，結章担当）

神戸大学大学院経営学研究科教授・日本学術会議第23-24期会員・株式会社インソース取締役。Ph.D.・博士（経営学）。

1965年生まれ。神戸大学経営学部卒業，英ウォーリック大学経営大学院博士課程修了。最近の著書に *Japanese Management in Change*（Springer，2014年，編著），『現代 人的資源管理』（中央経済社，2014年，共編著）等がある。

三輪　卓己（みわ　たくみ）（第1章，結章担当）

京都産業大学経営学部教授・博士（経営学）。

1964年生まれ。横浜市立大学商学部経済学科卒業，神戸大学大学院経営学研究科博士後期課程修了。

最近の著書に『知識労働者のキャリア発達－キャリア志向・自律的学習・組織間移動』（中央経済社，2011年，単著），「技術者の経験学習」（『日本労働研究雑誌』第639号，2013年，単著）等がある。

執筆者紹介

三崎　秀央（みさき　ひでお）（第2章担当）

兵庫県立大学経営学部教授・株式会社アサカ理研取締役・博士（経営学）。

1971年生まれ。神戸商科大学大学院経営学研究科博士後期課程修了。

主な著書に『研究開発従事者のマネジメント』（中央経済社，2004年，単著），『入門組織行動論　第2版』（中央経済社，2014年，分担執筆）等がある。

中川　逸雄（なかがわ　いつお）（第3章担当）

経営組織人事研究センター（経営組織人事創房）代表（経営コンサルタント）・京都産業大学法学部臨時講師・大阪地方裁判所労働審判員・企業顧問。

1947年生まれ。同志社大学経済学部卒業。大手上場流通企業勤務，三菱UFJリサーチ＆コンサルティング部長兼エグゼンプルプリンシパルコンサルタント（2008年定年退職），元．英国国立ウエールズ大学経営大学院MBAコース大阪校講師，元．関西経営者協会（現・関西経済連合会 労働政策部）アドバイザー，等々。

主な著書に『考課能力を高める人事考課基本コース・人事考課の運用』（日本能率協会，1996年，単著），「知識創造のホワイトカラー処遇」（『賃金事情』No.2343～2350，産労総合研究所，1999年，単著）等がある。

石山　恒貴（第4章担当）
法政大学大学院政策創造研究科教授・ATDインターナショナルネットワークジャパン理事・NPOキャリア権推進ネットワーク研究部会所属・博士（政策学）。
1964年生まれ。一橋大学社会学部卒業，法政大学大学院政策創造研究科博士課程修了。
最近の著書に『組織内専門人材のキャリアと学習』（日本生産性本部生産性労働情報センター，2013年，単著），翻訳に『サクセッションプランの基本』（ヒューマンバリュー社，2012年）等がある。

鈴木　智之（第5章担当）
wealth share 株式会社代表取締役社長・慶應義塾大学大学院政策・メディア研究科助教（有期・研究奨励Ⅱ）（非常勤）・博士（工学）。
1976年生まれ。慶應義塾大学総合政策学部卒業，東京工業大学大学院社会理工学研究科修士課程・同博士課程修了。アクセンチュア株式会社マネジャー等を経て現職。
最近の著書に「採用選考面接の予測的妥当性の実証分析－国内A社を事例として－」（『日本労務学会誌』，第14巻・2号，日本労務学会，2013年，単著）等がある。

柴田　好則（第6章担当）
松山大学経営学部准教授・社会保障人材研究所理事・博士（経営学）。
1982年生まれ。福島大学経済学部卒業，神戸大学大学院経営学研究科博士課程後期課程修了。
最近の著書に「組織市民行動の国際比較に関する実証分析」（『国民経済雑誌』208巻・1号，神戸大学経済経営学会，2013年，共著）等がある。

松本　雄一（第7章担当）
関西学院大学商学部教授・博士（経営学）。
1973年生まれ。愛媛大学法文学部経済学海卒業，神戸大学大学院経営学研究科博士課程修了。
最近の著書に『実践知　エキスパートの知性』（有斐閣，2012年，分担執筆），『コミュニケーションの認知心理学』（ナカニシヤ出版，2013年，分担執筆），『入門組織行動論』（中央経済社，2014年，分担執筆）等がある。

千田　直毅（第8章担当）
神戸学院大学経営学部准教授・博士（経営学）。
1979年生まれ。神戸大学経営学部卒業，神戸大学大学院経営学研究科博士課程後期課程修了。
最近の著書に『経営行動科学ハンドブック』（中央経済社，2011年，共著），「人事等級制度と組織における調整様式の適合」（『日本経営学会誌』，千倉書房，2012年）等がある。

編著者との契約により検印省略

平成27年9月1日 初版第1刷発行

ケーススタディ
優良・成長企業の人事戦略

編著者 上林憲雄
　　　　三輪卓己
発行者 大坪嘉春
印刷所 税経印刷株式会社
製本所 牧製本印刷株式会社

発行所　〒161-0033 東京都新宿区
　　　　下落合2丁目5番13号
　　　　株式会社 税務経理協会
振　替 00190-2-187408　電話 (03)3953-3301 (編集部)
ＦＡＸ (03)3565-3391　　　 (03)3953-3325 (営業部)
URL http://www.zeikei.co.jp/
乱丁・落丁の場合は、お取替えいたします。

© 上林憲雄・三輪卓己 2015　　　　　Printed in Japan

本書の無断複写は著作権法上での例外を除き禁じられています。複写される場合は、そのつど事前に、(社)出版者著作権管理機構 (電話 03-3513-6969, FAX 03-3513-6979, e-mail : info@jcopy.or.jp) の許諾を得てください。

JCOPY 〈(社)出版者著作権管理機構 委託出版物〉

ISBN978-4-419-06265-1　C3034